스펙트럼 IN

김연성 김웅희
남창희 모세종
박수정 박정의
박찬민 손영화
송준호 원혜욱
이기우 이병찬
이상윤 최기영

제이앤씨
Publishing Company

축 간 사

인천일보 대표이사 김 영 환

우리 인천일보의 주요 칼럼 '스펙트럼 IN'을 집필해 오신 인하대 교수님들의 글을 모아 한 권의 책으로 나온다는 소식에 매우 반가웠습니다. '스펙트럼 IN'은 2018년 1월 3일 첫 선을 보인 이래 그간 빠짐없이 매주 수요일 아침 인천일보 지면을 빛내 주었습니다.

인천시민 모두가 주지하는 바와 같이, 인하대는 우리 지역사회의 소중한 지적 자산의 보고입니다. 태동부터가 여느 사학들과는 달랐습니다. 나라를 잃고서 만리타국 사탕수수밭 노동자로서의 고된 삶 끝에 자립을 이룬 하와이 동포들이 보내 온 성금을 밑천으로 세워진 대학입니다. 그 때 동포들은 다시는 망국의 설움을 겪지 말아야 한다며 조국을 부강하게 키울 수 있는 산업 인재들을 키워내 줄 것을 희망했습니다.

그 바람이 헛되지 않아 인하대는 그간 대한민국의 산업화와 세계 10위권 경제대국 진입에 주춧돌 역할을 다해 왔습니다. 그러한 발자취가 쌓여 지금도 서울 소재 유수의 대학들과 어깨를 나란히 하며 매년의 대학평가에서 종합 10위권의 대학으로 우뚝 서 있습니다.

그런 인하대의 교수님들이 '스펙트럼 IN'이라는 기치 아래 인천일보 칼럼을 집필해 주신 뜻도 대학이 몸담고 있는 지역사회에 대한 사회공헌 활동이라 하겠습니다. 연구와 교육의 상아탑에 머물지 않고, 각자의 전문분야에서 우리 사회의 여러 현상에 대해 날카로운 분석과 비판을 담은 글들은 늘 독자들의 시선을 끌었습니다. '스펙트럼 IN'이라는 칼럼 이름부터 함축적입니다. 다양한 분야의 필진 교수님들이 각자의 전문성을 살려 다양한 사회 현상을 다뤄 하나로 담아보니 그야말로 스펙트럼을 이뤘다고 해서 붙여진 이름입니다.

그간 게재된 칼럼들을 일별해 보면, 그 시기 우리 사회에 던져진 정치 · 경제 · 사회 · 문화 전 분야의 과제들이 다뤄져 있습니다. 미 · 중 무역전쟁으로부터 새벽 배송, '미투' 운동, 우주 정거장의 앞날에 이르기까지 참으로 다양한 시각이 담겼습니다. 또한 국경도시 인천과 감염병 전문병원, 이부망천 유감, 인천 역사문화자산 제값 받기 등 우리 인천의 현안에 대한 분석들도 새로운 시각을 던져 주었습니다.

다시 한번 '스펙트럼 IN'의 출간을 축하드리며 인천일보 칼럼이 또 다른 '스펙트럼 IN'으로 거듭나 많은 독자분들과 공유되고 사랑받기를 기대합니다.

서문

대학교수들이 자신들의 일에만 매달려 지역사회를 바라보지 않는다는 지적이 있다. 오랜 학문연구와 교단생활을 통해 부조리하고 불합리한 사회 현상을 지적하며 보다 나은 방향을 제시하는 것은 학자들의 소명 중의 하나이니 일리 있는 지적이다.

대학사회의 폐쇄된 구조 속에서 다양한 분야의 교수들이 자신들의 글로 소통하고 화합하며 한자리에 모였다. 인천일보의 칼럼을 통해 서로 교감하며 작은 사회공헌에 함께 뛰어든 것이다. 교수 개인들이 각자의 전문성을 살려 다양한 사회의 현상을 다뤄 하나로 담아보니 그야말로 스펙트럼을 이루고 있다.

법학전문대학원의 이기우 · 원혜욱 · 손영화 교수님은 법과 제도 그리고 정치에 대해, 경영학과의 김연성 교수님과 아태물류학부의 이상윤 교수님은 풍요로운 삶을 열어줄 일상에 대해, 국제통상학과의 김웅희 교수님은 한 · 일관계 등의 외교에 대해, 정치외교학과의 남창희 교수님은 안보에 대해, 미디어 커뮤니케이션학과의 박정의 교수님은 언론학자의 날카로운 시각으로 사회 현상에 대해, 스포츠과학과의 박수정 · 박찬민 교수님은 우리의 즐거운 삶을 위한 여가와 스포츠에 대해, 물리학과의 이병찬 교수님은 생활속의 물리현상에 대해, 항공우주공학과의 최기영 교수님은 미래 시대의 화두가 될 항공우주에 대해, 의과대학 송준호 교수님은 코로나19 지속으로 무엇보다도 관심이 높아진 우리의 건강과 위생을 위해 다양한 의학적 지식과 정보에 대해, 일본언어문화학과의 모세종은 인문학적 관점에서 각종 사회 문제에 대해 각각 진단해 보았다.

스펙트럼 IN은 이렇게 각자의 분야에서 국내 최고의 지성을 자랑하는 교수들이 보다 나은 사회건설을 위해 쏟아 부은 정열을 담아 만든 opinion이다. 짧은 기간에 만들어 낸 글들이지만 시의적절한 테마들로 전문가적 식견과 치우침 없는 견해로 독자들과 충분히 교감하리라 믿는다.

교수들에게는 글쓰기가 업이긴 하지만, 사회문제에 대해 일반 대중들에게 공정하고 객관적이면서도 유익한 사고를 담아 어필하는 칼럼 집필은 참으로 번거로운 일로, 모두 자신들 분야의 논문을 쓰는 것보다 훨씬 많은 신경을 썼다는 후문이다. 그런 만큼 하나의 글을 완성하는데 많은 시간과 정성이 깃들었음에 틀림없다. 하지만 혹여 헤아리지 못한 부분도 있을 터, 이는 향후의 좋은 글로 보답할 수 있을 것이다.

스펙트럼 IN 14인 교수님들의 협력과 성원으로 본서가 성공적으로 발간되어 참으로 기쁘고 감사할 따름이다.

스펙트럼 IN 발간에 심부름을 하다 서문까지를....

2020. 07. 20

모세종

차례

chapter 1

김연성

학력
・서울대
・서울대 석사/박사(경영학)
경력
*대학
・인하대 경영학과 교수(2001~현재), 정석학술정보관 관장(2020.6.~현재)
・인하대 연구처장 겸 산학협력단장,기획처장,LINC사업단장 역임
*학회
・한국생산관리학회 회장(2017)
・한국품질경영학회 회장(2018~19)
・한국경영학회 감사(2019~2020)
*사회활동
・행정안전부 정부혁신평가단 분과위원장(2019)
・국토교통부 기타공공기관 경영평가단 단장(2018~19)
・열린혁신평가단 지방공기업분과 위원장(2017~18)
・기획재정부 공기업경영평가단 평가위원 역임

달라진 일상과 새로운 가치

드시고 가세요? 포장해 가세요?

시험을 잘 보는 방법

요령 있게 공부하기

모바일 세상으로 다가간 중국의 일상

'발 빠짐'을 주의해야 한다

품질은 타협할 수 없다

주객전도인가, 발상전환인가

세 가지 차별화 전략

파부침주<破釜沈舟>의 교훈

【2018.02.28.】

드시고 가세요? 포장해 가세요?

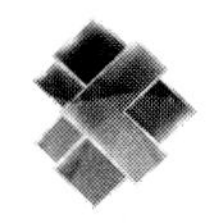

새 봄학기가 되면 가끔 생각이 나는 고등학교 동창생이 있다. 그는 어느 월요일 아침에 한껏 흥분된 얼굴로 지난 토요일에 치킨을 먹었노라고 했다. 아이들이 "치킨이면 닭인데, 그게 뭐 대수냐?"는 반응을 보였다. 그 친구는 닭이 아니고 치킨이라고 다시 외쳤다. 그가 말한 치킨이 전기구이 통닭이랑 얼마나 다른 것인지 이해하기까지는 사실 한참의 시간이 필요했다.

얼마 전 집에서 TV로 축구 경기를 보면서 치킨을 먹자고 했더니 아내가 순순히 그러라고 했다. 그러자 대학생 아이가 자기가 주문하겠다며 휴대폰을 만지작거린다. 예전엔 냉장고에 붙여놓은 전단지를 찾아 전화를 했었을 텐데. 그저 휴대폰으로 주문을 다 했고, 게다가 자기가 오늘은 한턱내겠다며 결제까지 했다고 한다. 카드결제가 되기 전에는 얼마냐고 미리 물어보고 잔돈을 준비해 놓거나 배달 올 때 잔돈 좀 챙겨 오란 이야기도 했었던 것 같다.

우리는 지금 같은 시대를 살고 있지만 치킨을 배달해 먹는 방식만 놓고 보더라도 참 다른 생활을 하고 있는 것 같다. 물론 배달이 시작된 것이 그리 오래된 일도 아니지만, 경기 끝나기 전에 제때 배달된 치킨을 나눠 먹으며 배달이 참 많이 발전했음에 공감했다.

이미 우리는 4차 산업혁명 시대에 살고 있는 듯하다. 아예 치킨이라는 개념도 없다가 어느 날 치킨이 등장했다. 치킨이 먹고 싶으면 찾아가야 했는데, 어느 날 포장을 해주는 치킨집이 생겼다. 그러다 누군가가 배달 서비스를 만들어 냈고, 이제는 로봇과 인공지능이 치킨 배달 서비스에 도움을 주는 일을 하고 있다.

미국을 여행할 때에 도움이 되는 생활영어 중에 “드시고 가세요? 포장해 가세요?(For here, or to go?)”가 있다. 이 말은, 음식을 주문할 때 종업원이 이렇게 물으면 “네(Yes)”라고 대답하는 실수를 하지 말고 뭔가 하나를 선택해 답을 하라고 알려 주는 것이다. 그런데 대부분 잘못 알아듣다 보니, 이 질문에 곧잘 “네”라고 답을 한다고 한다. 이유는 그 상황을 잘 파악하지 못하기 때문이란다. 어떤 질문이 나올 것인지 짐작을 한다면, 적당히 대답할 테지만, 무슨 말인지 이해를 못하니 당황해 엉뚱한 답을 한단다. 게다가 직접 방문해 주문을 하는 대신에 전화나 인터넷으로 배달 서비스를 이용하는 또 다른 방식이 있다는 걸 모른다면 무척 당황스러울 것이다.

4차 산업혁명 시대를 맞아 새로운 선택의 대안이 등장하는데, 그것이 무엇인지 잘 모르면 적절한 선택의 기회를 놓칠 수 있겠다. 뭔가 거창하고 복잡한 세상의 변화는 잘 알기 어렵더라도, 휴대폰 앱을 이용하여 치킨을 배달 · 주문하고 결제도 하는 일이 가능하다는 것 정도를 이해하는 일은 그리 어렵지 않아 보인다.

여기서 중요한 것은 치킨 주문을 왜 전화로 하지 않느냐고 다그치거나 야단치지 않으며, 어떻게 처리했느냐고 물어보는 아량이다.

은퇴 후 제주를 오가며 여가를 즐기시는 원로교수님 부부를 최근에 뵈었다. 얼마 전에도 또 제주를 갔었는데, 그 교수님이 추운 날씨에 한참을 걸어가 슈퍼에서 생수 두 병 등을 사서 배낭에 넣어 다시 숙소로 돌아 왔다고 하신다. 그러자 사모님이 전화로 주문하면 배달해 주는지 물어보았다고 한다. 슈퍼의 답은 얼마 이상 금액이면 무료 배달이란다. 가서 사와야 한다고 생각하고 그대로 하기보다는 다른 방식이 있는지 물어보는 정도의 노력이면 4차 산업혁명 시대에 적응이 가능할 것 같다.

최근 하버드 비즈니스 리뷰에 실린 논문에서도 지금 중요한 것은 학습(Learning)이 아니라 과거의 익숙한 것에서 벗어나서 새로운 것을 받아들이려는 혁신(Unlearning)이라고 강조하였다. 본인이 알고 있는 것만이 옳고 또 그렇게 하는 것이 최선이라고 굳게 믿는 것도 좋지만, 혹시 다른 방법은 없는지 또 주변의 다른 이들은 어떤 방식으로 대응하는지 살피는 것도 필요하겠다.

우리 생활 주변에는 이미 로봇과 인공지능이 가까이 자리를 잡고 있다. 얼마 지나지 않아 사람은 로봇과 함께 일을 하게 될 것이라고 이야기하면 얼마나 실감이 날까? 이 역시 절대 그럴 일이 없다거나 나와는 관계없는 일이라고 외면하기보다는 어쩌면 그럴 수 있겠다는 생각과 함께 그러면 어떻게 대응해야 할 것인가를 궁리해 봐야 한다. 치킨을 그냥 먹을 것인지, 아니면 포장해 갈 것인지, 또는 배달이란 제3의 방법을 이용할 것인지 이해하고 선택할 필요가 있다.

【2018.04.25】

시험을 잘 보는 방법

봄꽃이 한창이지만, 중간고사 기간이라 바쁘시겠어요? 이런 질문을 받으면, 출제하는 교수보다 시험보는 학생이 더 바쁠 것 같다고 대답을 한다. 시험 기간의 캠퍼스는 온통 공부에 열심인 학생들로 면학 분위기가 최고조에 달한다.

중간고사를 앞둔 학생들에게 시험을 잘 보는 방법에 대해서 생각해 보았는지, 수업시간에 질문을 해 보았다. 시험을 잘 보고 싶다는 생각은 있겠지만, 실상 어떻게 준비하면 효과적인지 나름의 노하우나 전략을 갖고 있느냐고 물어 보았는데 별반 대답을 하지 않았다. 뭔가 이야기를 하고 싶은 학생들도 있었지만, 아마 별로 나서고 싶지 않았던 것 같기도 하다.

그래서 나름대로 정리한 시험을 잘 보는 방법을 세 가지로 설명해 보았다.

첫째, 출제자의 의도를 잘 파악하라. 출제자의 의도를 잘 파악한 학생은 그 의도에 맞춰 아주 깔끔하게 답안을 제출한다. 그런데 어떤 학생은 그저 답안지를 몇 줄 채웠다는 것에 위안을 삼는 듯하다. 출제자가 원하는 답을 써야 하는데 본인이 하고 싶은 이야기를 잔뜩 써 놓고는 스스로 위안하며 시험을 잘 보았다고 생각하고 있다가 평가점수를 받아들고 나서는 이의신청을 하기도 한다. 그때까지도 자신의 답안이 어떤 점에서 부족하였는지 잘 파악을 못하는 학생들이 꽤 있다. 성공하는 기업은 고객의 요구를 분석하여 그를 충족시켜주기 위한 제품이나 서비스를 제공하는데, 그렇지 않은 기업은 고객의 목소리를 무시하고 고객의 요구사항을 제대로 반영하지 못하는 경향이 있다. 채점을 누가 하는지를 생각해 보면, 답안의 작성을 어떻게 하면 좋을지 가늠해 볼 수 있을 것이다. 비단 학생들의 답안지만 이런 것은 아니고, 공공기관의 경영평가용 실적 보고서의 작성이나 민간기업의 각종 시상제도에 제출한 공적서에서도 이와 유사한 오류를 찾아볼 수 있다.

출제자의 의도를 파악하기 위한 노력과 그 의도에 적합한 답안을 작성하는 연습은 학생이건 기업이건 좋은 점수를 얻기 위해서는 모두에게 필요한 것이다.

둘째, 중요한 것과 중요하지 않은 것을 구분하라. 수업시간에 아주 태도가 좋고 지각이나 결석도 없고 필기도 열심히 하며 늘 앞자리에 앉아서 밝은 표정을 짓는 학생이 있었다. 그렇게 모범적인 학생의 중간고사 성적이 거의 바닥권에 있음을 채점을 하고 나서 알게 되면서 무척 걱정되었다. 그래서 중간고사 다음 주 수업시간에 그 학생에게 시험공부를 못했느냐고 물었더니, 밤을 새워가며 공부를 했다고 하니 참으로 안타까운 생각이 들었다. 수업을 마치고 나서 잠시 그 학생과 대화를 나눠 보았다. 그렇게 태도가 훌륭하고 시험 준비도 충실히 하였다는데 결과가 좋지 않은 이유는 무엇일까 참 궁금했다. 몇 마디 대화를 하다가 그 학생의 책과 노트를 살펴보았다. 노트에서 원인을 찾을 수 있었다. 시시콜콜한 내용까지 빼곡히 기록해 두었는데 정작 밑줄을 긋고 별표를 표시한 내용은 별로 중요하지 않은 것들이었다. 이 학생은 중요한 것과 중요하지 않은 것을 잘 구분하지 못한 것 같았다. 핵심이 아닌 주변부에 너무 많은 관심을 두고 있었던 것 같다.

그래서 그 학생을 위해서라도 그 다음 주부터 수업 시간에 중요한 것에 대해서는 특별히 강조를 하고 심지어 별표를 표시하라고 이야기도 했다. 그 결과 그 학생은 드디어 중요한 것과 그렇지 않은 것을 잘 구분하게 되었고 기말고사 성적도 무척 상승되었다. 요령이라고 해도 좋겠지만, 중요한 것을 그렇지 않은 것과 구별해 내서 별도로 다루는 연습은 생활에서도 필요한 지혜일 것 같다.

셋째, 누가 나와 같은 시험을 보는지 파악하라. 어떤 학생은 시험을 잘 보았다며 이의신청 기간에 답안지를 확인하겠다고 연구실을 방문한다. 그래서 상담을 해 보면, 스스로 시험을 잘 보았다고 생각했다는 것이다. 그럴 경우에 다른 학생들이 어떻게 답안을 작성했는지, 또 평소에 어떻게 공부를 하는지 알고 있느냐고 물어보면 그에 대해서는 별로 인식을 못한 듯하다. 내 경쟁자에 대한 분석이 부족하면 자신의 위치를 확인하는 데 어려움이 있다는 점을 그제서야 알게 되는 듯하다. 이렇듯 시험을 잘 보려면 세 가지에 주목할 필요가 있다.

가능하면 시험을 보기 전에 미리미리 이 세 가지를 잘 챙긴다면 중간고사에서 좀 미흡했던 부분을 기말고사에 만회할 수 있을 것 같다.

【2018.06.20】

요령 있게 공부하기

자투리 시간이라도 나면 그냥 서점에 들러 이런 저런 책을 뒤적이는 취미가 있다. 뜻밖에 좋은 책을 발견하면 기분이 참 좋다. 젊은 대학생들에겐 물론 저녁에 짬을 내 공부를 하는 경영대학원생들에게 개강 초기에 던지는 질문이 있는데, 그 해답이라고 할 만한 책도 어느 날 책방을 어슬렁거리다 만났다.

어른 학생들에게 주로 하는 질문은 "공부하는 방법, 그것도 아주 요령 있게 능률적으로 공부하는 방법에 대해 배워본 적 있나요?"이다. 40을 막 넘긴 의사이자 교수인 저자는 30대에서 50대까지 왜 공부를 해야 하고 또 그게 필요하다면 어떻게 하면 머리도 좋아지고 공부도 잘하는가를 설명하였다.

그는 교육학자의 시각이 아니라 한때 신물나게 공부해 본 경험이 있는 동경대 의대 출신으로 동경대 부속병원 신경정신과 의사로서의 관점에서 설명하고 있어서 그 책은 더욱 흥미롭게 느껴졌다.

가장 감명 깊은 대목은, 세상이 바뀌었으니 새로운 경쟁력을 갖추어야 한다고 생각하면 그 답을 공부에서 찾으라는 것이다. 이름하여 "어른들을 위한 공부법"을 제안한 것이다. 오늘날은 능력 중시의 경쟁사회인 동시에 고령화 사회이어서 더욱 공부하는 자세가 필요하기 때문이다. 어느 구절 하나라도 놓치기 싫지만 금방 공감이 될 듯한 몇 가지 내용을 소개하면 다음과 같다.

첫째, 인지 심리학에서 볼 때 사고력을 갖춘 사람이란 풍부한 지식을 가지고, 그것을 활용하여 문제 해결을 위한 적절한 추론이 가능한 사람이라고 한다. 정석을 익혀서 그 패턴을 이용해 문제를 푸는 수학이나 물리와 같은 공부는 인지 심리학적 입장에서 볼 때 훌륭한 사고 훈련이라고 한다. 이를 잘 이용하면 인지심리학에서 말하는 명석한 두뇌를 가질 수 있다고 한다. 따라서 머리가 좋아질 것인가 아닌가는 마음먹기 나름이지만, 스마트 시대에 그 차이가 더 크게 벌어진다는 사실에 주목할 필요가 있다.

둘째, 머리가 좋아지려면 몇 가지 훈련이 필요하다고 한다. 기본은 기억력을 높이는 것인데, 기억에는 입력에 해당하는 새로 생긴 경험을 머릿속에 새기는 단계와 저장에 해당하는 보관의 단계, 출력에 해당하는 상기의 단계가 있다고 한다. 그 각각의 단계별로 자신에게 적합한 방법을 찾아내는 것이 기억력을 높이는데 도움을 준다. 어른들이 어려움을 겪는 정보 출력에 대한 훈련을 하는 게 도움이 된다고 한다.

기억하고 있는 것을 사용해서 문장을 만들어 보는 훈련이 가장 핵심이다. 마치 공자님 말씀 같은 이야기지만, 실제로 이렇게 하면 머리 좋은 사람으로 변화하는 지름길을 찾을 수 있을 것이다.

셋째, 요령 좋은 어른들의 능률적인 공부법을 제안한다. 시간 관리법, 일정 관리법, 정보 정리법, 노트법과 독서법, 문장력과 설명력, 인터넷

시대의 영어 공부, 감정과 불안의 관리 등에 대해 잘 설명되어 있다. 그 중에서 한 가지만 살펴보자. 스마트 시대이기에 필요한 정보를 모두 암기할 필요는 없어졌어도 방대한 정보 바로바로 활용할 수 있는 능력이 요구된다. 노하우(know-how)도 중요하지만 노훼어(know-where)를 잘 아는 것도 필요하다. 따라서 정보 정리법은 필요하다. 정보정리는 주제에 따라 해두는 것이 좋다고 한다.

가장 시간을 많이 허비하는 경우가 어디에 그 정보를 모아 두었는지 잊어버리거나 아예 그 정보를 잃어버릴 경우이다. 겉으로 보기에 모양새가 좋지 않더라도 나름대로 정보 분류를 하는 게 나중에 많은 도움을 준다. 일단 정리된 정보가 있으면 심리적으로 안정감을 가진다.

공부 이야기가 재미있을 리 없지만, 공부하는 방법에 대해 흥미를 가진다면 생산성 높은 공부를 하는 묘미를 느낄 수 있을 것이다. 그런데 공부할 때 중요한 것이 또 있다. 주위에 능력 있는 친구들이 있는가를 살피는 일이다.

돈이나 시간을 아끼지 말고 '능력 있는 사람' 혹은 '능력 있는 사람의 기술'에 접근해야 한다. 또한 능력 있는 사람의 말과 노하우를 모방하는 것도 좋다. 그리고 어렵사리 몸에 익힌 노하우를 자신이 활용할 수 있는지 살펴보아야 한다. 아무리 좋은 방법이라도 자기 스타일에 잘 맞지 않으면 좋은 결과를 내기 어렵다.

가정에서 공부를 하는 부모의 모습은 아이에겐 더 없이 좋은 자극을 주며, 자신에겐 더 없이 좋은 보약이 될 것이다. 공부야말로 사회를 변화시킬 수 있는 힘이라고 할 수 있다.

이제 경쟁사회, 능력중시사회, 스마트사회, 고령화사회라는 흐름을 잘 들여다보고 무슨 공부를 어떻게 할 것인지 고민해야 할 것이다.

【2018.09.05】

모바일 세상으로 다가간 중국의 일상

올해엔 무척 더운 여름을 보냈다. 연이은 폭염 속에 살다보니 조금은 단련이 되는 듯 했다. 중국에서 열린 제17차 한중품질심포지엄에 참석하기 위해 지난 8월 중순에 항저우(杭州)를 방문하였는데, 무척 더웠지만 그래도 견딜만 했다. 방학 기간에 이렇게 해외에서 열리는 학술대회에 참여하는 또 하나의 혜택은 이론적인 공부와 함께 실무적인 사례학습의 기회를 가질 수 있다는 점이다.

이번 학회를 주관한 절강공상대학(浙江工商大學)에는 절상(浙商)박물관이 있었는데, 그 지역의 상업의 역사를 소개하는 전시와 더불어 성공한 사업가들의 성공 스토리를 전시하고 있다는 점에서 아주 특색이 있었다. 이 박물관을 돌아보면서, 인천에도 이런 박물관을 만들어 창업과 기업가 정신을 교육하는 장소로 삼아도 좋겠다는 생각을 했다.

여러 명의 사업가 중에서 단연 관심의 초점은 마윈이었다. 알리바바

(阿里巴巴)를 창업하고 발전시킨 마윈이 이 지역 출신이었던 것이다.

중국 정보통신기술(ICT) 공룡 기업으로 불리는 BAT(바이두, 알리바바, 텐센트) 중에서도 가장 앞서나가는 알리바바의 성공 스토리도 상세히 설명되어 있었다.

사실 항저우에서 열리는 학술대회에 참가할 계획을 세우면서 가능하다면 알리바바 본사를 방문해 그 성공 요인을 직접 확인하고 분위기도 파악하는 기회를 가졌으면 하는 바램이 있었다. 지인의 도움으로 드디어 알리바바 본사를 방문하게 되었다. 처음 만나 인사를 건넬 때 명함을 건네는데 이번엔 어쩐 일인지 알리바바 직원은 명함을 받기만 하고 주지는 않았다. 그 대신 텐센트가 개발한 '중국판 카카오톡' 위챗을 하냐고 묻더니, 자기들은 QR코드로 스캔을 하면 바로 서로가 연결되는 방식을 주로 사용한다는 것이다. 그래서 위챗을 만들어 연결을 하니 명함 주고받고 입력하고 저장하는 번거로움 없이 바로 소통되는 편리함이 있었다.

마윈의 성공의 비결에는 성장, 끈기, 창업, 기회, 경영, 리더, 관리, 혁신, 경쟁, 전략, 투자, 생활 같은 키워드가 자리잡고 있는데 그 중에서도 가장 주목되는 덕목은 열정이다. 마윈은 "젊은이는 모두 열정이 있습니다. 그러나 끊임없는 열정만이 참된 가치가 있습니다. 실패한 다음에 다시 도전하는 것, 이것이 진정한 열정입니다"라고 강조하였다고 하는데, 본사 로비에 전시된 몇 가지 내용과 오고가는 직원들의 모습에서 그가 말하는 열정이 실현되는 현장을 잠시 엿볼 수 있었다.

알리바바 본사를 새로 짓고 이사를 올 때에 마윈이 수영을 하여 강을 건너는 모습이 인상적이었다. 직원에게 물어보니 새로 지은 본사 위치가 기존의 사무실에서는 강을 건너야 하는 곳에 위치해 있는데, 마윈이 실제로 강을 헤엄쳐서 건넜다는 것이다. 그 이유는 정말 힘들게 여기까지 성장해 왔음을 보여주기 위함이라고 한다. 이것도 열정을 보여주는 한 대목이라고 하겠다.

그리고 직원들에게 주는 근속기념품도 무척 흥미로웠다. 직원이 새로 들어와서 1년이 되면 웃는 모습이 담긴 배지를 주는데 그 의미는 알리바바 그룹의 일원이 되었다는 소속감을 느끼게 하는 상징이라고 한다, 3년이 지나면 옥으로 만든 목걸이를 주는데 어느 정도 성장을 하였다는 의미에서 주는 것이라고 한다, 그리고 누구나 알리바바에서 5년 연속 근무를 하면 금반지를 받는데, 이것은 직원의 헌신에 대한 의미를 부여하는 것이라고 한다. 동행한 직원의 부연 설명에 따르면 마치 술도 오래 묵을수록 좋은 것처럼 알리바바에서는 직원도 근속연수가 늘어날수록 더 귀중하게 생각한다고 한다.

본사 방문을 마치며 기념품 코너를 들렀다. 마윈의 이야기가 담긴 공책이 눈에 들어 사려고 지갑을 꺼내는데, 안내한 그 직원이 휴대폰으로 그냥 결제를 해 주어 미안하기도 하고 고맙기도 했다. 그들은 이미 알리바바의 알리페이나 텐센트의 위챗페이라는 모바일 결제서비스를 익숙하게 사용하고 있음을 확인하게 되었다. 그저 휴대폰으로 QR코드를 찍거나 결제 시 생성된 바코드를 찍으면 곧바로 고객의 계좌 또는 신용카드를 통해 돈이 나가는 결제 방식이 일상이 되어 있었다.

알리바바가 있는 항저우에서 명함 교환도 없이 서로 소통하는 방법, 현금이나 신용카드 대신 모바일로 물건 사고 결제하는 방법 그리고 실패를 딛고 열정으로 성공한 사례를 보고 느끼며, 다음 학기 수업 시간에 학생들에게 좀 더 상세히 설명하고 시사점을 함께 토론해 보아야 되겠다는 생각을 했다.

학술대회에서 품질경영에 관한 많은 이론 공부도 했지만, 현장에서 살아 움직이는 사례를 접할 수 있어서 더욱 의미 있는 항저우 방문이 되었다.

【2018.11.28】

'발 빠짐'을 주의해야 한다

지하철 이용은 일상생활에 참 도움을 준다. 오가는 동안 이런저런 생각도 하고, 짬짬이 스마트폰도 들여다보기도 하며, 또 가방 속 자료도 꺼내 읽을 수 있다. 지하철 앱으로 출발역과 도착역을 검색해 도착시간을 미리 알아볼 수 있어 약속시간 지키기에도 도움이 된다. 목적지로 갈 때 중간에 열차를 갈아탈 때에도 무턱대고 달리기보다는 다음 연결편이 언제 도착하는 지 확인하고 걸음걸이 속도를 조절할 수도 있다. 눈에 보이지 않던 일들을 데이터로 분석하여 구체적으로 알아보기 쉽게 앱으로 보여주는 서비스는 일상생활에서 작지만 영향력이 큰 좋은 서비스 개선 사례라고 하겠다. 서비스경영에서는 이를 두고 가시성(可視性)을 높여서 고객만족도를 높이는 활동이라고 설명한다.

물론 지하철 앱을 철석같이 믿고 있다가 중요한 약속에 늦어 낭패를 보기도 하고, 가끔 이런저런 사정으로 열차 운행이 지연되어 곤란한 상황을 겪기도 한다. 어떻게 하면 이런 부정확함을 개선할 수 있을지 고민해 보아야 할 것이다. 실제 정보와 앱에 올라온 정보 사이에 차이가 있다면, 실제 정보를 더 정확하게 실시간으로 반영하는 방안을 우선 검토할 필요가 있다. 또한 자주 연착되는 노선이 있다면 그 원인을 찾아서 개선하거나, 아니면 아예 출·도착 시간 정보를 현실에 맞게 조정하는 것이 나을 듯싶다. 특히 출퇴근 시간에 환승을 해야 하는 이용객은 어느 한 노선의 열차가 늘 연착하여 갈아타기 위해서 정신없이 달려야 간신히 연결편에 탑승할 수 있거나, 때로는 그래도 열차를 놓친다면 아침부터 불유쾌함을 느끼게 된다.

이런저런 지하철 운행에 관한 데이터가 정확하게 집계되고 공유될 수 있다면, 문제 해결에 큰 도움을 줄 것이다. 여기에다 몇 가지 데이터를 추가한다면 더욱 생활에 도움이 될 것 같다. 출발과 도착 시간 정보와 더불어 더 있으면 좋을 것 같은 사항은 실제 출발과 도착의 정확한 통계정보와 시간대별 구간별 혼잡도, 그리고 지하철역의 공기질 수준 등이 있겠다. 이런 데이터를 수집하고 공유하고 분석하여 개선할 수 있게 하는 일은 4차 산업혁명 시대에 적합한 공공행정서비스 모습이다. 디지털행정혁신의 일환으로 접근하여 문제를 찾아내서 해결하면 좋을 듯싶다.

아예 공공서비스를 제공하는 담당기관이나 조직에서 이런 정보를 자체적으로 수집·분석하여 이용객을 비롯한 이해관계자들에게 제공해 주는 제도의 마련과 개선도 필요하다. 예를 들면, 공항철도와 인천지하철 1호선이 만나는 계양역이나 서울지하철7호선과 인천지하철 1호선이 만나는 부평구청역, 그리고 지하철1호선과 서울지하철2호선이 만나는 신도림역 등에서 실제 정시 출발·도착률, 시간대별 혼잡도, 지하철 공기질 등을 측정·제공해서 서비스품질관리시스템을 운영하는 방안도 강구할 수 있겠다.

품질경영 분야에서는 "측정 없이 개선 없다"는 격언이 있다. 측정의 목적은 개선의 기회를 찾는 데 있고, 측정하여 데이터를 분석하는 것에서부터 개선이 시작된다는 점을 강조한 말이다. 고객의 소리(VOC, voice of the customer)로 알려진 고객 불만이나 요청사항 등을 청취·수집·분석하는 시스템을 많은 조직에서 운영하고 있다. 여기서 한 걸음 더 나아가 고객들이 이야기하지 않은 숨겨진 요구와 불만사항도 찾아 해결하는 사례가 등장하고 있다. 과거에는 상당히 어려운 과정을 거쳐야 했는데, 이제는 빅데이터 분석을 통해서 이를 해결해 내고 있는 것이다. 이 또한 데이터 수집·분석이 그 출발점인데, 측정을 통한 개선이란 방식이라고 할 수 있다.

우리나라를 찾는 관광객들이 올린 댓글을 분석한 자료에 따르면 한국의 지하철은 가히 세계 최고 수준의 서비스를 제공한다고 한다. 한 걸음 더 발전을 하기 위한 제도개선과 시도가 이제 4차 산업혁명 시대를 맞이하면서 필요한 시점이다.

작년 겨울 방학에 런던 시내에서 며칠 머물며 세미나에 참석하고 덤으로 유적지도 돌아보면서 지하철 이용 기회를 가졌다. 세계에서 가장 오래되었다는 런던 지하철은 그 역사를 반영하듯 시설은 오래되어 보였고 갈아타기에도 불편함이 상당하였다. 그런데 정작 기억에 남는 것은 플랫폼으로 열차가 들어올 때 "발빠짐 주의(mind the gap)"라는 안내방송이다. 승강장과 객차 사이에 간격이 있으니 잘못하면 발이 빠질 수 있으니 조심하라는 말이다. 지금 서비스를 이용하는 고객들이 기대하는 수준과 공공서비스 제공 수준 사이에 격차가 있으니, 이를 측정하고 개선하라는 말처럼 들렸기 때문이다. 이제는 발빠짐 원인이 되는 격차를 개선할 방안을 찾아야 할 때인 것 같다.

【2019.02.27】

품질은 타협할 수 없다

베트남 호치민에 있는 삼성전자 공장을 최근에 방문할 기회가 있었다. 처음 방문 계획을 세울 때, 몇 가지 궁금증이 생겼다. 그 첫 번째는 “왜 공장을 베트남의 SHTP(Saigon Hi Tech Park) 공단에 세웠을까?”라는 입지 선정의 이유였다. 공장 투어에 앞서서 회사에 대한 설명을 들으면서 그 답을 찾을 수 있었다. “기업은 돈을 벌기 위한 경쟁력을 갖춘 곳을 찾아다닌다.” 그 최적의 대상이 지금까지 중국이었고 이제는 베트남이 되고 있다는 설명이다.

이렇게 첫 번째 궁금증은 잘 해결이 되었는데, 그보다 과연 베트남 호치민 공장에서 생산되는 TV, 냉장고, 세탁기, 청소기의 품질 수준을 알고 싶었다. 객관적인 데이터나 자료로도 파악이 가능하겠지만, 현장에서 담당자에게 그 수준에 대해 직접 들었으면 했고 또 확인하고 싶었기 때문이다. 그런데 그 질문을 하기도 전에 담당직원이 “품질은 타협할 수 없다"라고 강조하는 것이 아닌가. 어찌나 반갑고 듣고 싶은 답이었는지 모르겠다. 오랫동안 품질경영을 연구해 왔으며, 특히 2018-2019년 한국품질경영학회 회장을 맡고 있기 때문에 그 말이 더욱 의미있게 다가왔다.

사전적인 의미로 타협이란 "어떤 일을 서로 양보하여 협의함"이라고 한다. 위키백과에 따르면, 품질은 공장에서 생산된 제품이나 서비스 산업이 제공하는 서비스가 갖는 성질과 바탕을 의미한다. 그러니 품질은 타협할 수 없다는 말은 품질에 관해서는 양보해 협의하는 일은 없다는 뜻이라 하겠다. 베트남에서 만들지만 품질 수준은 틀림이 없으며, 그래서 전세계로 수출을 하고 지속적인 성장을 하고 있음을 직접 확인할 수 있는 좋은 기회였다.

삼성전자는 자타가 공인하는 전자산업 분야에서 최고 품질 수준의 제품을 생산하는 글로벌 초우량 기업이며 품질을 중시해 탁월한 경영성과를 달성하고 있는 대표적인 기업이라 하겠다. 물론 몇 년 전에 휴대폰 배터리에서 품질 문제가 발생하여 위기를 맞기도 했지만, 매우 적극적이며 신속하게 대응해 전화위복의 기회로 삼았다.

배터리 생산을 담당한 삼성SDI에서는 이러한 품질 문제 발생 이후에 최고경영자(CEO) 직속의 품질보증실을 신설하고 이 부서의 권한을 대폭 강화했다고 한다. 품질보증실은 배터리 소재와 완제품의 품질을 들여다보는 부서다. 이를 통해 개발, 제조, 검사, 출하 단계별 품질 검증 기능을 강화했고, 샘플 제품에 대한 엑스레이(X-ray) 검사는 전수 조사 방식으로 확대했다고 한다. 배터리 품질 문제를 완벽하게 개선하기 위한 최선의 노력을 기울인 것인데, 이는 '1-10-100의 원칙'을 적용한 우수한 사례이다. 즉, 하자 있는 제품을 생산과정에서 바로잡으면 그 처리 비용은 1인데, 시장에 나가면 10으로 늘어나고, 고객 손에 들어갈 땐 100이 된다는 점을 강조한 것이다.

품질 분야의 대가인 주란(Juran) 박사는 품질비용을 예방비용, 평가비용, 실패비용 등으로 구분하였고, 예방비용이 1이라면 평가비용은 10이고 실패비용은 100이라며, 예방의 중요성을 강조하면서 '1-10-100의 원칙'을 제시하였는데, 이를 삼성SDI 현장에서 실천하고 있는 것이다. 이 또한 품질은 타협할 수 없다는 점을 실현한 사례라고 하겠다.

한편 베트남 공장 방문 전에 경북 구미에 소재한 삼성전자 무선사업부에 방문하여 품질 문제를 어떻게 대응하고 있는지 살펴볼 기회가 있었다. 여러 조치 중에서 시장주도품질아카데미(Market-Driven Quality Academy) 운영을 통해 품질 수준을 제고하기 위한 노력이 있었다. MDQA는 배터리 이슈 이후에 품질에 대한 경각심 제고 및 품질부문의 역량을 강화하고 전문가 양성을 위한 계층별 교육체계의 구축 필요성에 따라 추진된 제도라고 한다.

삼성전자와 삼성SDI는 품질 이슈 발생 이후에 적극적으로 문제를 해결하고 사전적으로 예방하며 신속하게 대응하는 시스템을 구축하고자 노력하고 있었다. 승승장구하던 기업도 한 순간에 시장에서 사라지는 격변의 비즈니스 현장에서는 품질 이슈는 회사의 존망을 결정짓는 매우 중요한 요인인 것 같다.

이는 인천의 중소제조기업에 국한된 문제가 아니고 삼성전자와 같은 글로벌 대기업에 적용되는 원리라는 점에 주목할 필요가 있겠다. 품질은 타협할 수 없는 대상이니, 고객에게 약속한 품질 수준을 달성하기 위해서 기업은 최선을 다하여야 한다. 그렇지 않으면 품질 문제가 생존의 발목을 잡는 일이 생기곤 한다.

그 어느 때보다도 경제여건이 녹록지 않은 상황이라고 기업인들은 이야기 하는데, 이럴 때일수록 품질과 같은 근본이 든든한지 철저하게 점검해 보아야 할 것이다. 아울러 기업의 생존과 발전을 위해서 실제적인 도움이 될 만한 국가 차원의 정책적 지원이 보다 현실화 되길 바란다.

【2019.05.22】

주객전도인가, 발상전환인가

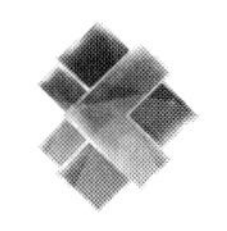

세상엔 참 별난 옷가게도 있다. 하버드 경영대학원에서 사례로 채택해 경영학석사(MBA) 수업시간에 공부하고 있는 점에서 주목된다. 고객이 티셔츠를 디자인하고 다른 고객들이 그 디자인을 평가하도록 해서 가장 잘 팔릴만한 티셔츠만 사이트에 올려서 잘 팔고 있는 스레드리스(Threadless.com)가 그 주인공이다.

온라인 티셔츠 판매 점포는 온라인 커뮤니티 회원들이 자신이 만든 티셔츠 디자인을 온라인으로 제출하면 온라인 상에서 관심 있는 사람들을 대상으로 인기투표를 해서 높은 점수를 받은 디자인을 제품으로 만들어 내는 것이 이 회사가 하는 일의 핵심이다.

모든 것을 고객에게 맡기고 고객이 선택하고 또 고객이 만들어 내게 한다. 그저 판(시스템)을 벌려 놓을 뿐이다. 멍석을 제대로 깔아주는 작전이 이 회사의 핵심역량이다. 이를 두고 경영학 용어로는 필요한 역량을 일반 대중으로부터 얻는다는 의미에서 크라우드소싱(Crowd sourcing)이라고 부른다. 군중들로부터 가장 중요한 것을 조달해 내는 방식을 사용하다 보니, 만들어 놓고 안 팔리는 일은 아예 구조적으로 생기지 않도록 한다. 좋아하는 것이 무엇이냐고 물어보고 그것을 만들어 주는 방식이다.

고객만족의 기본이라 할 고객중심 경영을 제대로 실천하고 있는 사례이다. 이쯤 되면 기존의 옷가게들은 이제 이런 혁신적인 서비스를 경험한 고객들의 요구를 제대로 반영할 수 없게 된다. 어디선가 경험을 했던 것을 고객은 기억하고 기대 수준을 높여 그런 서비스를 요구하기 시작한다. 바로 이때가 경쟁의 장르 사이에 있던 벽이 하나 둘 무너지는 순간이다.

전통적인 의류업체의 핵심 역량은 디자인이고, 전통적인 의류 소매상의 핵심역량은 고객이 좋아할 디자인을 만들어 내는 일이라 할 수 있다. 이 두 가지 모두를 고객으로부터 해결해 낸 스레드리스라는 옷가게는 분명 신종 사업이며 신형 고객만족을 실천하는 기업이라 하겠다. 이보다 더 혁신적인 고객만족 전략이 있을 수 있을까? 그러니 주객이 전도된 것이 아니라 발상의 전환을 통해 진정 고객이 원하는 서비스를 제대로 제공하고 있다고 박수 받을 만하다.

먼 나라의 사례뿐만 아니라 우리나라에서도 이처럼 새로운 방식의 도입을 통해 고객을 만족시키고 좋은 상품과 서비스를 제공해 성과를 내는 기업들이 많이 등장하고 있다.

있다. 가성비란 가격 대비 성능비의 약자라고 한다. 기업의 생존부등식(원가<가격<가치)에 따르면 원가보다는 가격이 높아야(원가<가격) 하고, 가격보다는 가치가 높아야(가격<가치) 한다고 하니 기업의 입장에서는 '가가비'(가격 대비 가치의 비율)가 좋아야 할 것이다.

특히 가성비 좋은 제품(서비스)에 열광하는 팬이 많이 생기고 물론 '원가비'(원가 대비 가격의 비율)도 무척 중요하다. 그래서 원가 혁신을 추구하며 가치 혁명에 몰입한다. 앞에서 본 옷가게도 디자인에 드는 비용을 대폭 줄이면서 고객의 만족은 높이는 방식의 혁신을 달성한 것이라는 점에서 눈길을 끈다.

원가비나 가가비 그리고 가성비를 높이는데 성공한 기업을 무엇이라고 불러야 할까. 이를 두고 게임 체인저(game changer)라는 용어를 사용하는 경우가 있어서 소개한다. 게임 체인저는 기존의 어떤 상황이나 행동을 심각하게 바꿔놓는 새로운 요소 또는 사실이다. 또는 판을 흔들어 시장의 흐름을 바꾸어 놓는 사람이나 기업을 의미한다. 이런 게임 체인저는 비즈니스의 지평을 새롭게 만들어 놓는다.

게임 체인저를 구분하기 위한 기준은 제품(서비스)과 구조(시스템)이다. 이 두 가지 기준에 각각 기존과 신규라는 두 가지 상태가 있다고 하면, 게임 체인저는 그래서 네 가지 유형으로 구분된다. 기존의 제품과 기존의 구조를 가지고도 프로세스 개혁형이라는 게임 체인저가 될 수 있고, 어느 하나만 새롭게 해도 될 수 있다. 즉, 기존의 구조에 새로운 제품을 도입하면 시장창조형이 될 수 있고, 기존의 제품에 새로운 구조를 입히면 질서파괴형이 된다고 한다. 물론 두 가지 모두 다 바꾸면 비즈니스 창조형의 게임 체인저이다.

게임 체인저는 제품과 구조에 뭔가 변화를 시도하여 고객으로부터 사랑을 받는 기업이 된다는 점에서 공통점이 있다. 그래서 시장을 창출하고 가치를 창출한다는 점에서 주목된다.

새로운 패러다임의 시대에 게임 체인저의 등장은 비즈니스의 지평을 바꿔놓을 새로운 영웅이 될 것으로 기대된다. 난세에 영웅이 등장하듯 그 어느 때보다도 어려운 상황 속에서도 고객의 가치를 높이는 진정한 가성비 좋은 제품과 서비스를 우리에게 제공해 주는 존경받는 기업들이 더욱 많이 등장하길 기대한다.

]

【2019.08.07】

세 가지 차별화 전략

같아 보이는 것도 많이 있지만 뭔가 다르기 때문에 사람들은 기억을 하고 주목을 하는 것 같다. '다르다'의 사전적 정의는 두 가지 정도가 있는데 하나는 '비교가 되는 두 대상이 서로 같지 않다'이고 또 하나는 '보통의 것보다 두드러진 데가 있다'이다. 여기서는 두 번째 의미를 좀 더 살펴보자.

같은 값이면 다홍치마라는데, 두드러짐으로 고객의 선택을 받을 상품이 꼭 성공적이지는 않다. 그러니 두드러지면서도 고객에게 어필되는 강점이 있어야 한다. 이러한 내용을 경영학자들은 '차별화'로 정리한다.

예를 들면, 마이클 포터가 본원적 경쟁 전략의 세 가지 중의 하나로 차별화를 꼽았고 이는 기업의 기본 전략으로 인정받아 왔다. 이 개념에는 사실 '고객의 눈에 보이기에'라는 말이 생략되어 있는 것이나 마찬가지다. 기업이 아닌 고객이 진정 다르다고 느낄 때 차별화가 된 것이라

할 수 있기 때문이다.

그러면 '다르다'의 가치가 무엇일까. 서바이벌 경연의 '다름'을 생각해보면 비교의 대상과 서로 다름에 그치지 않고 '고객의 참여'라는 다름을 통해 두드러짐을 부각시키고 있는 것이다. 이런 점에 비추어 보면 고객가치를 이루어낸 제품이건 서비스건 간에 뭔가 특징이 있을 것 같다.

그 특징 중 하나로 다음과 같은 별별 시리즈가 있다. 잘 차별화된 상품은 특별한 존재가 되겠지만, 그것이 아니라면 곧 이별하게 되는 처지가 된다. 그러니 고객과 이별하지 않으려면 세 가지 측면에서 차별화가 필요하다.

첫째, 기능 차별화는 제품이나 서비스의 기능에 있어 경쟁자에 비해 뒤지지 않는 특성을 강조하는 것이다. 둘째, 상징 차별화는 소비자의 사회적 관계나 과시욕 등을 자극하거나 서비스의 외부적 특성에 관한 차별화이다. 셋째, 경험 차별화는 소비자의 느낌과 감정과 관련된 차별화이다. 물론 이 세 유형이 상호 배타적으로 구별되기도 하지만 성공적인 브랜드의 경우 유형들이 혼재하기도 한다.

어쩌면 다 같아 보일지라도 기능 차별화를 통해 다른 제품과의 차이를 뚜렷하게 만드는 것이다. 세계적인 명성을 차지한 다이슨의 성공 비결은 고객들에게 '아이들도 빨아들일' 정도의 강력한 기능을 선보인 것과 럭셔리 선풍기 시장을 장악한 날개 없는 선풍기 등이 기술의 차이를 만든 사례라 하겠다.

멋쟁이 신사가 양복 안주머니에서 꺼낸 필기구가 몽블랑 만년필이라면 품위와 스타일이 한껏 더 고양될 것이다.

이는 상징 차별화의 사례이다. 이런 강한 이미지를 제공하기 때문에 성공한 사람들에게 어울리는 펜이 된 것 같다. 존 내쉬 박사의 노벨상 수상 소식을 듣고 교수식당에 있던 동료 교수들이 내쉬가 앉아 있던 식탁 위에 존경의 의미로 만년필을 올려놓는 광경이 영화 '뷰티풀 마인드'에 나온다. 그 장면에 등장하는 만년필이 몽블랑, 크로스 등이었으며, 적어도 그런 만년필은 뭔가 웅변하는 의미가 있다. 이러한 상징을 만들어 낸 제품이면 성공했다고 할 수 있겠다.

다음은 경험 차별화인데 말 그대로 백문이 불여일견이다. 직접 경험을 해봐야 보다 잘 알 수 있고 충성도가 생기는데 이렇게 형성된 관계의 끈은 잘 끊어지거나 느슨해지지 않는다. 이런 점을 잘 아는 회사는 고객을 유인하는 작전을 잘 구사하는데 한 가지 예로 싱글 몰트 위스키를 생산하는 스코틀랜드의 한 회사에서는 제조 시설을 관람하고 직접 제조된 위스키를 시음해 볼 수 있는 다양한 유료 견학 프로그램을 운영하고 있다.

성공적인 상품을 차별화를 통해 창출하려면 몇 가지 유용한 방법론에 관심을 가져야 한다. 각 유형별로 간략한 방법론을 한 가지씩 제시하면 다음과 같다.

기능 차별화는 뭔가를 더하고 빼고 줄이고 만들고 등의 궁리를 통해서 이루어질 수 있겠다. 스타 마케팅은 상징 차별화를 하기에 가장 손쉽고도 적절한 방법이다. 그리고 경험경제의 유형을 구분하고 이를 만들어가는 과정을 통해서 경험 차별화를 추진할 수 있겠다.

고객이 환영하는 가치를 창출해 내면 성공에 근접할 것 같은데 그 지름길을 원한다면 이 세 가지 유형의 차별화에서 실마리를 찾을 수 있겠다. 그런데 더 힘든 결정은 알고 행한다는 점이기 때문에 실행에 좀 더 집중하는 기업이 더 큰 성공을 이룰 것이다. 경쟁에서의 승리와 생존을 위해 많은 기업들이 차별화 전략을 선택하고 있지만 진정한 차별화는 어떠한 방법을 통해 달성되는 것인지에 대한 연구가 필요한 시점이다

【2019.10.23】

파부침주〈破釜沈舟〉의 교훈

4차 산업혁명의 시대를 맞이하고 있는데 준비는 별로 안 되어 있으니 이제 어찌하면 좋을까요? 아마도 경영자들이 이런 고민을 많이 하고 있을 듯하다. 현재에도 어려움이 있지만 다가올 미래도 불확실성이 커지니 더욱 걱정이 많아진다고 한다.

"할 수 있는 자는 행하고, 할 수 없는 자는 가르친다." 버나드 쇼는 이렇게 이야기했다. 4차 산업혁명 시대에 대응할 수 있는 기업은 이미 무언가를 하고 있고, 그렇지 못한 기업들은 남들에게 이러쿵저러쿵 이야기하고 있는 것은 아닌가 하는 생각이 든다. 그렇지만 기업에서는 4차 산업혁명 대응전략이 필요하며 이미 의미 있는 실적을 달성하고 있는 모범 사례에서 시사점을 찾으려 애쓴다.

BCG라는 글로벌 컨설팅사에서 13년째 매년 발표하고 있는 '세계에서 가장 혁신적인 50대 기업'에서 그 대응전략 마련의 실마리를 찾아볼 수 있을 것 같다. 이 순위는 전 세계 1500명의 고위경영자를 대상으로 조사한 내용에 기반을 두고 산출된다. 여기에서 순위를 발표하기 시작한 이래 줄곧 1위를 달리던 애플이 3위로 물러나고, 아마존이 2위를 차지했고, 구글 알파벳이 1위에 올랐다는 점에서 2019년도의 순위는 큰 주목을 받았다. 구글 알파벳은 구글의 지주회사로 "A~Z까지 문자를 포괄하는 단어로 언어와 인류 최고의 혁신을 상징하며 구글의 검색방식에서 가장 중요한 요소"라는 의미라고 한다. 그 뒤를 이어 마이크로소프트가 4위이고, 삼성이 5위를 차지했다고 한다. 이처럼 가장 혁신적인 기업들은 이미 4차 산업혁명 시대를 맞이하여 '할 수 있는 일'을 이미 진행하고 있는 것은 아닐까? BCG의 분석에 따르면 이들 혁신 선도기업의 특징은 세 가지라고 한다. AI(인공지능)를 먼저 시작했고 혁신지원 플랫폼을 광범위하게 사용하고 있으며, 생태계를 구축하고 있다. 물론 모든 기업이 이처럼 새로운 변신을 할 수는 없겠지만 적어도 혁신을 통해서 지속가능한 성장을 하고자 하는 기업들이라면 최근의 변화를 잘 살펴보고 대응해야 할 것이다.

예를 들면 처음으로 애플을 누르고 1위 자리를 차지한 구글은 인공지능 퍼스트(AI First) 기업으로 입지를 굳히고 있다. 아마존은 소매 분야에서의 AI 활용은 물론 알렉사, 아마존 웹 서비스 등을 통해 음성인식기술과 플랫폼 기반 서비스에서도 앞서나가기 시작했다는 평가를 받으며 이 조사에서 역시 애플을 누르고 2위에 올랐다. 애플은 선구적인 음성인식기술인 시리에 투자해왔고 플랫폼을 통해서 앱 개발자들에게 최고의 가상 작업장을 제공하고 있음은 잘 알려진 사실이다.

이런 강력한 글로벌 기업의 약진을 보고 있는 후발 주자들은 어떤 생각으로 대응전략을 짜고 있을지 궁금하다. 이에 파부침주(破釜沈舟)라는 고사성어의 배경이 되었던 어려운 전쟁을 맞은 장수가 결단을 내리는 장면이 떠오른다. 항우(項羽)가 어려운 싸움을 앞두고 군사들과 함께 타고 온 배를 가라앉히고(침주, 沈舟) 그동안 사용하던 솥을 깨뜨렸다(파부, 破釜)는 고사가 있다. 여기서 유래된 파부침주는 반드시 승리하겠다는 태세를 갖추게 한다는 의미로 사용되곤 한다. 새로운 혁신을 하지 않고서는 생존 자체가 불투명한 어려운 상황에서는 이를 극복하기 위해 비장한 결단이 필요할 것 같다.

4차 산업혁명 대응 세미나에서 발제를 맡은 고진 한국모바일산업연합회 회장은 4차 산업혁명의 특징과 대응방안을 다음의 4가지로 설명했다. 같은 고민하고 있을 경영자들에게 유용할 내용이라고 생각되어 여기서 소개하기로 한다.

첫째, 파괴적 혁신이 필요하다. 4차 산업혁명은 존속적이지 않고 파괴적이라는 점에 주목할 필요가 있다. 둘째, 부작용이 생기게 마련이다. 혁신의 성과가 공평할 수 없고 손해와 피해가 수반된다. 셋째, 침묵하지 말고 시끄럽게 이야기하여 문제를 풀어야 한다. 좀 소란스럽더라도 이야기해서 규제와 한계를 풀어내야 한다. 넷째, 주도적인 추진이 필요하다. 혁신을 위해서는 융합과 스피드가 무척 중요하니 이를 주도하는 노력이 있어야 한다.

이 네 가지의 앞글자를 모으니 공교롭게도 파부침주였다. 혁신성이 높은 기업들은 AI 도입을 통해 긍정적인 성과를 내고 있다. 플랫폼과 생태계를 갖춘 기업은 다른 기업의 혁신을 촉진하고 새로운 솔루션을 제공하여 역시 좋은 성과로 연계하고 있다. 파부침주의 자세로 4차 산업혁명 시기에 혁신을 실행하는 기업들이 더욱 많이 등장할 수 있길 기대한다.

chapter

2

김웅희

학력
- 서울대
- 일본 筑波대 석사/박사 (국제정치경제학)

경력

*대학
- 인하대학교 국제통상학과 교수(2000.9~)
- 인하대학교 학생처장(2017.12~)

*학회
- 한국국제정치학회 이사 역임, 현대일본학회 편집위원장(2018.1~)

*사회활동
- 외교통상부 정책자문위원 역임
- 한일 신시대 공동연구위원회 위원 역임

글로벌 동아시아와 한국의 선택

【2018.02.21】

대학 신입생 'OT 협상'에 대한 단상

교육부 신입생 오리엔테이션 운영지침은 입학 전 신입생 OT는 반드시 대학이 주관하여 가급적 1일 내에 완료할 것을 권고하고 있다. 또한 법적 근거없는 OT 비용 징수를 금지하고, 학교예산으로 운영하여 공식 교육과정의 일환으로 정착시킬 것을 요구한다. 정부의 행정지도로서 사립대학이 이 지침을 대놓고 무시하는 것은 사실상 어렵다. 이에 맞서 학생회측은 신입생 정보제공과 학생 간 소통 강화, 공동체 의식 고취 등을 위한 교외 OT를 고집하며 교육부 지침을 준수하려는 대학당국의 입장을 자치활동에 대한 탄압으로 간주한다. 양측의 입장은 평행선을 달리고 창조적 대안의 모색은 어려워 보인다. 새내기를 맞이하는 대학의 옥신각신 진풍경이다.

당초 대학본부측은 2월 교내 신입생 OT를 하려고 했고, 학생회측은 관행대로 2월 교외 신입생 OT를 고집했으나 결론은 2월 교내 신입생 OT에 3월 교외 단대 연합 MT를 결합하는 절충안으로 모아졌다. 대학본부측은 '입학 전 교내 OT'라는 명분을 취했고 학생회는 '입학 후 교외 단대 연합 MT'라는 실리를 챙긴 것이다. 이렇게 2018학년도 신입생 OT 관련 대학당국과 학생회측과의 줄다리기는 호혜적 협상의 형태로 마무리되었다.

처음에는 양측이 협상이익 비양립성의 편견에 사로잡힌 듯 도무지 출구를 찾지 못하고 평행선을 달릴 뿐이었다. 실제로 양 당사자가 공통된 협상이익을 갖고 있어 합의가능영역이 존재함에도 불구하고, 서로 전혀 다른 협상이익을 갖고 있어 호혜적 합의를 할 수 없다고 생각한다. 이러한 편견을 깨뜨린 것은 쟁점의 재정의를 통한 합의가능영역의 형성 노력이었다. 교육부가 금지를 권고한 것은 입학 전 학교 밖 OT이지 입학 후 대학생 집단연수가 아니어서 입학 전 OT는 학교당국 주도로 교내에서 하루 일정으로 하되, 이에 더해 단과대학 및 학생회 주도의 입학 후 단대별 연합 OT가 안전하고 건전하게 이뤄지도록 지원하면 되는 것 아니냐는 해석이 제시되어 합의가능영역이 형성된 것이다.

신입생 OT 협상은 배트나(BATNA: Best Alternative to a Negotiated Agreement) 측면에서 볼 때 학교당국에게 유리한 협상이었지만 결과적으로는 학생회측이 원하는 것을 대부분 얻어낸 협상이었다. 배트나는 협상자가 합의에 도달하지 못할 경우 택할 수 있는 다른 좋은 대안을 말한다. 좋은 배트나를 가지면 가질수록 강한 협상력을 갖고 좋은 협상 성과를 얻을 수 있다. 합의에 도달하지 못할 경우 학교당국은 대학본부 주최의 입학식 겸 신입생 OT를 하는 대안을 갖고 있었지만, 학생회는 학생들의 참여를 보장할 수 없는 '장외투쟁'이라는 대안 외에는 뾰족한 수가 없었다. 배트나 측면에서 볼 때 처음부터 학교측에 결코 불리한 협상이 아니었다. 그런데도 학교측은 학생회측과의 관계를 좋게 유지하는 것이 바람직하다는 판단 하에 접점을 찾으려는 노력을 포기하지 않았다. 협상이 마지막 단계에 이르면 소위 끼워넣기(nibbling)가 종종 발생한다. 니블링은 협상의 마지막 단계에서 작은 것 하나를 더 받아내는 술책을 말한다. 어느 정도 협상이 완료되어 돌이키기 쉽지 않은 상황이 되었다 싶으면 슬그머니 이것저것 끼워넣는 시도를 한다. 이럴 때 난감하지만 그래도 상대를 배려하고 거래를 유지하기 위해 울며 겨자 먹기로 요구에 응하게 된다. 하지만 니블링은 단기적 이익은 몰라도 결국 양측 모두에게 바람직하지 못한 결과로 이어질 수 있다. 학교측이 어렵게 섭외한 접근성과 시설 좋은 MT장소를 고사하고 멀고 시설도 낙후된 곳을 관행이라는 이유로 택할 수 있게 요구한 일부 학생회측의 행동은 비록 단기적 이익은 챙겼을지 모르나 스스로 도덕성에 상처를 입히고 신뢰를 훼손하는 행위일 수도 있다.

악역과 선역 협상전략의 측면에서도 시사하는 바가 있다. 이 협상전략의 대표적인 예는 경찰의 피의자 심문이다. 악한 역과 선한 역을 맡은 두 명의 수사관이 번갈아 피의자를 심문한다. 악역 수사관은 거친 행동을 서슴지 않고, 마실 것조차 주지 않는다. 반면 선역 수사관은 상대를 이해하려 하며 따뜻한 태도로 대한다. 이 경우 피의자는 선역 수사관에게 마음을 열고 정보를 제공할 가능성이 크다. 학교당국이 학생회측과 소통을 추구하면서 전략적으로 이러한 역할분담을 고려한 것은 결코 아니지만, 대학본부는 상대적으로 원칙과 명분을 지키려는 입장에 가까웠다. 이에 비해 학생지원팀과 단과대학 행정실은 학생회측 입장에 귀를 기울이고 이를 반영시키려는 노력을 아끼지 않았다. 학생회측은 대학본부와는 예의를 갖추되 강경한 자세로 협의에 임했지만, 학생지원팀과 단과대 행정실과는 정서적인 공감 하에 진솔하게 소통을 꾀했던 것으로 전해진다. 이러한 '완충지대'가 있었기에 신입생 OT 협상이 열매를 맺을 수 있었던 게 아닌가 하는 생각이 든다.

【2018.04.18】

일본은 우려하고 한국은 희망을 말했다

남북이 주인공인 정상외교의 계절이 찾아왔다. 한반도는 냉전적 현상유지라는 패러다임이 뒤바뀌는 역사적 기회를 맞이하고 있다. 4월 남북 정상회담과 5월 또는 6월초 북 · 미 정상회담 개최 준비에 이어 '재팬 패싱(일본 배제)'을 우려한 일본의 발걸음도 분주하다. 그동안 소원했던 북 · 중 · 러 관계 복원도 시도되고 있다. 김정은 위원장은 시진핑 주석과의 정상회담에서 미국이 체제를 확실히 보장하고, 핵 포기에 따른 전면적인 보상을 받는 것이 가능하다면 핵을 완전히 포기할 수 있다고 언급했다.

북한 태도 변화의 진의는 무엇이고 비핵화 문제는 어떻게 풀어가야 할 것인가? 국내외를 막론하고 인식은 크게 엇갈린다. 4월초 도쿄에서 열린 한 · 일 1.5트랙(반관반민) 전략대화에서도 인식 차가 드러났다.

한국이 희망을 이야기했다면 일본은 의구심을 감추지 못했다. 지난 수년간 한 · 일 간에 마주앉아 나눌 얘기가 별로 없었다. 한 · 일 1.5트랙 전략대화는 정부 간 대화와 공공외교, 그리고 상호 탐색의 측면을 고려한 장치로서 경색된 한일관계를 전향적으로 풀어가기 위해 구상되었다.

1.5트랙 전략대화를 통해 느낀 몇 가지 소감을 적어본다. 먼저 북한의 태도 변화의 진의를 두고 한 · 일 전문가 사이의 인식 차가 드러났다. 한국 측은 진정성을 평가하거나 전략적 선택이라고 설명하려 했다. 반면 일본 측에는 의구심을 갖고 회의적으로 바라보는 전문가가 많았다. 일본은 핵 무력 없이는 가난한 김정은 독재체제가 유지 될것이라고 판단하지 않는다는 것이다. 물론 일본 측 내부에서도 공 · 사의 온도차가 느껴졌다.

그렇다면 왜 북한이 태도를 바꾸게 되었는가. 이 또한 판단이 엇갈리는 지점이다. 일본 측 참가자 대다수는 국제사회의 대북제재가 북한의 태도 변화를 이끌어냈다고 봤지만, 예상을 뛰어넘는 속도에 의아해 했다. 그러면서 경제제재 효과가 아직까지는 크지 않지만 올해 말쯤이면 북한경제에 큰 영향을 미칠 것이라고 내다봤다. 즉 압박과 제재에 못 이겨서가 아니라 실패할 경우 무서운 결과를 초래할 것이라는 점을 알고 있는 북한이 전략적 선택에 나선 것으로 봐야한다는 입장이다.

구체적인 비핵화 타결방안도 핵심 논점의 하나였다. 김정은 위원장이 시진핑 주석에게 밝힌 '단계적 · 동시적 조치'는 북한이 하나의 비핵화 조치를 취할 때 미국도 그에 대응하는 보상을 해야 한다는 의미를 담고 있다. 비핵화 단계마다 테러지원국 해제 같은 정치적 보상이나 제재 완화 같은 경제적 보상을 해야 한다는 뜻이다. 일본 측은 여전히 북한의 비핵화 구상이 '선핵 폐기 · 후보상' 방식을 선호하는 미국 정부의 입장과 부딪힐 수밖에 없다는 우려를 갖고 있었다. 북한이 시간을 버는 것을 허용하는 협상에는 신중해야 한다는 것이다. 일본이 보는 '한국 운전자론'도 흥미로운 부분이었다. 비핵화 주인공은 북 · 미 또는 미 · 중이며 한국은 '대리 운전자'에 불과하지 않냐는 생각을 내비치기도 했다. 북 · 미 정상회담 준비 작업이 진전될수록 '중재자'를 자처하는 한국의 역할은 줄 수밖에 없다고 한다.

지금은 북한 비핵화 문제를 둘러싸고 한 · 일 간에 존재하는 인식의 갭을 해소 또는 축소하고, 공동 대응이 필요한 분야, 미래지향적 분야에서 양국 간 긴밀한 소통과 협력이 어느 때보다 중요한 '관건적' 시기이다. 바로 여기에 한 · 일 1.5트랙 전략대화의 존재 가치가 있다고 믿는다. 2018년 10월이면, 한 · 일 파트너십 공동선언 20주년을 맞이한다. 한 · 일 관계를 지금까지 관계보다 한 차원 더 높은 관계로 끌어올리기 위해 한 · 일 양국은 1.5트랙 전략대화 같은 유연한 채널을 활용하며 함께 협력해야 한다. 납치문제를 포함하여 북 · 일 관계 현안 해결 및 북 · 일 관계 개선을 위해 한 · 일 양국은 협력을 마다해서는 안 된다. 한국과 미국은 이미 북한 비핵화 열차에 탑승을 했고 일본도 곧 이 열차에 올라타야 한다. 일본은 비핵화, 평화체제, 북한개발에서 빼놓을 수 없는 국가이다.

한반도에 기회의 창이 열렸지만 자칫 큰 일이 벌어질 수도 있는 절체절명의 상황이기도 하다. 11년 만에 찾아온 남북 정상의 만남이자 북 · 미 회담으로 이어지는 기회를 놓쳐서는 안 된다. 주변 열강이 자국 이해관계에 따라 한반도 운명을 좌지우지했던 불행한 20세기 구한말 역사가 재현되지 않도록 비핵화 대치 국면에 철저하게 대비해야 할 것이다.

【2018.06.13】

북한에 대한 개발협력을 기대하며

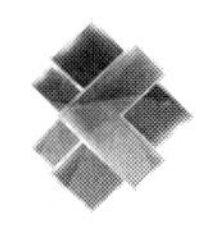

한 나라가 다른 나라나 지역을 돕는 이유에 대해서는 인도주의적 동기, 정치 · 외교적 동기, 진보된 상업주의, 상호의존의 인식 등이 거론된다. 기본적인 삶의 조건을 박탈당한 사람들을 보며 느끼는 선한 마음을 인정하고 행동하는 것이 바로 인도주의적 동기이다.

한편, 강대국은 국가안보이익 차원에서 전략적 원조를 제공하기도 한다. 또한 개발도상국의 경제가 성장하면 선진국은 자국의 상품을 수출하고 투자를 확대할 수 있는 시장을 얻게 되기 때문이다. 나아가 국제사회는 한 국가의 힘과 노력으로 해결할 수 없는 글로벌한 과제에 직면하고 있으며, 이제 남북관계는 상호의존관계라는 인식이 확산되어서 이기도 하다.

북유럽 강소국들은 주로 인도주의적 동기에서, 미국은 정치 · 외교적 동기로, 일본은 상업주의적 이유로 공적개발원조(ODA)를 실시하는 경향을 띤다. 빠른 속도로 원조규모를 늘려가는 중국의 경우는 정치 · 외교적 동기와 상업주의적 동기가 복합적으로 작용한 원조를 하고 있는 것으로 보인다. 1990년대 최대 원조 공여국이있던 일본 ODA의 특색은 이른바 원조, 무역, 투자의 삼위일체형으로 일컬어진다. 파트너 국가의 자조노력 중시, 경제인프라 구축 위주, 원원협력 등을 구체적인 특징으로 하고 있다.

일본형 ODA 부작용에 대한 적지 않은 비판에도 불구하고, 한국과 동남아시아 경제성장에 일정한 기여를 한 경험적 사실을 부정할 수는 없다. 북한의 비핵화와 경제지원의 문제는 개발협력을 중시하는 일본의 외교가 피해할 수 없는 문제이다. 일본 ODA에 의한 한국과 동남아에서의 성공체험은 비핵화 실현 후 북한 개발협력에 매우 중요한 경험과 모델을 제공할 것이다. 또한 북한은 지정학적 위치와 경제성을 고려할 때 발전 가능성이 매우 높은 '프런티어 마켓'인 만큼 상업주의적 동기도 충분하다.

북 · 미 협상에서 북한의 비핵화와 체제안전 보장의 시간표를 둘러싸고 결정적 성과가 도출된다면 미국과 유엔 안보리의 제재완화를 통해 한 · 중 · 일 3국의 북한에 대한 경제협력의 길이 열리고 한국의 경협, 중국의 인프라 투자 등이 이루어질 것이다. 또한 일본의 ODA 자금지원도 검토될 수 있다. 북 · 미 관계가 정상화하면 미국도 비핵화 조치에 상응하는 보상을 하고, 북 · 일 수교가 이루어지면 청구권 자금도 제공될 것이다. 나아가 국제금융기구로부터 자금 조달도 가능해지고 민간 투자도 활성화할 것이다.

일본 입장에서 본다면 북 · 미 협상의 진전은 국내 정치의 속박에서 벗어나 미국의 관여와 중재를 통해 북한에 대한 경제지원에 참여함으로써 '재팬 패싱' 우려를 불식하고 외교적 존재감을 강화할 수 있는 계기를 마련한다. 북한이라는 개발협력의 프런티어에서 일본 삼위일체형

개발협력 방식의 새로운 실험을 전개할 수 있는 모멘텀을 맞이하는 것이다. 일본이 청구권 자금으로 북한에 지급할 것으로 예상되는 무상협력자금은 북한의 경제개발을 위한 종잣돈이 될 것이다. 2002년 북일 평양선언에 언급됐던 북한이 받을 수 있는 무상자금협력 규모는 최소 100억 달러 수준일 것으로 추정된다.

변수는 북한과의 관계에서 일본인 납치문제 해결을 최우선 과제로 삼고 있는 아베 내각의 입장이다. 최근 트럼프 대통령은 비핵화 실현 후 대북 경제지원에 대해 미국은 북한에 많은 돈을 쓰지 않을 것이라며 한국을 비롯해 중국과 일본이 도와줄 것이라고 거론한 바 있다. 이에 대해 아베 내각은 "북 · 일 평양선언에 기초해 일본인 납치와 북한 핵 · 미사일 현안을 포괄적으로 해결하고 불행한 과거를 청산해 국교정상화를 지향한다는 입장은 변함없다"고 밝혔다. 북일 평양선언은 북일 국교정상화가 실현되면 경제협력을 한다는 것이며, 일본인 납치문제와 핵미사일 해결 없이는 국교를 정상화할 수 없고, 경제협력을 실시할 용의도 없다는 것이 아베 내각의 입장이다.

그동안 일본과 북한은 납치문제를 둘러싸고 불신과 반목을 거듭해 왔다. 향후 남북, 북 · 미 정상회담 성과를 바탕으로 엉킨 실타래를 풀기 위해 언제 북 · 일이 마주앉을 수 있을지 예측하기 어려운 상황이다. 북한이 일본인 납치 피해자의 조속한 귀환과 진상 규명, 납치범 인도 등의 요구를 수용하는 것이 현실적으로 불가능한 가운데, 문제 해결 기준을 어느 선에서 설정할지가 관건이다.

북한에 대한 뿌리 깊은 불신과 거부감이 팽배한 일본 국내여론까지 설득하려면 북한은 납치문제에 대해 구체적이고 성의 있는 행동을 보여야 한다. 아베 내각은 국내 정치공학적 유혹을 뿌리치고 원칙적이고 완고한 입장에서 벗어나 유연하게 접근할 필요가 있다.

북 · 일 정상회담 성사를 위한 한국의 중재 노력, 그리고 미국의 관여

또한 중요하다고 하겠다. 일본형 ODA의 성과를 활용한 북한에 대한 개발협력이 가까운 장래에 효과적으로 이루어지기를 기대하면서 우선은 납치문제의 조속한 해결을 위한 당사국의 외교적 노력을 촉구한다.

【2018.08.08】

미 · 중 무역전쟁의 여파

미국 트럼프 행정부가 지적재산권 침해를 이유로 중국제품에 대한 제재관세를 발동한 후 미 · 중 상호 보복의 연쇄가 국제관계를 요동치게 한다. 미 · 중 마찰 전선이 확대되고 장기화하면서 패권국과 도전국 간 패권전쟁 양상까지 띠고 있다. 미국은 중국의 불공정 무역관행을 바로잡기 위한 어쩔 수 없는 조치라고 항변한다.

중국은 국가의 핵심 이익과 인민의 근본 이익을 지키고, 자유무역주의를 수호한다는 명분으로 보복조치로 맞대응하고 있다. 명분이야 어찌 되었건 미 · 중 무역전쟁의 나침반은 패권전쟁을 가리키고 있다.

이 무역전쟁에서 트럼프 행정부가 얻고자 하는 게 미 · 중 무역불균형을 시정하는 것만은 아니다. 미국은 중국의 경제패권 저지, 구체적으로 '중국제조 2025' 전략을 무력화시키는 것을 염두에 두고 있다. 대중 공세의 본질이 차세대 산업 및 군사력의 기반이 되는 디지털 기술을 둘러싼 중국의 패권 확대 저지에 있는 셈이다. 중국 입장에서 보면 이렇다. 미국이 촉발한 무역전쟁 배경에는 향후 10~20년 동안 중국의 발전을 억제하겠다는 의도가 있다. 중국 첨단 기술의 발전과 중국 특색의 발전 방식을 겨냥한다. 미국이 압박하는 '중국제조 2025' 전략의 중단은 받아들일 수 없는 선택지이다. 중국의 제조업 진흥 정책을 문제시하는 것은 기울어진 운동장에서 불공평한 거래를 강요하는 일일 뿐이다.

1980년대에도 미 · 일 강대국에 의한 무역전쟁이 있었다. 미 · 일 무역마찰은 이를 두고 패권적 질서의 전환 또는 '미 · 일역전'을 논할 정도로 국제정치경제의 판도 변화를 반영하는 것이었다. 당시 일본은 미국의 핵우산에 자국 안보를 의존할 수밖에 없었다. 이 때문에 미국에 '눈에는 눈'으로 맞설 수 없었다. 결국 플라자합의를 통한 엔고 용인으로 총성 없는 전쟁은 막을 내렸다. 이후 일본경제는 초유의 장기불황을 경험하게 된다.

30년이 흐른 지금 미 · 중이 벌이고 있는 무역전쟁은 비슷하면서 다르다. 중국은 군사적 · 기술적으로 '중국몽'을 꿈꾸면서 패권국 미국에 맞서고 있다. 중국은 자국이 일본처럼 미국의 주니어 파트너가 아니고 일본에 비해 훨씬 큰 내수시장도 갖고 있으며, 막대한 외환보유고도 있어 일본처럼 호락호락 당하지는 않을 것이라고 호언장담한다.

미 · 중 무역전쟁이 전면전으로 치달으면 당사국은 물론 한국 경제도 큰 타격을 입는다. 한국을 비롯한 동아시아 국가들은 중국의 제조업 생산망에 긴밀하게 연결되어 있다. 중국은 한국, 대만 등에서 부품을 수입해 이를 조립 · 재가공하는 공정을 거친 뒤 미국 등으로 수출한다.

중국의 대미 수출이 줄면 수출용 제품을 만들기 위해 한국으로부터 부품을 수입하는 수요도 감소할 수밖에 없다. 2017년 한국의 대중 수출 중 중간재가 차지하는 비중은 무려 79%에 달했다. 한국의 GDP 대비 미 · 중 무역 의존도는 무려 68.8%에 이른다. 미 · 중 무역전쟁의 최대

피해자는 미 · 중, 일본과 같은 고래가 아니라 한국이나 대만, 싱가포르 등과 같은 새우일 가능성이 높다. 소규모 개방경제 국가의 경우, 글로벌 생산 네트워크에 연관된 비중이 높기 때문에 무역전쟁에 더욱 취약할 수밖에 없다. WTO에 따르면 한국은 수출의 62.1%가 글로벌 생산 네트워크에 연관되어 있다.

중국만이 아니라 동맹과도 무역전쟁을 벌이고 있는 트럼프 행정부를 어떻게 상대해야 하는가? 무역전쟁 와중에 결코 공정한 무역은 없다는 사실을 간과해서는 안 될 것이다. 양국 간 협상의 기본은 주고받는 '이익의 균형'이다. 미국이 밀어붙인다면 양보할 카드를 찾기에 급급하기보다는 러스트 벨트 주요 제품에 대한 보복조치를 강구하는 등 '맞불을 놓는(tit-for-tat)' 방식의 보복위협도 불사해야 한다.

한국은 북한 비핵화 문제를 풀어가야 할 당사국 중 하나다. 미 · 중 무역전쟁이 북한 비핵화 프로세스에 미칠 파장을 고려할 때 한국으로서는 신중한 대응이 필요하다. 맞불을 놓은 것이 하나의 옵션일 수는 있으나 능사는 아니다. 한국의 취약성을 완화시킬 수 있는 대책을 수립하는 것이 시급하다. 미 · 중 무역전쟁은 디지털 기술패권을 둘러싼 총성 없는 전쟁이라는 측면이 다분히 존재한다. 고래싸움에 새우등 터지는 일이 없도록 반도체 · 정보기술 입국의 기치를 다시 올리고 혁신성장의 동력을 확보하기 위해 고삐를 조여야 할 때이다. 최대 교역 상대국인 미 · 중 간 무역전쟁은 한국 경제에 직격탄이 될 수 있는 만큼 신흥국 수출 시장을 개척하고 생산 네트워크의 재편을 모색하는 노력도 절실하다.

'무역 레짐'과 관련해서는 유럽과 일본 등과 보조를 맞추면서 다자간 무역협정을 통해 돌파구를 모색해야 한다. 미국과 중국을 다자주의적으로 압박하기에 좋은 채널인 일본 주도의 메가 자유무역협정인 CPTPP에의 참가를 서둘러야 할 것이다. 동아시아 지역무역협정인

RCEP의 타결에도 노력을 기울이는 한편 기능부전에 빠진 WTO의 재건에도 나서야 한다.

【2018.11.21】

미국우선주의에 대한 대응전략

트럼프 미국 대통령은 지난 10월1일 북미자유무역협정(NAFTA) 재교섭의 타결을 발표했다. 미국과 캐나다 간 합의가 9월30일 성립함으로써 멕시코를 포함한 3개국 간 무역협정을 유지하게 되었다. 신협정 명칭은 '미국 · 멕시코 · 캐나다협정'(USMCA)이다. USMCA협정문은 34장의 조문과, 투자 · 금융 · 서비스 · 국유기업에 관한 부속문서, 개별 약속사항 등을 기재한 사이드 레터로 구성되어 있다. 미국 주도로 탄생한 USMCA는 향후 당사국 간 서명, 의회 승인 절차 등을 거쳐 발효하게 된다.

트럼프 대통령은 USMCA 합의 의의에 대해 다음과 같이 평가했다. 첫째, 노동자 보호, 디지털 경제, 특허, 금융서비스 등의 분야에서 높은 수준의 합의가 성립했다. 둘째, 멕시코와 캐나다가 노동 · 환경 · 지적재산 보호에 관한 새로운 합의를 받아들였다. 셋째, 미국의 농가와 낙농가에 대한 멕시코와 캐나다의 시장 접근을 개선했다.

미국은 캐나다와 멕시코를 분리하여 양국 간 협상을 추진하는 전술을 통해 멕시코와는 주로 자동차 부분에서, 캐나다와는 유제품 부분에서 합의를 끌어냈다. USMCA 협상 과정에서는 한 · 미 FTA 개정 협상과 마찬가지로 '고율 관세 부과'를 무기로 개별 양자 협상을 압박해 미국 쪽에 유리한 무역구조를 이끌어내는 트럼프식 협상 전략이 두드러졌다.

트럼프식 통상정책이 잘 반영된 USMCA에는 미국우선주의를 실현하는 관리무역의 색채가 강하다는 특징이 있다. 명칭에서 자유무역이라는 문구가 빠졌고, 멕시코와 캐나다의 자동차 수출에서 대미 수출 수량을 제한했다. 자동차 분야에서 미국시장으로의 무관세 수출은 '특권'으로 간주되었고, 기업이 이 특권을 누리기 위해서는 원산지 비율을 현행 62.5%에서 75%로 인상하고 시급 16달러 이상 노동자에 의한 생산비율(40~45%) 준수 등 USMCA가 정한 요건을 충족해야 한다. 현행 협정 하에서는 외국기업이 해외에서 많은 부품을 멕시코나 캐나다로 반입하여 완성차를 조립하고 이를 무관세로 미국에 수출하고 있다. 이러한 요건에 주요 부품의 역내 생산 의무화를 추가로 덧붙였다. 현지 생산하는 자동차에 대해 엔진이나 변속기 등 주요 부품을 3개국에서 생산하도록 의무화하고 있다. 대상인 부품은 엔진과 변속기 이외에 완충기, 전기자동차 등에 사용되는 충전지 등 7개 품목에 이른다. 이 중 하나라도 역외에서 생산된 것을 사용할 경우 그 차종은 역내 생산차로 인정을 받지 못하고, 3개국 간 무관세로 수출입을 할 수 없게 된다.

USMCA는 신세기의 냉전선언을 의미하기도 한다. 디지털무역, 국유기업, 환율정책 및 비시장경제 조항은 중국 봉쇄를 염두에 둔 것이다. 특히 비시장경제 조항은 3개국 중 어느 한쪽이 비시장경제국과 자유무역협정을 체결하면, 남은 2개국은 6개월 전 통지로 USMCA를 종료하고, 2국 간 협정을 맺을 수 있다고 규정한다. 비시장경제국이란 명시적이지는 않지만 중국을 지칭한다. 이 조항은 미국으로부터 관세 보복을 당한 중국이 캐나다와 멕시코를 이용하여 우회적으로 수출하는 것을 막기 위함이다. 하지만 단순하게 보면 미국이 캐나다와 멕시코에 대해 중국과의 FTA를 금지하는 명령이다. 비시장경제국과의 통상교섭 통지 의무는 일본과 EU와의 통상교섭에서도 요구될 가능성이 있다. 아울러 RCEP, 한 · 중 · 일 FTA, 중 · 일 FTA 협상을 추진하고 있는 한국과 일본에도 영향을 미칠 것으로 보인다.

나아가 USMCA는 글로벌 통상질서에서 새로운 템플릿(표준)의 등장을 의미한다. USMCA는 다자주의와 메가 FTA의 트렌드를 양자주의로 되돌려 놓는 상징적 사건으로 WTO 다자무역체제를 무력화시키는 것이다. 미국은 한국에 이어 멕시코, 캐나다와 원하는 조건대로 협상을 타결했고, 일본과 EU와의 협상을 앞두고 있다. 미국은 향후 USMCA를 일본과 EU 등 자국과의 FTA를 원하는 상대국과의 양자 협상에도 적용하여 미국우선주의를 실현하고 중국 견제를 지속할 것이다.

미국이 그리는 새로운 글로벌 통상질서의 주요 부분은 이미 TPP11(포괄적 · 선진적 TPP 협정)에 포함되어 있다. 이 때문에 한국은 TPP11에 참여하는 것을 전향적으로 검토할 필요가 있다. 미국과 연대하고 중국과 친화하는 '연미화중'의 밑그림 아래 전략적 모호성을 취하는 포지션은 북핵문제의 교착화와 트럼프식 통상정책의 사이에서 입지가 좁아지고 있다. USMCA가 최종적으로 어떻게 구현될지는 좀 더 두고 봐야 할 일이지만, 한 · 미 동맹을 근간으로 통상외교 정책의 중심축을 설정하되 TPP11이라는 통상 플랫폼을 적극적으로 활용하는 등 환경변화에 따른 대응전략을 서둘러야 할 것이다.

【2019.02.20】

정면의 이치, 측면의 정, 배면의 공포

급기야 한 · 일관계의 갈등이 군사분야까지 확산되고 있다. 과거사와 영토문제에 국한되어 왔던 갈등의 파고가 임계점을 넘나들고 있다. 한 · 일관계가 관리되지 않은 채 방치되고 있다는 느낌마저 든다. 사람을 움직이는 것은 정면의 이치, 측면의 정, 배면의 공포라는 이야기가 있다. 정면의 이치란 우선 자기 자신이 납득하고, 관계자가 납득할 수 있도록 사리에 맞게 설명함으로써 관계를 유지할 수 있어야 한다는 것이다. 측면의 정은 인간으로서의 인정과 도리를 바탕으로 관계자의 상담이나 요청에 응하거나 지원을 행하는 것을 의미한다. 배면의 공포는 서로 합의한 약속이나 조직 차원의 방침에 반하는 경우, 또는 책무를 게을리 할 경우 어떻게 책임을 물을 것인가에 대해 환기시키는 것이다. 대외적으로 엄중한 현실에 대한 우려를 전하고 제재조치를 내비침으로써 위기감이나 건전한 공포 분위기를 조성하는 것을 포함한다.

이러한 세 가지는 인간관계에 국한되지 않고 국가 간의 관계에도 시사하는 바가 크다. 한 · 일관계에서 정면의 이치란 무엇인가. 작금의 금도를 넘나드는 역사문제 등에 대해 상대방이 납득할 수 있도록 이치에 맞게 설명할 수 있어야 한다는 것이다. 대법원의 강제징용 피해자 배상 판결, 화해 · 치유 재단 설립 허가 취소, 구축함 레이더 조사 및 초계기 근접비행 등 한 · 일관계를 근저에서 뒤흔들고 있는 문제들에 대해 양국 정부는 서로가 납득할 수 있는 설명방식을 강구해야 한다.

인간관계도 그렇지만 선악 이분법으로 복잡한 한 · 일관계가 깔끔하게 정리될 것이라고 믿는 것은 어리석은 생각이다. 서로가 공통의 인식에 달하지는 못할지라도 문제의 본질과 상황에 대한 인식과 해법이 다름을 확인하고 이를 인정하는 자세를 취할 수 있어야 한다. 1965년 한 · 일수교 협상 당시 주요 부분에 대해 '합의하지 않기로 합의'한 것처럼 적어도 각자의 입장을 유지할 수는 있어야 한다.

국내 정치적으로 용인될 수 있는 범위 내에서 서로의 입장을 인정하고 이를 유지할 수 있어야 한다. 정권의 입장만을 내세우면서 이를 국내 정치적으로 이용하는 일이 반복되어서는 안 된다. 지금처럼 자국의 정당성만을 주장해서는 한 · 일관계의 변화를 기대하기 어렵다.

측면의 정은 국가 간의 관계에 있어 입장을 떠나 속내나 실질적인 이해관계, 장기적인 관계 등을 적극적으로 고려해야 한다는 것이다. 한 · 일관계를 양국간 관계로 묶어두지 말고 동북아의 평화와 번영을 위한 안보공동체, 번영공동체, 동아시아 국제공공재의 협력적 구축의 시각에서 바라볼 때 미래지향적인 자세가 요구되는 것은 당연하다. 한 · 일 군사부분의 갈등은 한 · 일 간에 시비를 가려보고 협의할 사안이기도 하지만 한 · 미 · 일 동맹차원에서 신중히 고려할 사안이다.

적어도 나카소네나 모리, 김종필과 박태준과 같은 거물 정치인들 간의 심정적 네트워크가 양국간 외교 및 경제 관계의 막후에 자리하고 있을 때 한 · 일관계가 삐걱거리면서도 굴러갈 수 있었다는 점을 기억해야 한다. '우리가 남이가'라는 유행어가 새삼 절실하게 와 닿는 요즘이다. 어려운 한 · 일관계 속에서도 인적교류의 규모가 1000만을 돌파하고, 한국의 문화에 대한 일본인의 관심과 일본의 국민성에 대한 한국인의 평가가 상대국에 대한 좋은 이미지로 이어지고 있는 것은 젊은 세대의 교류 확대를 통해 측면의 정을 키워나가는 데 있어 매우 고무적인 현상이라 하지 않을 수 없다.

국가 간의 관계에서는 복합적 상호의존이 심화되고 있다고 해도 여전히 적절한 형태의 힘의 균형이 필요하다. 배면의 공포는 문제 해결의 마지막 보루로서 효과적인 보복 조치의 실행 가능성을 선택지로 갖고 있어야 한다는 것을 의미한다. 한 · 중관계에 있어 사드배치 문제로 불거진 중국의 경제보복은 기억에 생생하다.

한 · 일관계에서도 일본은 실제 통화스와프 연장, 관광비자 면제조치 해제, 한국산 수입품에 대한 추가관세 등 보복 조치를 협상카드로 만지작거리기도 했다. 한국이 일본에 대해 취할 수 있는 대응 보복 조치의 옵션이나 과거의 사례는 찾아보기 쉽지 않다. 과연 일본에 맞설 수 있는 적절한 국력과 옵션을 갖고 있는지 점검이 필요한 시점이다.

대규모 한 · 미 연합훈련 유예와 트럼프 행정부의 기조가 맞물리면서 전후 동북아 지역 정세를 안정적으로 유지해온 강력한 공포의 균형에 빈틈이 나타나고 있다. 한 · 미동맹이 이완 조짐을 보이면서 억눌려있던 한 · 일 간 힘의 불균형이 드러나고 있다. 일본의 도발이 군사행동으로 비화했을 때 한국에 승산이 없다는 주장까지 제기되고 있는 실정이다. 이러한 상황이 결코 한 · 일 양국을 떠나 동북아의 평화와 번영에도 바람직하지 않은 것은 말할 필요도 없다.

한 · 일관계에서 정면의 이치와 측면의 정이 사라지고 배면의 공포만 번득일 때 남는 것은 자명하다. 공멸이 도사리고 있을 뿐이다. 21세기 복합 공생 네트워크 시대에 19세기적 부국강병론이나 독자적 핵무장론이 판을 치게 해서는 안 된다. 양국 리더들의 적극적인 대응이 시급하다. "기적은 기적처럼 오지 않는다."

【2019.05.15】

'중고 신입'에 대한 단상

취업 후 근무경력 3년 이내에 다시 신입 공채에 도전하는 젊은 직장인이 제법 많다. 주목할 점은 이들이 경력직이 아닌 신입사원으로 새로운 시작을 준비한다는 것이다. 고용시장에서는 이들을 '중고 신입'이라고도 칭한다. 듣기에 썩 자연스러운 표현은 아니다. 중고는 사전적으로 '이미 사용하였거나 오래된' 것을 의미한다.

중고 신입이라는 단어의 뉘앙스가 왠지 역설적으로 전달되는 이유이기도 하다. 물론 프리미엄이 붙은 중고품이 존재하듯이 중고 신입이 진가를 드러내는 국면이 있다. 스펙보다 직무역량을 중시하는 취업시장의 채용 트렌드는 중고 신입이라는 존재에 정당성을 부여하고 있다.

잡코리아가 작년 상반기 신입 공채 지원자를 대상으로 실시한 설문조사에 따르면, 지원자 가운데 39.9%가 직장생활 경험이 있는 것으로 나타났다. 눈길을 끄는 것은 이들이 직장에 적을 두고 신입 공채에 지원한 가장 큰 이유가 '더 높은 연봉을 받기 위해'(37.8%)라는 사실이다. 이 밖에 '회사의 근무환경'(33.3%)과 '기업의 인지도'(22.6%)가 뒤를 이었다.

대기업들은 산업 패러다임과 비즈니스 환경이 큰 전환점을 맞이한 가운데 인력수요의 변화에 맞춰 정기공채 비중을 줄이고 계열사별 수시채용 비중을 늘리고 있다. 현대차그룹은 그동안 진행해온 정기공채를 2019년부터 폐지하고 필요에 따라 수시로 인력을 채용하는 방식으로 전환했다. 대기업에서 정기공채 전면 폐지를 선언한 것은 현대차그룹이 처음이라고 한다. 이러한 추세는 다른 기업집단으로도 확산되고 있다.

수시채용의 핵심 콘셉트로 자리매김 되고 있는 것이 바로 중고 신입이다. 정기공채 방식에서 발생할 수 있는 비효율성을 제거할 수 있는 유력한 대안이라고 보는 시각도 있다.

직무 경험과 역량을 갖춘 중고 신입이야말로 생산성이 높은 직원일 가능성이 높다는 것이다. 서구 선진국에서는 이미 채용인원의 80~90% 정도까지 경력직으로 채우기도 한다. 작은 회사를 징검다리 삼아 큰 회사로 옮겨가는 이직문화가 미국과 유럽 등에서는 예전부터 정착돼 있었던 셈이다.

요즘 한국의 대학은 현장실습 플랫폼 구축, 해외 인턴십 프로그램, 스타트업 지원 등 각종 직무역량 강화 프로그램을 운영하면서 고용시장의 트렌드에 맞추기 위해 발걸음이 분주하다. 중견 · 중소기업에 대한 인식 개선을 위해 마련된 특강은 낯선 프로그램이 아니다.

취업 재수를 선택하기보다는 중견 · 중소기업에 취업하여 직무역량을 쌓은 후 원하는 대기업으로 이직하는 루트를 고려해볼 것을 조심스럽게 제안하기도 한다.

취업재수든 전직이든 대기업에서 더 높은 연봉을 받기 위해 애쓰는 것은 결코 이상한 일이 아니다. 좀 더 나은 미래를 위해 현재에 안주하지 않는 도전정신은 높이 살만하다. 중견 · 중소기업을 징검다리 삼아 대기업으로 이직하는 것은 '공통의 행복모델'을 실현해가는 자연스러운 삶의 궤적의 단면이라 할 수 있다. 대기업 정기공채와 안정된 평생직장, 은행융자 낀 내 집 마련과 아파트 평수의 확대, 기업 전사인 가장이 이끄는 단란한 가정이라는 인생의 성공도식은 이미 그 기세가 꺾였음에도 불구하고 여전히 위력적이다.

고용시장의 트렌드 변화에 대한 시의적절한 대응은 아무리 강조해도 지나치지 않다. 다만 트렌드 변화에 대한 즉각적 대응을 공통의 행복모델의 추구로 치부하기에는 다가오는 거대한 사회적 변환의 파고가 거세다. 한국사회는 많은 선진국이 그랬던 것처럼 저성장 · 성숙사회로 빠르게 진입하고 있다.

저출산 · 고령화에 따른 인구구조의 급격한 변화로 학령인구가 급격하게 감소하고 있다. 사회의 활력이 저하하고, 머지않아 큰 노력 없이도 청년실업은 '해소'될 것이다. 이윽고 한국사회는 '먹고 살기 위해' 꼭 대학을 나오지 않아도 되는 시대를 맞이하게 될 것이다. 좋은 대학에 들어가서 좋은 회사에 취직하는 길을 택하지 않아도 하고 싶은 것을 할 수 있는 시대에 진입하게 되는 것이다. 물론 4차산업혁명을 축으로 하는 혁신성장을 잘 이뤄낸다는 전제하에서 말이다.

우리는 이 과정에서 한국사회를 지배해왔던 공통의 행복모델의 붕괴를 목도하게 될 것이다. 일본사회에서 공유됐고 한국이 일부 추종했던 인생모델은 종언을 맞이하고 있다.

다양한 삶의 루트가 존재하고 그 가치가 충분히 인정되는 복선화 사회를 구축하고 맞이하는 노력을 기울여야 하는 이유다.

자신의 길을 선택함에 있어 세상과 남에게 어떻게 비추어질 것인지가 아니라 나는 어떻게 생각하는가를 되묻는 시류가 자리잡는 것은 시간의 문제일 뿐이다.

【2019.07.31】

일본 우익의 억지 주장

반도체 소재 3품목 수출규제와 화이트 리스트 제외 문제로 한 · 일 양국의 조치와 맞대응이 치킨게임 양상으로 전개되고 있다. 일본 정부는 수출규제 강화와 강제징용 문제는 별개라고 주장하지만 한 · 일 간에 소재 수출규제의 원인을 바라보는 시각차는 매우 크다. 많은 일본인이 소재 수출규제를 안전보장 이슈로 받아들이고 있다. 한국에서는 강제징용 배상 문제에 대해 일본이 경제적으로 보복을 가한 것으로 보는 시각이 지배적이다.

이 문제는 반도체 산업을 둘러싼 기술패권 경쟁의 측면과도 얽혀 있어 사태가 복잡하게 전개되고 있다. 일본은 미래의 한국 반도체 산업을 겨냥하여 반도체 생산에 필수적인 소재에 대한 수출규제를 실행에 옮기려고 한다. 40여년 전 미국의 일본에 대한 반도체 제재로 일본의 반도체 산업이 무너진 사건들을 떠올릴 때 모골이 송연해진다. 글로벌 공급 체인에 단절을 초래하는 일대 사건인 만큼 체계적인 대응이 시급한 상황이다.

지금 국내외를 막론하고 일본 우익의 망언성 발언이 활개를 치고 있다. 극우세력은 일본 감추기로 일관하는 한국에 대해 본때를 보이는 조치라고 소재 수출규제 조치를 칭송한다. 일본 우익의 논리에 주목해야 하는 이유는 이것이 일본 정부의 입장과 항상 동일한 것은 아니지만 한 · 일 관계의 많은 이슈에서 일맥상통한다는 점에 있다.

산케이신문이나 주간지, 인터넷 등을 통해 유포되는 우익의 주장은 일본 정부의 입장 전개에 있어 첨병 효과를 톡톡히 발휘한다. 일본 국내의 여론 형성에 상당한 영향을 미치는 것은 말할 필요도 없다. 국제기구나 세계의 주요 언론매체, 미국의 여론 주도층을 대상으로 한 국제 여론전에서 공감대를 넓혀가기 위해서라도 일본 정부 입장의 길을 터가는 우익의 억지 주장과 조롱에 대해 냉철한 대응이 필요하다.

한국의 수출통제 제도에 대한 일본 우익의 비판과 조롱을 살펴보자. 156건에 이르는 부정 수출 적발에 대해 산업통상자원부는 한국의 전략물자 수출관리 제도가 효과적이고 투명하게 운용되고 있다는 반증이라고 설명했다. 이에 대해 제대로 관리되지 않아 부정 수출이 발생한 것인데 적발되었기 때문에 제도가 효과적이고 투명하다는 주장은 터무니없다고 일축한다. 이는 마치 한국이 살인범을 많이 체포하기 때문에 안전한 국가라고 말하는 것과 다르지 않다고까지 한다. 일본을 통한 대북 수출 등 위반 사례도 적지 않다는 사실을 고려할 때 이러한 비난은 명백한 증거와 사실에 근거하지 않은 우익의 궤변이다.

수석보좌관회의에서 "결국은 일본 경제에 더 큰 피해가 발생할 수 있음을 경고한다"고 한 대통령의 발언에 대해서도 딴지를 멈추지 않는다. '경고한다'는 표현이 등장하는 것 자체가 한국이 자신이 처한 입장을 이해하지 못하는 것이다. 한국의 대통령이 일본 경제를 걱정해줄

하등의 이유가 없다. 일본은 수출 관리를 강화해도 곤란할 게 없지만 한국은 처지가 다르다는 것이다. 책임 있는 자리에 있는 사람들의 언동이 시도 때도 없이 땡깡부리는 어린애와 다를 바 없다고 비아냥거린다. 하지만 글로벌 산업 생태계가 파괴되고 회복력을 잃으면 수출 규제가 일본 경제에 부메랑이 되어 돌아올 것은 자명한 이치다.

전방위적으로 확산하고 있는 일본 제품 불매운동에 대한 평가절하도 줄을 잇는다. 불매운동은 '반일 애국 증후군'의 일종이며 인터넷상에서 분출되는 과시적 행동에 불과하다고 폄하한다. 의류, 맥주 등 소비재가 아니라 일본산 부품이 잔뜩 들어간 삼성 스마트폰을 불매해야 한다고 조롱하기도 한다. 불매운동 자체가 목표는 될 수 없겠지만 문제 해결에 도움이 되지 않는 감정적 '반일 애국 증후군'으로 환언되지 않는 부분이 크다는 사실을 직시하게 해야 할 것이다.

우익의 논리는 한국은 약속을 지키지 않는 나라, 고자질 외교를 일삼는 나라, 끝없이 사죄를 요구하는 지긋지긋한 나라라는 이미지를 확산시켜 60%를 넘는 일본 국민이 수출규제조치에 찬성하는 상황에 이르렀다. 우파의 논리가 한줌도 안 되는 세력의 발작성 망언이 멈추지 않는 이유가 여기에 있다. 반도체 공동체와 같은 한 · 일 공생 네트워크를 통한 동아시아 번영의 네트워크뿐만 아니라 한 · 미 · 일의 굳건한 공조를 통한 동북아 평화 네트워크의 균열을 가속화시킬 우려 또한 배태하고 있기 때문이다. 우익의 논리와 조롱이 일본 대중 속으로 파고들어 한일 간의 건전한 관계를 훼손시키는 일이 없도록 철저한 대응이 요구된다. 당연히 피해자 중심주의, 국민적 수용 가능성이라는 가치가 중시되어야 하겠지만 외교적 사안인 만큼 상대국 내부의 수용 가능성까지도 염두에 둔 현실주의적인 접근이 요구되는 상황이다.

【2019.10.18】

반일 · 신친일종족주의를 넘어

2015년 일본 외무성은 전후 일본이 평화국가로 변모해 아시아의 평화와 번영에 공헌하고 아시아 지역의 국가 건설을 적극적으로 지원했다는 2분 정도의 홍보영상을 CNN과 유튜브 등을 통해 송출했다. 1951년 샌프란시스코강화조약으로 국제사회에 복귀한 일본은 1954년부터 아시아 각국에 대한 경제원조를 개시했다고 선전했다. 중국 및 동남아 지역의 정부개발원조(ODA) 사업과 더불어 서울지하철 1호선, 포항종합제철소, 소양강댐 건설 등을 경제성장의 토대를 닦은 대표적인 성공 사례로 거론했다.

이에 대해 국내 언론은 보수, 진보를 막론하고 즉각 반발했다. C일보는 일본의 침략에 대한 보상으로서 지불한 금액을 마치 선의의 정부개발원조인 것처럼 포장하고 있으며 새로운 역사왜곡이라는 비판이 일고 있음을 지적했다. H신문도 같은 논조로 반박했다. 전후 아시아 경제성장이 일본의 개발원조 덕분이라는 왜곡된 인식을 심어줄 수 있다는 점을 문제로 지적했다. 특히 포항제철 설립의 경우 청구권 자금의 일부가 전용된 사실을 도외시한 채 가해국인 일본이 스스로 원조국 행세를 하는 것은 지나친 행위라고 했다.

자금원이 청구권자금이든 원조든 일본의 대한경제협력이 한국의 경제성장에 미친 영향에 대해 객관적인 검증은 제쳐놓고 이념을 초월하여 반일 민족주의적 색채로 반발하는 것은 바람직한 것이었을까. 이에 대한 정답을 찾는 것은 그리 간단한 일이 아니다. 일본의 대한경제협력에 대해서는 보다 객관적인 분석과 균형잡힌 판단이 필요하다. 현시점에서는 적어도 다음과 같은 양시론적인 평가 정도가 국민정서와 유리되지 않으면서 사실에 접근하는 것 중의 하나가 아닐까 싶다. 한국이 전후 개도국 중에서 선진국으로 변신한 유일한 나라가 된 데는 1965년 한 · 일 국교 정상화가 일부 도움이 된 것은 부인할 수 없다. 당시 일본은 한 · 일 간에 수직 분업체제를 만들고 그것을 지속하겠다는 의도를 갖고 있었지만 한국은 여러 분야에서 일본을 따라잡고 추월할 수 있었다.

사실이 어느 지점에 자리하든 여전히 국내에서 청구권자금의 성격과 역할, 식민지시대의 상황 등과 관련하여 논하는 것에는 많은 어려움이 따른다. 지원 실시시기부터 현재까지 반세기 이상 경과했고 한국경제가 엄청나게 변모함에 따라 일본이 실시한 자금협력이나 기술협력의 흔적을 찾아내는 것이 간단한 작업은 아니다. 또한 한 · 일 과거사에서 유래하는 문제로서 청구권자금이 갖는 특수성도 논의를 어렵게 만든다. 일본은 청구권자금을 경제협력의 일환으로 이해하고 있지만 통상의 ODA와는 구별되는 전후처리적, 배상적 성격을 동시에 갖고 있다는 점이 문제를 복잡하게 만든다. 나아가 한 · 일관계의 파탄이 우려되는 상황에서 일본이 과거에 자금협력과 기술협력을 제공한 것을 한국에서 논의하는 것 자체가 매우 민감한 이슈라는 점이다. 식민지근대화론, 위안부 및 강제징용 문제 등은 더할 나위 없이 휘발성이 높다.

일본의 대한수출규제로 촉발되고 확대된 한 · 일갈등 국면에서 '반일종족주의' 논쟁이 뜨겁다. 보수와 진보를 가리지 않고 반아베 · 극일의 기치를 높이 올리고 있는 가운데 뉴라이트 입장에서 일본을 변명하는 신친일선언과 같다는 비판도 거세다. 여권 인사는 물론 보수 야권에서도 격렬하고 원색적인 비판이 이어진다. 한편으로 유튜브 등 SNS를 통해 다양한 수준의 찬반 주장이 봇물 터지듯이 쏟아져 나오고 있다. 급기야 대학 강의실에서도 신친일선언이 거침없다. 책의 대표저자는 이렇게 말한다. 학문의 영역은 감정이 아니라 이성의 영역이다. 세간에서 당연하게 여겨지고 있는 식민지시대의 상황이 실은 객관적인 진리가 아니라는 것을 최신의 연구결과를 인용하여 직선적으로 그 내용을 설명한 것일 뿐이라고. 이 책을 접하는 일본의 속내가 불감청고소원일 것은 지적할 필요도 없을 것이다.

여기에 서초동 집회와 광화문 집회의 세대결 양상까지 중첩되면서 대한민국은 어느 일본 저널리스트의 표현대로 '갈등의 선진국'임을 확실히 보여주고 있다. 그렇다고 모든 상황이 비관적으로 흐르고 있지만은 않다. 오히려 잘된 것이 아닌가 생각게 하는 측면도 있다. 이참에 반일종족주의와 신친일종족주의를 넘어 포용적 내셔널리즘으로 나아갈 길을 찾을 수도 있기 때문이다. 피해갈 수 없는 갈등이라면 부딪혀 해소하는 것이 마땅하다. 반일종족주의론이 통계와 축적된 연구성과에 입각해서 몰매 맞을 각오로 충격적인 문제제기를 하고 있는 만큼 이에 대해서는 제대로 된 대응이 요구된다. 반일종족주의론에 맞서는 논의가 학문적, 대중적 수준에서 혹시 인상주의적, 구호적 주장, 정치적 마타도어에 그치고 있지는 않은지 냉철히 돌이켜봐야 할 것이다.

chapter 3

남창희

학력

- 연세대
- 미국 캔사스대 박사(정치학)

경력

*대학

- 인하대 교수
- 인하대 대외협력처장 역임
- 국방부 군사편찬연구소 주임연구원 역임
- 한국국방연구원 선임연구원 역임
- 일본 방위성 방위연구소 방문연구원 역임

*학회

- 한국정치학회 이사, 국제정치학회 부회장 역임

*사회활동

- 사단법인 대한사랑 2대 이사장
- 통일부, 국방부, 청와대 국가안전보장회의 자문위원 역임
- 민주평통 상임위원 역임
- 육해공군 자문위원, 총리실/외교부 평가위원
- 인천 경찰청 자문위원, 인천 법원 시민사법위원 역임

물류 · 관광 허브, 인천을 부활시키자

물류 · 관광 허브, 인천을 부활시키자

4월 한반도 위기설?

미추홀구의 역사문화 자산

인천이 남북 화해 협력의 중심이 되는 묘책

인천 역사문화 자산 제값 받기

한미동맹 가치와 북한의 전략 선택

무인기 민 · 군협력과 송도의 비전

역사 전쟁부터 지지 말자

【2018.01.10】

물류 · 관광 허브, 인천을 부활시키자

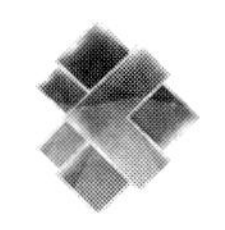

인구 300만 명을 돌파하면서 제3의 대도시로 우뚝 선 인천이 해양도시, 물류 중심으로서 그 국제적 위상을 높여 가고 있다. 10년 이상 세계 최고 공항이라는 부동의 위치를 확보한 인천국제공항은 확장 일로에 있다. 영종~강화 해상 교량 계획, 영종도 리조트 개발과 인천공항 제2터미널 개장으로 물류-관광 허브 인천의 발전에 대한 기대감이 높아지고 있다. 송도 국제도시는 그 현대적인 면모로 첨단 도시 주민으로서 인천시민의 자긍심을 키우고 있다. 서해 맞은편에서 인구대국 중국이 부흥하는 시기에 미 · 일 해양세력과 대륙세력 중국의 중간에서 물류와 무역 중계 거점으로 인천의 지리적 이점이 부각되고 있다.

삼국시대에도 한강 하구와 인천을 누가 장악하는가에 따라 고구려 · 백제 · 신라 삼국의 국운이 갈렸다. 신라에게 한강을 빼앗기고 대 중국 교역길이 막힌 뒤 쇠락의 길을 걷다가 백제는 결국 나라를 빼앗겼다.

대한민국을 구사 회생시킨 맥아더의 인천상륙작전은 현대에도 그 지리적 가치가 유효함을 확인시켰다. 수도 서울의 관문이자 전략적 중심이기 때문에 북한이 집요하게 공세를 펼치고 있는 곳 역시 인천 해역이다.

인천 옛 시내는 곳곳이 '지붕 없는 박물관'이라고 불릴 정도로 역사 유적도 많다. 개항기 조계지 모습을 재현한 중구 거리를 걸어 본 서울 사람들은 인천의 관광자원 매력에 감탄한다. 차이나타운 인근에는 대한제국의 근대화 열망이 녹아 있는 19세기 말 개항사 스토리텔링이 펼쳐진다. 월미도에는 1904년 하와이로 이민갈 때 희망과 두려움이 교차하는 순간을 실감나는 파노라마로 전시한 이민사박물관이 있다. 월미도 해변에서 멀리 보이는 강화도 마니산은 고려 삼별초와 팔만대장경으로 이어지는 강인한 국난 극복 DNA의 발원지이다. 최근 서울의 베드타운이라고 자조적인 푸념만 늘어놓던 인천시민들의 역사 · 문화정체성이 서서히 깨어나고 있는 듯하다. 늦은 감이 없지 않지만 인하대 인근에 뮤지엄 파크 계획과 인천 남구의 미추홀구 개명, 그리고 문학산박물관 추진은 역사 정체성에 대한 시민들의 욕구를 반영하고 있다.

하지만 도시로서 인천 기원에 대한 역사적 성찰은 아직 미흡한 감이 없지 않다. 백제 비류왕자가 남긴 역사적 유산으로서 인천 개척사에 대한 상상력 발휘가 필요하다. 비류왕자 일행이 처음 도착했을 때 인천은 소금기 있는 땅 때문에 농사를 짓기도 어려운 무주공산이었다고 기록되어 있다. 결국 비류는 도읍지를 잘못 정해 나라가 망하고 동생 온조에게 주도권을 빼앗긴 비운의 왕자로 기억되고 있다.

비류는 왜 인천을 자기 왕국의 도읍지로 고집했을까? 자신의 정통성을 단군의 전설로부터 찾기 위해 강화도가 보이는 문학산성 인근에 터를 잡았다는 학자도 있다. 백제 700년의 국가경영 스타일을 짚어보면 항구도시를 기획한 이유가 짐작이 간다. 백제인들이 만주, 중국, 일본과 동남아를 중간에서 잇는 무역 허브국가로서 번영을 꾀했음을 짐작하게 하는 유물 · 유적이 많다. 고구려 때문에 북방 바닷길이 막혀 개로왕이 북위에 하소연하는 기록이 삼국사기에 나온다. 북방세력과의 중개무역으로 번성했던 백제의 경제구조 일면을 엿보게 하는 대목이다. 공주 무녕왕의 무덤방은 양나라 전축분 양식과 유사하고 관은 일본 소나무를 목재로 썼다. 일본의 국보로 자랑하는 의자왕의 선물 바둑판에는 동아시아 각국과 교역했던 백제인들의 국제성을 보여준다. 바둑판 몸체는 스리랑카산 나무로 만들었고 코끼리 상아로 줄을 치고 악어와 낙타를 그려넣어 백제 왕가의 문화적 개방성을 보여준다. 일찍부터 해양세력으로서 바닷길을 누비던 백제 건국 설계자들은 여러 곳을 답사하고 나서 중간 무역항으로 여건이 좋은 인천을 비류왕자에게 건의한 것이 아닐까? 동북아 해양 진출 활동의 지혜가 담기고 비류왕자의 무역국가 꿈이 서린 인천은 우리 공식 사서에 그렇게 등장했던 것이다.

그렇다면 비류왕자를 비운의 왕자로 볼 것인가, 아니면 오늘날 국제 물류 허브 해양도시 인천으로의 성장 씨앗을 유산으로 남겨 준 은인으로 볼 것인가? 사람이 살지 않는 불모지를 도읍지로 개척한 비류의 정주 활동이 없었더라면 그 후 인천의 운명은 군산같은 중소 도시로 남았을지도 모른다. 인천 남구의 비류대로를 오갈 때마다 이제는 비류왕자에 대한 독립된 전시물이 인천시립박물관에 있어야 하지 않을까 생각한다. 서울 한성백제박물관은 비류의 동생 온조가 개척한 서울의 역사 이야기를 문화자산으로 십분 활용하고 있다. 2천년 만에 송도국제도시 마천루와 함께 해피엔딩으로 반전되는 비류왕자의 꿈과 비전에 대한 역사적 재평가에 인천시민들도 응답할 때이다.

【2018.03.07】

4월 한반도 위기설?

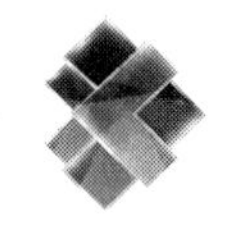

세계가 찬사를 아끼지 않은 평창 동계올림픽의 여운이 잦아들자 잠시 잊고 있었던 엄중한 안보 현실이 다시 고개를 들고 있다. 정부가 애써 북미 대화의 물꼬를 터보려 하지만 성공 여부는 오리무중이다. 거칠게 마주달리는 두 기차가 충돌하면 가장 피해를 보는 곳은 어디일까? 아마도 인천일 것이다.

미국이 겁을 주려고 제한적 공습을 할 경우 북한의 대응 선택지를 살펴보자. 강성대국의 완성을 공언해 온 김정은 정권이 미국의 간보기 타격에 무력하게 굴복한다면 아마도 내부 반발로 먼저 붕괴될 것이다. 우리가 전면전으로 대응하기에는 애매한 수준의 무력도발을 한다면 어디가 타깃이 될지 가늠하기 어렵지 않다.

북한의 무력도발 무대는 백령도, 연평도, NLL 모두 인천의 섬과 바다였다. 현대적인 송도국제도시, 활기 넘치는 인천국제공항과 인구 300

만 돌파의 장밋빛 성과는 하루 동안의 포성으로 잿빛 무대로 돌변할 수 있다. 북한 군부가 코리아 리스크를 극대화한다면 서울에서 가까운 인천이 될 수 있다는 이야기다.

목마른 사람이 우물을 판다고 했다. 한반도의 긴장 고조를 막을 묘책은 없는 것일까? 평창 올림픽 직후 벌어질 이러한 상황을 예측하고 작년 가을 인하대에서 전문가들이 모여 인천발 한반도 평화프로세스 구상을 제안했다. 한국국제정치학회 안보국방분과 위원장 자격으로 필자가 주관한 이 자리에 김현미 국토교통부 장관과 유성엽 국회 교문위 위원장도 축사를 했다.

'인천발 한반도 평화프로세스'가 주목을 받은 이유는 대담한 발상의 전환에 있다. 정부가 정치군사 회담에 주로 치중하여 북 · 미대화를 중재하려 하지만 그 길은 첩첩산중 험난한 길이다. 한 · 미군사훈련의 연기나 중지로 북한의 핵 프로그램을 돌이킬 수 없다는 것은 삼척동자도 다 아는 사실이다. 설사 북한 주장대로 주한미군을 철수하고 한 · 미동맹을 파기한다고 해도 북한의 핵 보유 야심은 요지부동일 것이다. 왜냐하면 한반도 전역이 주일 미공군 세력의 작전반경에 들어 있어 북한 입장에서 본질적 차이가 없다고 믿기 때문이다. 또한 북한에는 한 · 미 연합군뿐만 아니라 압록강에서 도강훈련을 반복하는 공세적인 중국 80 기계화 집단군(구 39집단군)도 심각한 위협이다.

한편 미국은 당장 현금이 아쉬운 북한이 대량살상무기를 중동으로 수출해 핵 확산이라는 판도라의 상자를 여는 것을 반드시 막아야 하는 입장이다. 북한이 자위력의 수준을 넘어 동맹국 한국과 일본을 위협하는 수준으로 핵능력을 확대하는 것도 용인할 수 없다. 미국이 주한미군의 법적 지위를 논의할 수 없는 또 다른 이유는 평택의 미군은 중국의 패권주의를 견제하는 중요한 전략적 포석이기 때문이다.

눈치 빠른 독자는 복잡한 동북아 안보 방정식 구조에서 흥미로운 점을 발견했을 것이다. 미국과 북한의 전략계산 속에 중국의 팽창주의 위협이라는 공통점이 숨어 있다. 북 · 미간에 서로 교감을 나눌 수 있는 이 작은 접점을 한국 정부가 증폭해 준다면 남 · 북 · 미 3자 대화의 불씨를 살려 낼 수 있지 않을까? 1970년대 닉슨은 통념을 깨고 미 · 중 양국에게 공통의 위협인 소련을 상대로 전략적 밀월의 물꼬를 열었다. 당시에는 경천동지할 발상의 대전환이었다. 나아가 탈냉전기에 미국은 사회주의 국가인 베트남과 수교하면서 중국의 동남아 팽창을 견제하는 포석을 두었다.

문제는 이러한 발상의 전환이 미 · 북대화를 통해 구체화되는 계기를 우리 정부가 어떻게 창출하고 살려나가는 데 있다. 김영철의 방남 때 우리 사회 일각의 분노와 극렬한 반대에서 보인 것처럼 정부가 독주하는 중재 노력은 늘 남남 갈등을 유발할 소지가 있다. 정부의 역할에 힘을 보태는 취지로 시민사회가 주도해서 남북이 부담 없이 대화를 이어 갈 수 있는 플랫폼을 만들어 보자는 것이다.

보수정권 시기 만월대 공동 발굴 수용에서 보이듯 북한은 강화-개성 역사 셔틀 학술회의에 호응할 가능성이 높다. 고려의 항몽정신을 토론하는 과정에서 중국 동북공정의 문제를 다루다가 자연스럽게 역사 침탈 공동대응의 담론으로 발전시키자는 것이다. 다음에는 동북공정에 비판적인 미국 역사학계를 초청해 남북미 삼국 시민사회의 공감대를 확산하는 것이다.

마침 인하대 고조선연구소에 미국 고위 외교관이 다녀간 바 있고 졸업생이 개성 발굴에도 참여하였다. 이러한 프로세스의 목표는 미 · 북 대화의 촉매로서 보조 채널을 여는 것이다. 요약하자면 시민사회가 주도하는 역사 토론을 통한 공감대 축적, 그리고 정부가 참여하는 평화공존 대화로의 '우회전략'이다. 이제 꽃피는 봄이 되면, 인천에서 발의된 한반도 평화프로세스 제안에 정부가 관심 가져주기를 기다려 본다.

【2018.05.02】

미추홀구의 역사문화 자산

오는 7월1일부터 인천시 남구의 공식 명칭이 미추홀구로 바뀐다. 인천 시민의 역사문화 정체성이 깨어나고 있음을 보여주는 반가운 소식이다. 부여계 고어로 홀은 마을 혹은 성(城)을 뜻하는데 만주 집안시의 광개토호태왕비에도 미추성이라는 이름이 나온다. 기왕에 미추홀로 이름을 바꾸는 차에 잊혀진 인천의 백제 역사 문화 자산의 가치를 음미해 보고자 한다.

미추홀하면 <삼국사기>의 비류부터 떠오르는데, 기록에 보이는 그는 비운의 왕자이다. 고주몽과 어머니 소서노의 장남으로 태어났으나 이복형제 유리왕자가 찾아오자 태자 자리를 내주어야 했다. 정든 고향을 떠나 남쪽으로 내려와 인천에 터를 잡았지만 소금기가 많고 습하여 새로운 독립국가의 시작은 험난했다고 한다. <삼국사기> 기록에 의하면 동생 온조가 자리잡은 한강 중류는 비옥하고 살기 좋아 백성들이

불어났다. 비류왕은 홧병으로 죽었고 그가 쌓은 문학산성(비류성)만 쓸쓸한 고성으로 남았다는 전설이 인천에 전해진다. 한마디로 수도(首都) 자리를 잘못 잡아 실패한 국가경영의 주인공으로 기억되고 있다.

전해지는 기록 모두가 실증된 것은 아니지만 흥미로운 대목을 주목할 필요가 있다. 백제 두 왕자의 수도 선택에는 공통점이 있다. 형은 바닷가, 동생은 강가를 선택한 것은 백제가 애초부터 해양 무역세력이었음을 보여 준다. 중국의 공식 사서에 백제가 산둥반도 세력과 깊이 교류했다는 기록이 나와 역사학자들을 어리둥절하게 한다. 중국의 요서와 진평에 백제 세력이 출몰했다는 기록이 쉽게 믿어지지 않지만 여러 공식 사서에서 일관되게 반복된다. <송서>, <양서>뿐만 아니라 <자치통감>과 <진서>와 <남제서>에도 관련 내용이 나온다. 최근에는 이를 방증하는 당나라 묘비문과 요서지역 무덤에서 고고학적 유물이 발견되어 더 이상 무시할 수 없는 단계에 왔다.

일본의 오사카와 나라지역에는 백제라는 지명과 백제계 유물 · 유적이 수없이 발견된다. 일본 관서 지방에 지금도 남아 있는 백제왕 신사, 백제사, 백제천, 백제궁이라는 이름들은 백제와 일본의 내밀한 관계를 생생하게 말해주고 있다. 필자는 방학 때 혹은 수개월씩 관서지방의 고베대학과 규슈대학에 교환교수로 체류하면서 120곳 이상의 박물관과 유적지를 정밀 답사하였다. 20년간 조사 결과, 백제계 세력이 한때 일본 조정에서 상당한 정치적 영향력을 행사했다는 심증을 굳혔다.

해외를 넘나든 백제의 영향력은 도대체 어디서 나온 것일까? 산동성과 일본 열도는 바다가 가로막혀 있어 배가 아니면 갈 수 없다. 해상왕 장보고를 들먹이지 않아도 일본은 통일신라 때까지도 당나라에 가기 위해 주로 신라선에 의존하였다. 그만큼 고대에 우리 조상은 해양력이 앞섰던 모양이다. 대규모 원정군이 서해(황해)를 횡단한 중국의 역사기록을 보면 660년 소정방의 덕적도(덕물도) 상륙이 처음이다. 바다 넘어

정치적 영향력을 행사하려면 군사력을 투사할 수 있는 상당한 규모의 선단이 전제되어야 한다. 산동성 일부와 일본에 백제의 정치적 영향력이 미쳤다면 백제가 서해와 대한해협을 자유롭게 넘나들 수 있는 세력 투사 수단이었고 당대 선진 해양력의 주인공이었음을 암시한다.

비록 큰 형 비류의 꿈을 당대에 이루지 못했지만 해양국가 백제라는 국가비전은 결국 실현되었다는 스토리텔링으로 종합된다.

미추홀로 비정되는 문학산성 주변지역에서는 삼국시대 백제계 타날문 토기편들이 발견되어 인하대 본관 박물관에 전시되고 있다. 부여계 사람들은 고구려와 마찬가지로 방어에 유리한 험준한 산에 전시 대피용 산성을 쌓고 그 주변에 모여 살았다. 세종실록 지리지에 남산석성이라고도 불린 문학산성은 한때 비류산성이라 했고, 산 정상에는 비류정이라는 우물이 있었다. 남측 기슭에는 지금도 백제 우물터가 있다.

문학산성은 서해 인근 바다를 관찰할 수 있는 전술적 이점은 물론이고 멀리 보이는 강화도 참성단의 역사문화 상징성과 정치적 정통성도 품고 있다. 문학산성에 대한 여러 정보 조각을 맞춰 보면 문학산성의 주변 평지에 비류 왕자가 처음 터전을 잡았을 가능성을 높인다. 문학산성이 비류왕자의 고성(古城)이라는 전설이 사실일 수 있다는 이야기다.

미추홀구 개명을 기념하여 지역 대학에서 국제학술회의를 열어 인천의 역사 문화자산을 자랑하자는 학계와 시민들의 목소리가 나온다. 이번에 남북미 연쇄 정상회담이 성공하면 후속 문화교류 사업으로 북한 학자도 초청할 수 있을 것이다. 인천시민의 역사 정체성 복원은 문학산성에 잠들어 있는 비류왕자의 대반전 성공 이야기 재발견에서 시작되기를 기대해 본다.

【2018.06.27】

인천이 남북 화해 협력의 중심이 되는 묘책

평창동계올림픽을 시발점으로 남북 관계와 동북아 국제정세가 급변하고 있다. 작년만 해도 인천 앞바다에서 국지 충돌을 걱정해야 했던 시민들에게 최근 무르익고 있는 화해 무드는 어지러울 정도이다. 미·중 양국의 러브콜 경쟁은 북한의 젊은 지도자를 국제 외교 무대에 화려하게 등단시켰다. 문재인 정부는 남북 화해협력을 동북아 평화번영으로 연계하는 야심찬 구상을 약속한 바 있다. 한반도를 종횡으로 연결하는 물류망 협력이 가시권에 들어오면서 서해평화협력지대에 대한 시민들의 기대감도 높아만 가고 있다. 문제는 제한된 국가예산 속에서 남북 협력의 열기를 어떻게 하면 인천으로 집중시킬 수 있는가에 있다.

일부 시민단체는 문 대통령의 고향인 부산을 러시아와 연결하는 사업에 정치적 방점이 찍히면 인천이 우선순위에서 밀릴 수 있다고 우려한다.

필자는 20년 전 정부출연 연구기관 재직 시 인하대가 주최한 환황해권 공동체 특별학술회의에서 혁신적인 국가 전략을 발표한 적이 있다. 황해를 사이에 둔 한 · 중 경제협력과 한 · 미동맹을 선순환적으로 상호 경쟁시킴으로써 한국의 지정학적 프레미엄을 극대화할 수 있는 동맹 재조정이 주 내용이었다. 북한의 최근 행태도 과거 중 · 소 분쟁 사이에서 벌인 절묘한 등거리 외교를 연상케 한다. 시진핑과 트럼프의 경쟁심을 유발하여 제재국면을 흔들고 비핵화를 대가로 경제부흥의 종잣돈을 모으려 하는 것처럼 보인다. 남북 · 미 연쇄 정상회담 성공은 한반도의 지정학적 가치를 극대화할 수 있는 기회의 창을 열었다. 군사적 신뢰구축까지 실현된다면 이 모멘텀은 극적으로 증폭될 것이다. 여기에 남북 경제 협력의 시너지 효과를 덧붙이면 미 · 중 세력경쟁의 틈바구니에서 우리 민족이 함께 번영할 수 있는 대문을 활짝 열 수 있다.

이러한 상황에서 남북 협력에 대한 국민적 담론을 인천으로 모이게 하는 묘책은 무엇일까? 인하대 고조선연구소가 지난 수년간 축적한 놀라운 연구 성과를 인천이 활용할 것을 제안하고 싶다. 남북 교류의 극장 효과를 극대화할 수 있는 이야기 보따리를 이미 작년 가을부터 준비했다. 박남춘 인천시장 당선인도 관심을 표명한 강화~개성 역사교류 사업이 시작되면 온 국민의 눈을 인천으로 쏠리게 할 스토리텔링이 대기하고 있다. 그것은 누가 들어도 흥미진진하고 남북한이 모두 즐길 수 있는 통일 문화 콘텐츠이기도 하다.

간단히 설명하면 우리가 알고 있는 고려 역사는 조선총독부 조선사편수회가 우리 민족의 기를 꺾으려고 축소 · 왜곡한 식민지 유산이라는 것이다. 이 연구 사업을 발의한 국회에서 전면 공개에 난색을 표할 정도로 충격적인 성과가 수두룩하다. 그 중 한 토막만 소개하고자 한다.

후금(청)이 쳐들어온 정묘호란 때 왕실 가족을 강화도로 모시고 간 김상용은 현지에서 순절했다. 그 손자 김수홍은 호조참판(재무부 차관격)을 지냈는데, 특이한 역사 지리 사료를 남겼다. 현재 서울역사박물관에 전시되고 있는 <조선팔도고금총람도>라는 목판본 지도가 그것이다. 제작 연대는 1673년(현종 14년)이고 희귀한 사료로서 가치를 인정받아 2008년 보물 1602호로 지정되었다. 이 지도에는 선춘령과 윤관여진대첩비가 두만강과 흑룡강 사이의 만주에 위치한 것으로 표시되어 있다. 지금까지 윤관대첩비는 함경도 길주 지역에 있는 것으로 중·고등 학생들을 가르쳐 왔다. 국내 일부 사학자들은 조선시대부터 확고히 정립된 통설이라고 했는데, 김수홍의 고지도를 보면 그것은 성급한 결론이다. <조선팔도고금총람도>에 의하면 고려 국경은 압록강과 원산을 잇는 한반도 안쪽에 있지 않고 두만강 이북에 걸친 것으로 인식한 학자들이 17세기에 존재했다는 것을 보여 준다.

이와 관련 <요사>와 <금사>를 정밀 분석한 결과도 연구총서로 이미 시중에 출판되었다. 고려는 주변 강대국에게 늘 당하기만 하는 약소국이 아니라 요나라와 송나라 사이에서 균형외교를 펼치던 자존심 강한 국가였다는 사실을 확인했다. 이러한 이야기는 미·중 사이에서 줄타기 균형 외교를 하려는 북한 정권에게도 구미가 당기는 사실일 것이다.

개성 고려박물관장을 초청하여 고려의 자주 외교에 대한 세미나를 개최하면 미디어와 온 국민의 이목을 한번에 인천으로 모을 수 있다. 인천종합문화예술회관에서 남북 학자들이 손을 맞잡고 역사적 동질감을 회복하면서 일제에 의해 왜곡된 역사를 복원하는 모습은 상상만 해도 즐겁다.

인천은 청동기 시대 고인돌부터 근현대 국난의 역사를 모두 품고 있는 거대한 야외박물관이다. 이러한 엄청난 역사문화 자산 가치를 합심하여 발양한다면 동북아 평화번영 담론의 중심지로 인천을 키워낼 수 있다. 남북 역사문화 협력을 강조한 신임 시장의 첫 시정 행보에 이러한 제안도 검토되기를 기대해 본다.

【2018.08.22】

인천 역사문화 자산 제값 받기

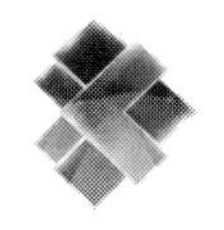

5년 전 재미역사학자 이홍범 학장과 강화도 답사를 했다. 그는 동경대를 졸업하고 펜실베니아대학에서 동아시아 역사학의 대가 콘로이 교수 지도에게 사사한 영향력 있는 동양사 전문가이다. 이승만 초대 내각에서 문교부장관을 지낸 안호상 전 서울대 교수와 함께 1980년대에 한국 상고사 복원 운동에도 참여했다고 한다. 인천은 한국 정신문화의 중심이라고 평가하면서 마니산 참성단은 유네스코 세계문화유산으로 손색이 없다고 평가했다. 동행한 유태계 미국인 사업가도 청동기시대 고인돌, 항몽유적과 근현대 전적지를 돌아보더니 가히 세계적인 역사 관광지라고 감탄을 금치 못했다.

그런데 정작 현실은 어떠한가? 참성단은 국보는커녕 사적 136호라는 초라한 대접을 받는다. 세종실록지리지에 단군 때 쌓았다고 전해진다는 정족산성도 축조 연대미상이라며 역사적 가치가 평가절하되고 있다. 전형적인 포곡식 산성 안에는 고구려 소수림왕 11년(381)에 아도화상이 창건한 유서 깊은 전등사도 있다. 훨씬 늦은 시기의 통도사 등이 유네스코 유산으로 등재되었지만 정작 한국 불교사의 최고참인 전등사의 역사성은 주목을 받지 못했다. 마니산 기슭에 태종 이방원이 천제를 지내며 머물렀다는 재궁터를 아는 인천시민도 많지 않다. 언더우드 목사는 한국에 부임하면서 참성단을 깊이 연구하여 한국인 심성에 하느님 의식이 있음을 알고 기독교와의 접점을 찾았다고 그 후손이 필자에게 증언한 적이 있다. 한국인들이 홀대하는 강화도의 역사성을 오히려 외국인이 제값을 쳐준 셈이다.

유네스코 세계문화유산 등재에 열을 올리면서도 왜 유독 강화도의 단군 관련 역사 유적은 빛을 보지 못할까? 융합고고학과에서 고대 국제관계사를 가르치면서 사학과 출신 대학원생들에게 충격적인 이유를 알게 되었다. 우리 국사학계에서 기원전 2333년 단군개국은 신화에 불과한 허구이고 그 통설을 넘는 연구는 자기검열의 대상이라는 것이다. 그리고 단군신화설은 식민지 조선의 역사적 자긍심을 억압하기 위해 조선총독부가 유포한 관제학설인데 해방 후에도 청산되지 않았다고 한다. 인천의 역사문화 자산이 제값을 받지 못하는 이유가 단군기피증이라는 식민유산과 국사학계 일각의 적폐와 관계가 있다는 것이다.

그런데 세계기록문화 유산인 조선왕조실록 세조3년 기록에는 <고조선비기〉 라는 책이 등장한다. 세종실록 154권에는 〈단군고기〉 라는 책을 인용하면서 주몽의 이야기를 매우 상세하게 소개하였다. 우리 고고학계의 권위자 손보기 교수가 고서심의위원으로서 〈규원사화〉 는 조선 숙종 때 쓴 것이라고 공인했지만 국사학계는 이 책을 늘 유령 취급한다. 모두 우리가 존재한다고 배워본 적이 없는 책들이다. 우리 정사에는 단군 왕조가 실재하였다고 확언하고 있지만 일부 사학계는 무시해 온 셈이다. 기원전 천년을 넘어서는 청동기 유물이 한반도에서도

발굴되어도 여전히 국가 존재를 입증하는 고고학적 증거가 없다고 했다. 그런데 중국 내몽골 적봉시 주변 요서지역 홍산문화에서 흑룡강성 소남산 유적까지 광활한 만주지역에서 기원전 3000년 전후의 국가급 고대문화가 발견되었다. 어떠한 중국 문헌에도 기록되지 않은 이 상고시대 문화체계는 한반도의 청동기 문화와 높은 친연성을 갖고 있음이 속속 밝혀지고 있다. 결국 서울대 한영우 명예교수는 홍산문화를 아사달 문화로 부르며 요임금과 동시대 국가로서의 고조선을 인정해야 한다고 밝혔다.

터키 이스탄불은 고대 로마 유적 덕분에 매년 엄청난 관광 수입을 올린다. 이웃 일본은 남의 나라 징용자의 한이 서린 지하탄광도 근대화 유산으로 만들어 관광자원으로 만들려고 기를 쓰고 있다. 이홍범 교수는 인류보편의 홍익인간 평화사상이 깃든 마니산 참성단은 수조원대 세계적 역사문화 자산이라고 평가했다. 동북아의 허브인 인천공항과 강화도를 잇는 연륙교가 완성되면 환승객들도 당일 코스로 즐길 수 있는 국제적인 관광지로 떠오를 것이다. 문제는 명확한 사료적 근거도 없이 참성단이 고려 원종 때 축조되었다고 추정하는 일부 학자들의 사료 편식증에 있다고 한다. 인천의 역사 관광 자원이 제값을 못 받고 매년 엄청난 기회비용을 지불하는 이유가 몇몇 일부 연구자들의 집단사고(group think) 때문이라는 이야기는 허탈하고 당혹스럽다. 더욱이 외세 일제의 관변학설과의 계승성이 폭로될 것을 두려워해서 진실을 외면한다는 재야학계의 성토는 믿고 싶지 않다. 다행히 금년 가을에 인하대에서 인천의 고대 역사자산을 실증하는 연속 공개 세미나가 열린다고 하니, 동료 연구자들의 노력에 일말의 기대를 걸어 본다.

【2018.12.05】

한미동맹 가치와 북한의 전략 선택

트럼프 대통령은 부자나라 한국을 미국이 지켜주는 것은 어불성설이라며 주한미군 철수를 거론한 적이 있다. 반면 최근 미 의회에서는 법으로 주한미군 감축을 막아 버렸다. 앞으로 한 · 미동맹이 어떻게 되는 건지 국민들은 어리둥절할 뿐이다. 하지만 미군의 미래 문제는 노무현 정부 때의 주한미군 평택 이전 사업으로 이미 답이 정해져 있다. 참여정부는 "전략적 유연성"이라는 애매한 용어로 주한미군의 대중 견제 역할이 논의되는 것을 "연루의 위험"을 들며 회피하려 했다. 소위 진보정권 시기에 주한미군의 주둔 여건 개선이 시작된 것은 아이러니이다. 나아가 지역안보를 목적으로 한 주한미군의 역할 확대에 동의하고 사실상 막대한 재정을 부담하였다. 그때 이미 미군은 한반도 평화 이후에도 주둔할 명분을 50%는 확보한 셈이다.

반면 일본 오키나와 미군 재편에 합의한 1997년 이후 후텐마 미해병대 항공기지의 나고시 헤노코 해변으로의 이전은 아직도 지지부진하다. 미군기지 반대파 전 지사의 노선을 계승한 다마키 신임 오키나와 지사도 기지 공사 반대 입장을 분명히 하고 있다. 비록 미 · 일동맹처럼 공식적인 공통의 대중 전략목표는 정하지 못했지만 한국은 결과적으로 말보다 행동으로 한 · 미동맹을 선택했다.

최근 중국의 지역거부/반접근 (A2AD) 능력 신장에 대응하여 이것을 상쇄하려는 미국의 공해전투(AirSea battle) 개념이 펜타곤의 접근기동합동개념(JAM-GC)과 육군의 다전장영역전투(MDS)로 진화하고 있다. 전문적인 내용이라 그 의미를 간단히 평가하면 모두 미지상군의 전방전개 공간인 평택기지의 지정학적 가치를 높이는 요인들이다. 또한 중국의 전략적 중심이 작전반경에 들어가는 괌 미 공군세력의 한반도 사전전개 역량도 중국에게 부담스럽기 짝이 없다. 중국이 사드포대의 한반도 배치에 강력 반발하는 이유는 미군세력 거부 역량의 상쇄로 이어질 수 있는 미사일방어망의 확장성에 있다. 하나 예를 들자면 오키나와 카데나 미공군기지를 표적으로 하는 압록강 이북의 중국군 미사일 부대를 감시하는 파생효과를 성주 사드 레이다가 갖는다. 특히 중국군은 자국의 동해와 동남해 해안으로 미 해병대의 접근능력과 내륙 공정강습을 전술적 취약점으로 인식한다. 따라서 중국에게 역내 미군 지상군 기지들은 전력투사의 중개거점(relay point)이기에 반드시 거부해야 할 대상이다. 이제는 역내 미군을 모든 전투공간에서 유기적으로 결합하여 전투력의 시너지 효과를 극대화해야 하므로 주한미군의 전략적 가치는 낮아지기 어렵다는 말이다.

주한미군의 전략적 가치 상승과 세계 최대 미지상군 주둔지인 평택기지는 미국 트럼프 대통령의 주한미군 경시 발언과 역외균형자(off-shore balancer) 암시 등 상충되는 메시지를 무색하게 한다. 한반도에서 한 · 미동맹은 변함없는 상수로 볼 수 있는 여지가 있다는 뜻이다.

어쩌면 북 · 미 화해에 나선 북한 자체가 주한미군의 존재를 수용하고 있을지도 모른다.

한 · 미동맹의 지위가 남북관계 변화와 무관하다면 남북 · 미 삼각관계의 새로운 실험을 도모해 볼 수 있지는 않을까? 일설에 의하면 김정일이 북한에 대한 진짜 위협은 미국이 아니라 중국이라고 말했다고 한다. 최근 북한 김정은 정권의 대미 접근도 脫중국 혹은 심지어 미 · 중 등거리 외교를 조심스럽게 탐색하는 것이 아닌가 하는 시각이 미국 식자층에 있다.

간단히 말하면 북한이 처한 전략적 선택의 기로는 두가지로 압축된다. 하나는 전통적인 북 · 중 · 러 동맹을 복원, 강화하여 미국의 압력에 버티는 길이다. 다른 하나는 동북공정으로 영토적 야심을 숨기지 않는 중국으로부터의 이탈 혹은 중립화 길이다. 비핵화 애드벌룬을 띄워 미국의 관심을 유발한 뒤, 미 · 중 등거리 외교로 실속을 챙기는 방책도 두 번째 범주에 든다. 만일 북한의 뒷배로서 중국이 미국의 맞수가 되지 못한다고 판단한다면 북한이 가보지 않은 길에 나설 가능성은 없을까? 북한이 친미 공산정권의 모델인 "베트남화"는 어렵지만 최소한 스위스와 같은 중무장 중립국을 꿈꿀 수 있다. 북한이 중립화의 길을 선택한다면 미국이 북한의 전략적 가치를 재평가하고 대북 제재 입김도 완화할 수 있다. 북 · 미 교착 상태가 풀리면 개성공단 재개 등 일부 남북 협력사업의 물꼬가 트일 것이다. 우리 정부가 동북아 질서의 지각변동과 같은 북한의 변신을 견인할 구체적인 그림을 그려 본 적이 있는지 궁금증이 더해지는 시점이다.

【2019.05.29】

무인기 민·군협력과 송도의 비전

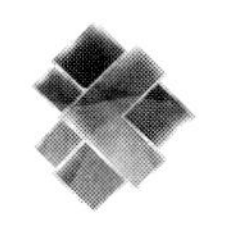

첨단 미래 산업도시 인천 송도의 꿈을 앞당길 사회 인프라가 소리도 없이 모습을 갖추어 가고 있다. 인천 송도에 터를 잡은 글로벌 캠퍼스 지구를 중심으로 무르익는 황금알을 낳는 닭 이야기이다. 설마했던 연세대학교 송도 캠퍼스는 확고히 터를 잡았고, 서울대는 맞은편에 시흥 캠퍼스를 추진하는 오세정 전 국회의원을 총장으로 선임했다. 이에 뒤질세라 인하대학교도 야심적인 송도 캠퍼스 조성 청사진을 선보였다. 인천 테크노파크 내에 항공산업 육성을 위한 인천산학융합지구 구축에 이어 11공구 캠퍼스 계획을 구체화하고 있다.

다양한 전공의 전문가들이 모이는 공간이 생기면 4차 산업혁명의 필수 요건인 융합적 창의성이 싹트게 된다. 치열한 국제경쟁에서 성공하려면 비교우위를 찾아 역량을 집중해야 하는 것이 상식이다. 항공물류 산업이 인접한 송도에 우리나라 최고 브레인들이 모인다는 것은 인천

시민에게는 반가운 소식이 아닐 수 없다. 문제는 어떤 산업을 선택할 것인가에 있다. 따라서 무인기 민 · 군 협력을 검토해 볼 것을 제안한다.

인천을 포함한 서해에는 섬들이 많아 무인기 물류 체계와 의료 지원 체계가 절실하다. 덕적도에 학술조사를 갔을 때 의료품 지원체계와 원격 진료가 절실함을 실감한 적이 있다. 무인도에도 생필품 공급망이 제공되면 유인도로 활용될 수 있고 휴양 및 레저 관광 수요와 해양 교통망이 확장될 것이다. 서해 도서 지역의 정주 인구가 늘면 경제성을 의심받던 조력, 풍력발전 등 재생 에너지의 연구개발도 활발해질 수 있다.

안보 차원에서도 서해의 군사적 위협은 가시권에 들어왔다. 중국은 오래 전부터 서해(황해)를 마치 자국의 내해인 것처럼 행동했다. 천안함 사태 때 한미연합 해군 세력의 서해 진입을 마치 영해 침공처럼 간주하며 우리 정부를 거칠게 압박했다.

사드 배치도 한반도가 중국의 영향권인 것처럼 주권 국가의 결정에 온갖 경제 보복의 칼을 휘둘렀다. 최근에는 독도까지 대놓고 정찰 작전을 반복함으로써 한 · 일 양국을 긴장시키고 있다.

우리 무인기 전력은 북한 급변사태 시 압록강 월경과 남포 상륙 합동 작전을 연구 중인 중국 북부군의 헛된 구상을 포기시킬 수 있다.

수많은 서해 낙도 지하 벙커에서 원격 통제하는 값싼 무인기들을 무력화하기 위해 적대적 의도를 갖는 국가는 막대한 비용을 감수해야 한다. 또한 서해 공해 상공에 적대적인 항공세력의 눈을 멀게 하는 무인 전자전기 벌떼부대도 가성비 좋은 대응 방안이다. 무인기가 경제적 효용뿐 아니라 한반도 안보에 사활적 임무를 수행할 수 있다는 의미이다.

무인기는 더 이상 미래전의 무기체계가 아니라 이미 걸프전에서 실전 투입되었고, 아프칸전과 이라크전에서 그 역할이 확대됐다.

미 공군사관학교는 이미 무인기 조종사 병과를 설치할 정도이고 대테러전에 그 위력을 발휘하고 있다. K대학 등 국내 무인기 복합체계 전문 연구자들은 감시 · 정찰 임무, 대공제압 임무, 원격 전파교란 전자전 임무를 무인기가 수행할 수 있다고 제안한다.

조밀한 한반도 공역 통제는 공군이 중앙집권적으로 관리하고, 육 · 해 · 공 각 군이 추진하는 드론봇 전투개념에 국가가 통합 인공지능 체계를 구축할 것도 주문하고 있다.

스마트 시티를 표방한 인천 송도에 민간대학과 공군이 협력하는 인공지능 연구 클러스터가 들어서야 하는 이유다. 지상에는 자율주행 차량이 달리고 하늘에는 유 · 무인기 관제체계가 적용되는 입체 스마트 도시 후보로 송도만한 곳이 있을까. 청라 드론센터도 시너지 효과를 더할 수 있다. 사고율이 높은 무인기의 조종사 훈련센터를 유치하면 지역 경제도 활성화된다. 무인 공격기 방어 수단인 풍선, 공중 커튼과 산개형 낙하 그물, 레이저 건을 실험하는 전투실험과 훈련 프로그램도 수행할 수 있다.

우리도 운용 중인 하피를 생산하는 이스라엘은 무인기 수출로 톡톡히 재미를 보고 있다. 대한항공과 KAI 같은 우리나라 업체도 세계적 수준의 무인기 기술을 축적한 것으로 알려지고 있다. 인구 3위의 대도시로 우뚝 선 인천이 나아갈 길은 4차 산업혁명의 선도 타운 외에 없다. 바다로 열린 공간을 활용하여 무인기가 미래 첨단산업 테스트 타운의 주역이 되는 날을 꿈꾸어 본다.

【2019.08.15.】

역사 전쟁부터 지지 말자

일본의 수출 규제로 한일 관계가 요동치고 있다. 일본의 날선 행보가 심상치 않다. 아베 수상의 뒤에서 한일 갈등을 부추겨 한국 사회의 반일 무드를 평화헌법 개정 불쏘시개로 쓰려는 세력이 있다는 음모론마저 돌고 있다. 3 · 1운동 100주년에 기습을 당한 우리 국민들이 가만히 있을 리 없다. 일본 상품 불매운동이 전국적으로 불붙고 있다.

그런데 정작 불매할 것은 그냥 두고 변죽만 울리고 있다는 지적이 나오고 있다. 극우단체 '일본회의'가 유포하고 있는 임나일본부설(任那日本府說)의 변종을 일부 한국 사학계가 생각 없이 수입하고 있다는 경종이다. 삼국시대 가야가 '임나라는 일본의 세력 투사 거점이었다'는 주장은 조선총독부 관변학자들이 날조한 학설이다.

아베의 극우 후원자들은 식민통치기관이라는 임나일본부의 한반도 지배설에 대한 향수를 버리지 못한다. 유통기한이 지난 변종 침략 논리의 수입부터 중지하는 것이 순리다. 일본 식민사학의 허구만 폭로해도 일본 시민사회에 파시즘의 잔재가 설 곳이 사라진다. 일본 국민들이 더 이상 정한론의 나팔소리에 귀를 기울이지 않게 될 것이다. 양국 우의를 회복하고 미래지향적 관계 건설의 초석이 세워진다.

한국의 일부 사학계가 일본산 가야 연구의 족쇄를 벗지 못하는 사이, 북한은 한반도에 임나가 없었다고 일찍 정리했다. 이덕일 교수에 의하면 북한 사학자 김석형과 그의 제자 조희승이 보기에 한국의 일부 사학계는 여전히 식민사학의 유령이 지배하고 있다고 한다. 한국의 몇몇 학자들이 임나일본부설의 부활을 방조하는 바람에 일본에 역사수정주의라는 제국주의의 망령이 다시 살아나는 것은 아닐까.

한국에 시비를 걸어 미래 먹거리를 견제하려는 일본 우익의 역사관 근저에 임나일본부설이 똬리를 틀고 있다. 무덤에서 살아난 '가야=임나'라는 19세기 주장만 잠재워도 우익단체의 기세를 한풀 꺾을 수 있다. 양국이 치킨게임을 계속하면 300조원의 상호 손실이 발생한다는 경고도 있다. 불필요한 출혈 경쟁을 멈추고, 그 돈을 북한의 비핵화와 한반도 경제공동체 구축에 쓸 수는 없을까.

대통령이 남북 경제 협력을 잘하면 일본을 이길 수 있다고 호언장담했다. 야권은 당장 부품 소재 수급이 절실한데 먼 산 바라보는 한가한 대책만 내놓는다고 비판했다. 정부가 내놓을 수 있는 대응 실탄이 충분하지 않은 모양이다. 꼬일 대로 꼬인 한·일관계를 푸는 열쇠 중에 남북역사 교류가 있다는 것을 아는 사람은 많지 않다. 바로 왜곡된 일본 극우 역사관을 해체하기 위한 순수한 남북 학술 교류이다.

인천의 중심 대학 관련 학과와 학생들이 이런 상황을 내다보기라도 한 듯이 2년 전부터 인천-개성 역사 교류를 준비해 왔다. 학생들의 자치 행사에 이덕일 박사와 외교부 유엔과장을 초청하여 구체적인 자문을 받기도 했다. 인천시도 관심을 갖고 행정 지원을 검토 중이다.

아베 총리가 가장 존경한다는 사람이 19세기의 병법가 요시다 쇼인이다. 이토 히로부미의 스승이기도 하다. <일본서기>에 나오는 신공황후의 신라 정벌과 임나일본부 이야기에 심취했던 인물이다. 일본의 한국 때리기의 사상적 근원인 임나일본부설을 무너트리면 일본 극우에 대한 심리전에서 우위를 차지하게 된다.

경로의존 이론에 의하면 첫 단추를 잘못 끼면 계속 패배하게 되어 있다. 첫 단추인 역사 전쟁에서 반드시 승리해야 하는 이유다. 일본회의의 왜곡된 역사관은 일본 고고학계에서도 전혀 인정받지 못한다. 그토록 받드는 아키히토 천황(일왕)의 평화주의 사상도 자기들 개헌 로드맵에 한낱 걸림돌에 불과할 뿐이다. 종교적 신념에 사로잡혀 일본을 신국(神國)이라고 믿는 극소수 국수주의자들의 잔치일 뿐이다.

문제는 일본의 우익사관에 동조하는 국내 학자들이다. 북한 역사학이 정치적인 평양 성역화 논리에 매몰되어 고대사 연구에 일부 객관성을 상실한 점은 아쉽다. 그래도 임나일본부설에 대한 연구만큼은 앞서 있다는 평가도 있다. 남북 역사 교류를 인천이 주도하여 왜곡된 역사관의 교정에 일조하기를 기대해 본다.

chapter 4

모세종

학력
・한국외국어대
・일본 筑波大 석사/박사(문학, 언어학)
경력
*대학
・인하대 교수(1995~현재)
・인하대 대외협력처장 겸 유학생센터장(2010.~2012.)
*학회
・한국일본언어문화학회 회장(2014.~2018.)
・한국일본언어문화학회 편집위원장(2019~현재)
*사회활동
・사단법인 동북아비전21 이사장(2007~현재)
・인천국제교류재단 이사(2010.12.~2014.11)
・경인방송 사회이사(2013.3.~2015.3)
・경인방송 파워인터뷰 "모세종교수가 만난 사람들" 진행(2012.1.~2014.1)
・인천일보 시민편집위원회 위원장(2019)

구태와 이기에 빠진 사회의 논리

대학에 대한 이해부족 도를 넘어
한전공대설립, 시대역행의 이기적 발상
기업 국제경쟁력 유지가 진정한 국위선양
교육과 학교, 교육감선거 이대로 좋은가
시대착오적 동사무소(현 행정복지센터) 업무
언론매체 외국어에 대한 인식 재고해야
지적받는 정책 개선해야
살리자면서 죽게 하는 '강사법'

【2018.01.31】

대학에 대한 이해부족 도를 넘어

대학이란 사회의 부조리 타파에 목소리를 내는 곳인데 그런 대학이 어려운 처지에 놓여있는 자들을 내치고 있다며 비난을 사고 있다. 대학에 근무하는 청소경비근로자들에 대한 문제로 정부가 대학을 방문하여 대학의 사회적 책무를 강조하며 정부시책에 따르라고 한다. 하지만 대학의 사회적 책무는 연구와 교육 그리고 사회봉사일 터, 다른 것들은 국가의 책무 속에서 이루어져야 할 일들이다.

대학은 이윤을 추구하는 기업이 아니다. 재원도 한정되어 있는데 예산을 늘려 기업처럼 경영하란다고 할 수 있는 곳이 아니다. 상당부분을 등록금수입에 의존하는 대학에 재정지원도 없이 등록금인하를 강요하면서, 경쟁력확보를 위해 연구와 교육에 투자도 하고 일자리도 유지하라는 요구는 앞뒤가 맞지 않는다. 대학에 수익사업을 할 수 있도록 하거나, 재정지원을 제대로 하거나 하는 것도 아니면서 합리적 경영만을 주문하는 것은 온당치 않다.

대학도 교직원이라는 급여를 받고 일하는 많은 근로자가 있다. 공무원들은 국민의 혈세를 받아 매년 임금을 인상하고 있는데 대학은 몇 년째 꿈도 못 꾸고 있다. 그런데 대학에 와서 일자리 문제를 사회적 책무 운운하며 거론하는 것은 지나친 포퓰리즘이다. 더구나 주무부처인 교육부를 제쳐놓고 청와대가 직접 나서는 것은 이해하기 힘들다. 정부 생각처럼 당연히 대학 구성원 모두가 납득할 만한 대우를 받으며 신명나게 일하는 환경을 만들어야 한다. 하지만 대학들이 그런 상황이 아니라고 한다면, 정부는 정상적인 대학경영이 이루어지도록 대책을 세우는 일이 먼저일 텐데, 아무런 대책도 없이 그저 대학에게 사회적 책무를 다하라고 요구하는 것은 국민들에게 정부가 일하고 있음을 보여주는 시늉은 될지언정 진정한 해결책은 될 수 없다. 대학이 등록금을 낮추면서도 연구를 장려하고 교육비를 확대하고 일자리도 지키며 근로자들의 처우를 개선할 수 있는 최소한의 대책조차 고민하지 않고 대학이 정부 정책에 거스르고 있다고 보는 것은 있을 수 없다.

대학에 적립금이 쌓여 있는데 학생들에게 사용하지 않는다며 비난을 하곤 한다. 기업에 쌓아놓은 돈을 풀라며 압박하듯 대학에게 요구하는데, 대학은 돈을 버는 기업이 아니기에 회사처럼 이윤을 남겨 쌓아놓을 수 있는 곳이 아니다. 한국의 대학은 기부금 등이 늘 들어오는 나라도 아니고 정부지원이 넉넉한 곳도 아니다. 대학은 돈이 들지만 수입은 충분치 않아 미래가 매우 불확실한 곳 중의 하나이다. 등록금도 낮출 방도를 찾아야 하지만 다가올 위기상황에 대처해야하는 대학으로서는 어려워져만 가는 대학환경에서 적립금이든 등록금수입이든 미래를 내다보며 비축하고 대비함이 마땅하다.

아웃소싱이다 뭐다 하며 언제는 조직을 슬림화하여 경영혁신을 꾀해야 한다고 다그치며 정규직의 일자리를 하루아침에 용역회사의 비정규직 근로자로 전락시킨 장본인들이 정부 아니었던가? 그래놓고 이제와서는 정규직으로 고용해야 한다니 뭐 이랬다 저랬다 하는 정책들은 정말 따를 만한 것이 못 된다. 우리 사정에 맞지도 않고, 시행 후 파생될 부작용도 전혀 고려하지 않고, 그저 세금을 써가며 고치고 장려했던 정부의 정책이 어디 제대로 정착된 것이 있었는지, 다시 세금 들여 원위치 시켜야 할 것들이 하나둘이 아니다. 변별력 있는 도로도 없는 한국에 도로명 주소를 도입해 주소를 보고도 지역을 특정하기 어려운 암호와 같은 주소를 사용하고 있는 것을 보아도, 잘못 바꾼 정책 탓에 겪는 국민들의 고충은 헤아릴 수 없다.

국가와 국민의 어려움이 정부의 무능과 부패 탓인 것처럼 대학의 부실 또한 정부의 잘못에 기인해왔다. 세금을 쏟아 부어 행해온 대학정책이 성공을 거둔 사례도 거의 없다. 지금 이 시간에도 교육부가 시행하고 있는 대학지원 사업은 대학구성원들에게 환영 받는 사업이라 평가받지 못하고 있다. 대학이 그저 지원 사업 탈락이 가져올 대학불명예를 우려하여 수행하는 정도의 것도 많다. 오히려 절실하지도 효과적이지도 않은 대학지원금을 열악한 환경에서 일하는 자들의 일자리를 위해 사용하도록 바꿔 청와대가 대학을 찾는 일이 없도록 해야 할 것이다.

이미 사회는 고도로 발전하고 있어 구시대의 정부기구로 국가를 예전처럼 관리하겠다는 생각은 잘못이다. 이미 정부 관료들로 고도로 전문화된 사회를 컨트롤 한다는 것은 인력이나 전문성 면에서 불가능한 일이니, 정부 기능을 대폭 정리하여 시대에 맞는 기구로 재편해야 한다. 기구가 있으면 불필요한 일들을 하게 되어 부조리를 낳고 혈세를 낭비하게 될 뿐이다.

【2018.03.28】

한전공대설립, 시대역행의 이기적 발상

한국의 대학이 급변하는 사회 속에서 경쟁력을 잃어가며 위기를 맞이하고 있다. 이는 후진적 정치 행위 탓에 발생한 대학난립에 기인하는 바 크다. 대학이 너무 많아 정원이 차지 않고, 그에 따른 경영난으로 정원을 줄이고 통폐합을 유도해야 하는 상황으로, 매 정권마다 대학구조조정이 중요한 공약으로 자리 잡고 있다.

정부는 대학정원을 줄이기 위해 온갖 당근과 채찍을 동원해 대학구조조정을 감행하며 대학을 옥죄고 있다. 취업대란으로 대졸 취업률이 바닥이고, 학령인구감소로 대학의 수요는 줄고만 있다. 결혼률도 저조하고 출산율도 최저인 상황에서 당분간 대학진학률은 하락의 길을 걸을 수밖에 없다. 게다가 오늘의 한국을 일으켜 세운 일등공신의 교육이 이미 공급과잉으로 경쟁력을 잃고 있는 데도 여전히 고비용 과다경쟁 속에서 국민의 삶을 피폐하게 만들고 있다. 질이 아닌 양으로 승부하는 후진적 교육환경에서 벗어나지 못하고 있는 것이 공기업인 한전이나 위정자들이 이를 모를 리 없을 텐데, 이런 상황에서 대학설립을 추진한다니 한국의 이야기인지 귀를 의심케 한다.

대학은 학생의 등록금과 국가의 재정지원, 기타 기부금 등으로 운영하고 있는 비영리기관이다. 국가의 재정지원은 부족한데 등록금은 동결되고 입학생수는 격감하고 있어 대학의 경영이 매우 어려운 처지이다. 그렇다고 외국처럼 기부금이 많으면 좋으련만 그런 상황도 아니다. 여기에 지금과 같이 대학교육이 국가와 국민 개개인의 성장에 도움이 되리란 보장이 사라지게 된다면, 대학의 존립은 점점 더 위태로워질 수밖에 없다.

대학은 의무교육을 하는 곳이 아니다. 목적을 위해 전문교육이 이루어지는 곳으로 그 필요성이 감소하면 자연히 쇠퇴할 수밖에 없다. 이미 대학이 졸업장을 무기로 장사를 할 수 있는 상황은 아니다. 지금은 먹고 살기 위해 대학교육이 필요했던 시기와는 다른 사회이다. 대학무용론마저 제기될 분위기이다. 사회의 많은 일자리에 대학교육이 크게 관계하지 않고, 전문능력이 필요한 곳도 대학의 수요를 뛰어넘는 공급과잉으로, 지금은 난립한 대학을 통폐합하여 대학이 형식이 아닌 실질적 기능을 되찾아야 하는 시대이다.

실제로 대학은 입학생이 턱없이 부족하여 생사기로에 몰려있는 곳이 많다. 국가균형발전을 부르짖으며 지방대학육성을 말하지만, 수도권의 발전과 인구집중이 더욱더 가속화되는 상황에서, 지역균형발전을 위한 정책은 공염불에 지나지 않고 있어, 정부가 지향하는 지방거점대학육성이나 국공립대네트워크 등도 이뤄내기 쉽지 않다.

그런데 이런 상황 하에서 한전이 대학을 설립한다니 믿을 수 없는 일이다. 한전이 포항공대처럼 좋은 공대를 만들 수 있을지 몰라도 지금은 그런 시대가 아니다. 대학을 설립해야할 시대도 있지만, 대학을 줄여야할 시대도 있는 것인데, 지금은 분명 대학을 하나라도 줄여야할 시대이다.

한전은 본연의 일에 힘써야 한다. 한전은 오히려 국민들에게 안전하고 저렴한 전기를 공급하고, 말도 많고 탈도 많은 원전문제나 공기오염의 주범인 공해배출문제나 제대로 해결하는데 매진함이 옳다. 정 대학이 필요하다면 기존 대학을 인수하여 의도하는 한전공대의 목표에 맞춰 발전시켜 나갈 수도 있겠지만 이도 좋은 방법이 아니다.

4차 산업시대의 경쟁력확보를 위하여 모든 대학이 이공계 중심으로 발 빠르게 움직이고 있다. 미래의 먹거리를 찾아 각 대학들이 피나는 경쟁을 하고 있는데, 이도 대학이 너무 많아 과잉상태이다. 각 대학의 연구수주를 위한 경쟁도 치열한데 공기업이 새로이 대학을 설립하여 투자를 한다니 시대흐름의 역행이며, 나아가 지역이기주의의 극치이다. 공기업은 국가전체의 이익에 부합하는 일을 해야 한다. 현 국립대학도 이렇다 할 이유 없이 한국 대학생의 대다수가 재학하는 사립대보다 많은 지원을 받고 있는데, 한전이 대학을 설립하여 세금과도 같은 돈을 투자하겠다니 잘못된 생각이다.

한전이 원하는 인재양성에 현 대학들이 충족시키지 못할 이유는 없다. 세계최고의 기술력과 경쟁력이 지금의 한국교육에서 충분히 생산되고 있다. 한전이 대학교육에 투자하겠다면 기존대학에 하면 된다. 기존대학으로도 국가가 원하는 인재양성목표를 충분히 달성하고 남는 상황이다.

대학을 줄여 가야하는 상황에 대학을 설립하겠다니 시대역행의 비정상적인 처사이다. 그것도 공기업이 한다니 누구의 발상인지 이해할 수 없다. 정치가들이 또 다시 대학설립으로 지역민의 민심을 사려한다면 그런 이기주의로는 대학을 망가트릴 뿐 소탐대실의 우를 범할 뿐이다. 분명 도태되어야할 정치행위이다.

【2018.07.04】

기업 국제경쟁력 유지가 진정한 국위선양

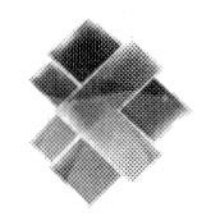

우리는 가끔 우물 안에서 세상을 바라보는 경향이 있다. 한국의 상황을 국내의 문제로만 보면 한국에서 벌어지는 일들이 별 문제 없어 보이지만, 세계정세 속에서 보면 우려스러운 부분이 적지 않다. 해방 이후 한국은 정권의 성격에 관계없이 경제적 성장을 이뤄왔다. 세계 최고의 경쟁력을 갖춘 기업도 나오고 한국의 국위는 많이 선양되었다. 세계에 내세울 것이 없던 시대에는 국민들에게 스포츠 등을 통한 성과를 국위선양이라 주창하며 국력을 쏟아왔지만, 국위선양이란 타국과의 관계 속에서 설정되는 개념으로 국력신장 없이는 되는 일이 아니다.

중남미나 아프리카 국가가 월드컵을 제패했다 하여 그 나라의 국가경쟁력이 좋아지는 것도 아니고, 독일이 월드컵에서 패했다 하여 독일의 국가경쟁력이 훼손되는 것도 아니다. 열광을 하며 지켜보는 올림픽이지만 관계자가 아니고서 타국의 누가 금메달을 땄는지 기억하는 사람조차 거의 없다. 스포츠대회로 국민에게 한 순간의 기쁨을 주는 행위도 중요한 가치를 지니는 것이지만, 그로 인해 국가경쟁력이 향상되는 것은 아니다.

한국에 살며 한국만을 경험하게 되면 다른 나라가 한국에 대해 갖는 생각을 잘 모를 수 있다. 국민 모두가 해외여행을 즐길 정도의 세상이 되었지만, 해외여행만으로 다른 나라가 한국을 어떻게 평가하고 있는지 알기는 쉽지 않다. 외국에서 한국이 경쟁력 있는 모습으로 비춰지고 있을 때 우리는 한국인으로서의 뿌듯함을 느낀다. 외국에 나가 곳곳에 내걸린 한국기업의 광고판이며 나부끼는 한국기업의 깃발을 볼 때, 우리는 한국의 위상을 실감하게 되며 한국인으로서의 자부심이 솟구치기도 한다. 한국인이 받는 외국에서의 정상적인 대우도 국가의 위상이 높아져 있을 때 가능한 것으로, 결국 국위선양의 일등공신은 세계 속에서 당당히 인정받는 한국기업의 세계적 경쟁력이라 할 수 있다.

일본문화의 원류는 대륙과 한반도인데, 세계가 일본문화에 관심을 보이고 긍정적으로 평가하는 것은 일본의 국가경쟁력에 기인한다. 국력이 뒷받침됐을 때 그 나라의 문화도 더불어 세계인의 주목을 받으며 진가를 발휘할 수 있게 된다. 우리의 한류도 자체의 우수한 능력도 능력이지만, 한국의 국가경쟁력이 뒷받침되었기에 꽃 피울 터전이 마련된 것이라 할 수 있다. 국가경쟁력이 없으면 그 나라의 문화에 관심을 가질 기회는 좀처럼 제공되지 않는다. 그런 면에서 국력이 쇠하는 순간 국가위상의 추락과 함께 한류 역시 쇠퇴할 수 있고, 한국은 다시 힘없는 국가로 치부되며 주변 강국의 눈치를 보며 사는 나라로 전락할 수도 있다. 그리되면 해외에서도 지금보다 못한 대우를 감내해야 하는 상황이 전개될지도 모른다. 우리가 현 한국의 국력에 감사하며 이를 잘 지켜내야 하는 이유이다.

국력의 중심에 있는 것은 국가의 경제력 즉 기업의 국제경쟁력이다. 세계에서 유례를 찾을 수 없을 정도라 칭송받아온 한국의 경제성장이 어느덧 그 경쟁력을 잃어가고 있다. 강대국들의 국익을 앞세운 비상식에 가까운 행위 앞에 한국기업의 경쟁력을 지켜내기 위한 노력이 어느 때보다도 절실한 시점이다. 그런데 언제부턴가 우리는 마치 다 가진 나라라도 된 양, 더 이상 국가경쟁력이 떨어지지 않을 나라라도 된 양, 우리 스스로를 옥죄는 형국을 연출하고 있다. 세계가 한 치의 양보도 없는 경제대전을 벌이는 상황에서 우리는 기업의 잘잘못에만 시선을 집중하고, 치열한 국제경쟁에서 잘 싸워내도록 하는 국가적 분위기조성은 뒷전으로 하고 있어, 외국과의 싸움보다 우리끼리의 싸움에 전력투구하는 모습이다.

적폐청산이나 정의사회구현도 시대적 요구이지만, 이도 국가경쟁력을 손상하지 않는 범위 내에서 행해야 한다. 한국의 경제발전에 수반될 수밖에 없었던 부작용은 시대에 맞게 개선해야 하지만 그 방법은 매우 신중해야 한다. 타국과의 치열한 경쟁 속에서 살아남아야 하는 한국의 처지를 생각할 때, 한국의 위상을 세계에 떨쳐주는 기업들을 세계와의 경쟁에 전념할 수 있도록 하는 분위기 조성은 반드시 필요하다. 작은 나라가 폐허 속에서 천신만고 끝에 쟁취해낸 국가경쟁력인데, 그런 국가경쟁력을 떨어트려 또 다시 주변국에 굴욕을 당하는 한국을 만들어서는 안 된다. 위태롭기만 한 한국기업의 경쟁력을 잘 지켜내는 것이 최고의 국위선양임을 인식하고, 벌레 잡는다고 초가산간 다 태우는 우를 범해서는 안 될 것이다.

일본의 가전제품을 사겠다고 일본 전자시장에 몰려들던 때가 엊그제이다. 가전이나 IT분야에서 세계최강을 자랑하는 삼성이나 엘지가 있어서, 독일이나 일본이 주름잡는 세계 자동차업계에 현대가 있어서 한국의 위상이 높아졌음을 생각할 때, 한국의 기업들에게 엄한 채찍과 함께 따뜻한 지지와 격려도 보여, 한국의 진정한 자부심이 될 수 있는 기업으로 거듭나도록 해야 할 것이다.

【2018.09.19】

교육과 학교, 교육감선거 이대로 좋은가

우리가 교육에 목매고 국가가 힘들여 이를 관리하는 것은 교육이 인간의 품성과 재능을 일깨워, 사람다운 사람을 만들고 살아갈 능력을 갖게 해주기 때문이다. 인간이 교육을 통해 사회의 건강한 구성원이 될 수 있다는 전제를 받아들이는 것이다. 그런데 이런 교육에 대한 우리의 신념이 점차 무너져 내리고 있다.

가진 자들의 일탈행위가 도를 넘으면서 자식교육을 어찌 시켰느냐며 비난을 쏟아낸다. 하지만 그런 지적이 무색하게도 우리 일상도 많은 이가 쉽게 분노를 폭발시키며 예절과 질서 등을 무시하는 행위를 서슴지 않는다.

부모가 추구하는 자식교육이 수단방법 가리지 않는 성공에 있어 교육을 위한 별의별 행위가 다 연출되는 한국이지만, 교육의 성취도 개인만을 위한 도구로 전락하여 사회에 긍정적인 결과를 보여주지 못하고 있다. 학부모의 요구가 편협한 이기주의에 사로잡혀 있어도, 교육현장은 의연한 자세로 대의를 추구하며 학생 개개인을 바른 길로 이끌어야 하는데, 우리의 현실은 학교가 그런 사명 따위를 지켜서는 안 되고, 그저 단순한 과정을 실현하면 그만인 상황을 이어가고 있다.

학교는 교육자의 의도에 반하는 많은 학생이 있을지라도 교육이 추구하는 가치를 위해 꿋꿋하게 본연의 임무를 수행해야 한다. 인간답고 경쟁력 있는 인간으로 키워내기 위한 쉽지 않은 과정이 학교교육인데, 환경이 받쳐주지 않는다 하여 이를 수행하지 못한다면 공교육의 존재 의의는 없다.

매사 인권, 인격 등을 주장하는 사회이다. 인권을 존중함은 당연한 것이지만, 무엇이 인권인지에 대한 성찰은 깊지 않아, 그런 것도 인권으로 보호해야 하느냐며 어이없어해 하는 사례도 많다. 학교는 원치 않아도 정해진 것을 지키는 자세를 배우는 곳으로, 본분을 저버려도 존중받을 수 있음을 배우는 현장이어서는 안 된다. 적절치 못한 저항이나 위반 행위에 교육적 지도를 소홀히 해서는 안 되는 이유이다. 교육적 지도에 권위가 사라지면서 한국 공교육의 붕괴가 초래된 것이다. 인격이 형성되지 않은 미성년자를 올바른 사회인으로 길러내야 하는 학교는 사회와는 다른 관점에서 들여다볼 필요가 있다. 학교문제에 사회가 잘못 개입하면, 학교교육은 지금처럼 사람도 만들지 못하고 지식도 제공하지 못하는 무의미한 형식이 되고 만다.

교칙이 시대에 맞지 않는다며 없애야 한다고 주장한다. 하지만 면면히 이어져 내려오는 여러 규칙이 갖는 의미를 단순한 잣대로 재단해서는 안 된다. 역사를 지켜야 한다고 주장만 하지 말고 오래된 전통이 추구하는 가치도 제대로 음미해 봐야 한다. 규제의 불편함이 나쁜 것처럼 보일 수 있지만 미래를 위해서 충분히 필요한 교육과정일 수 있다. 인내의 과정을 불편함으로 규정하는 교육이 결국 공교육붕괴로 돌아온 것이다.

교육의 민주화를 내세우며 민선교육감 시대를 열었다. 후보들은 어떻게 교육을 해야 개인과 사회, 국가에 기여할 수 있는지 하는 교육의 본질보다는 무상교육이나 특목고 폐지와 같은 교육의 비용이나 평준화, 입시제도 등의 정치적 사안에만 민감하다. 교육이 담당해야 할 진정한 역할과 방법은 뒷전으로 하고, 유권자들의 감성을 사로잡을 문제들에 매달리는 정치가적 모습을 연출한다.

다원화된 사회라 하며 인간의 다양성이나 서로 다름을 인정하고 약자나 소수를 배려해야 한다고 말한다. 그런데 학교교육은 모두 같아야 한다며 교육의 다양성은 평등을 해치는 비민주적 요소로 묘사한다. 제대로 규정도 하지 않고 무조건 인격을 존중해야 한다고 하는 것과 마찬가지로, 교육의 평등이 무엇인지에 대한 규정도 하지 않은 채 학생이나 학교의 다양성은 배척한다. 세계 일등의 경제대국을 지향한다면서, 교육은 동일한 방법으로 충분하다는 것이다.

스포츠 분야에서는 국가경제가 어렵든 말든 막대한 세금을 들여 세계대회를 유치하거나 경쟁력을 이유로 선수들의 해외전지훈련도 거르지 않는 등의 특수성을 인정하면서, 정작 국력신장이나 국가경쟁력 제고를 담당해낼 국가인재양성에는 동일한 교육 하에서 이뤄내야 한다는 사고이다. 국가교육을 포퓰리즘적 정치논리로 접근한 것이다.

교육이 정치에 휘둘려 백년지대계의 교육정책이 나오지 못한다며, 교육부를 폐지하고 교육위원회를 만들어야 한다는 대선공약에 많은 국민이 공감하고 환호했다. 교육이 국가의 일관된 정책이 아니라 개인의 정치적 성향에 의해 행해지는 교육감 선거제도는 왜곡된 교육현장을 정치실험의 장에서 더욱 요동치게 할 우려가 크다. 돈도 들고, 편 갈라 싸우고, 당선 후 지지자들을 돌보고, 향후 재선을 위해 정치노름을 해야 하는 선출제도가 교육현장에 어울리는 제도인지 재고해볼 대목이다.

【2019.01.28】

시대착오적 동사무소(현 행정복지센터) 업무

얼마 전 인터넷에서 한국인으로서는 이해하기 어려운 기사를 접했다. 영국에는 신분증이나 주민등록제도가 없다는 것이다. 국가가 국민의 주거를 관리하지 않아, 영국인은 평생 관공서를 방문해 신고해야할 일이 출생신고, 혼인신고, 사망신고의 3번밖에 없다고 한다. 선거의 투표에서도 신분증을 제시하지 않고 주소와 이름을 말하면 투표용지를 내준다니, 국가의 국민관리제도에 익숙한 한국인으로서는 상상조차 할 수 없는 일로, 혹 가짜뉴스인가 했다.

영국인은 국가권력에 대해 태생적이고 신경질적인 의심이 있어, 국가라는 비인격적인 존재에 자신을 통제할 권한을 주는데 대해 반감이 매우 높다는 것이다. 국가가 국민 개개인이 어디에 사는지 알 필요도 없고, 알려고 하지도 말고, 알아서도 안 된다는 무언의 합의가 있어, 국가가 국민을 통제하기 위한 신분증이나 주민등록제도를 만들도록 허락하지 않는다는 것이다.

국민을 섬긴다는 민주정부시대에 진입했는데 정부의 국민관리제도는 없어지지 않고 있다. 국가기관의 민간인 사찰이 있을 수 없다며 기구를 개편하며 노력하고 있지만, 금번 청와대 사태에서 제기된 민간인 사찰문제처럼, 아직도 정부가 국민을 감시 · 관리하고 있다는 의심이 해소되지 못하고 있다.

오래 전 타 지역으로 이사를 하여 전입신고를 하러 동사무소(현 행정복지센터)에 들렀는데 창구직원이 통장의 도장을 받아오라 했었다. 통장이 누군지 어디 사는지도 모르는데 도장을 받아와야 전입신고가 된다니 어처구니없는 행정절차에 아연실색했다. 그런 절차가 필요하다면 통장이 동사무소에 출근하여 전입신고절차에 응해야지 무슨 소리냐며 지적했었다. 지금이야 간편한 제도로 바뀌었지만, 아직도 터무니없는 제도는 여전한 것 같다.

며칠 전 아파트 현관문에 '2019년 일제 정리 세대 방문 안내문'이란 쪽지가 붙어 있었다. 주민등록사항과 실제 거주사실을 정확히 일치시키기 위해 합동조사반을 편성, 각 세대를 직접 방문하여 주민등록 사실조사를 하니 조사에 적극 협조하라는 내용이었다. 부재중으로 조사가 안 됐으니 통장에게 연락하라며, 거주여부가 확인되지 않으면 거주불명등록절차가 진행될 수 있다는 반 협박성 문구도 덧붙여 있었다. 각종 세금도 내고 그간의 선거에도 성실히 임하며 잘 살고 있는데, 새삼 거주사실을 확인하겠다니 무슨 발상인지 놀라지 않을 수 없다. 주민을 귀찮게만 할 뿐인 이런 일이 주민에게 행정편익을 제공하고 행정기관의 효율적인 업무수행을 위하는 일이라니 어이가 없다.

행정의 간소화는 없어져야할 일들을 편리하게 만드는 것이 아니라 없애는 것이다. 정부가 불필요한 업무를 유지해서 그렇지, 사실 증명서 발급 등의 일이 없으면 동사무소를 찾을 일은 거의 없다. 은행들마저도 통폐합되는 시대인데, 국민의 세금만 축내는 불필요한 행정업무는 폐지하고 동사무소 등은 과감히 축소 개편해야 한다. 특히 국민을 관리하는 기구나 제도는 정리해야 한다.

금번 방문조사처럼 잘 살고 있는 주민에게 협박성 문구와 함께 관리를 위해 방문조사가 필요하니 응하라는 태도는 받아들이기 어렵다. 응하면 그뿐이겠지만 냉정히 생각해보면 이렇다 할 필요성도 없는 일을 법적근거도 없이 수행하고 있는 시대착오적 행위라 하겠다. 국민이 반드시 응해야 하는 의무사항이라면 홍보 후 진행할 수도 있겠지만, 그럴 만한 일이라 생각되지 않는다. 만일 정당한 법적절차에 의한 일이 아니라면, 정부는 국민들에게 사과하고 국민을 감시 · 관리하는 듯한 이러한 행위는 즉각 폐지해야 한다.

정부가 국민을 관리해야할 부분도 있겠지만, 원치 않거나 강요당하는 것으로 느껴지는 관리는 감시기능으로 받아들일 수밖에 없다. 국민의 모든 정보가 공유되는 시대에 조선시대의 호구조사와 같은 구시대적인 행정이, 너도나도 하겠다는 이 시대 공무원들의 사고에서 이해될 만한 일인지 생각해볼 일이다. 특별한 상황이 발생하지도 않았는데 국가기관이 국민을 관리라도 하듯 조사하는 일은 민주정부에 부합하지도 않을뿐더러, 구시대적 행정수준을 보여주는 전형이다. 주민간의 불화와 사생활 침해로 고통 받는 아파트에서 주민들이 조용히 방해받지 않고 살 수 있도록 배려해야할 국가기관이 방문조사를 통하여 개인의 사생활을 침해하겠다니 안될 말이다.

【2019.04.17】

언론매체 외국어에 대한 인식 재고해야

얼마 전 대통령의 말레이시아 방문 시 현지어로의 인사말에 실수가 있다 하여 외교결례라는 언론의 논쟁이 있었다. 한국을 찾는 외국인이 한국어로 말을 해오면 다소 서툴더라도 친근감을 느끼게 된다. 외국의 정상이 방문국에서 현지어로 하는 인사말은 의미가 있는 것이다. 하지만 현지어에 대한 지식이 없는 대통령의 인사말에 잘못이 있었다면 제대로 준비 못한 보좌진의 책임일 것이다. 일국의 정상을 위한 준비에는 사소한 실수도 국격을 떨어트릴 수 있는 일이다.

언론매체가 우리에게 전달하는 외국에 관한 정보는 외국어에 대한 이해부족으로 바르지 못하거나 오해를 야기하는 경우가 적지 않다. 친근감의 표시로 말한 외국어의 실수는 웃어넘길 수 있어도, 바르게 전달해야 할 외국의 정보를 왜곡시키고도 이를 알지 못하는 언론매체의 비상식은 웃어넘길 일이 아니다. 외국어는 한국어처럼 쉽게 이해되는 영역이 아닌데 이를 깨닫지 못하고 외국어를 가볍게 처리하여 바른 정보인양 전달하는 언론보도가 많다는 것이다.

외국어를 전공했다거나 외국생활의 경험이 있다하여 외국어를 바르게 이해할 수 있는 것은 아니다. 한국어에 '아' 다르고 '어' 다르다는 말이 있듯이, 같은 말이라 해도 어떤 단어와 표현을 쓰느냐에 따라 의미가 달라져 상대를 불쾌하게 만들 수도 있는데, 하물며 외국어에서 전문성이 결여된 자들의 번역이나 통역이 원문의 의미를 바르게 전달한다고는 보기 어렵다. 한국의 언론매체들이 보여주는 외국에 대한 정보는 불완전한 이해 속에서 이루어지는 경우가 많다.

우리는 세계적인 작품을 번역된 한국어를 통해 접하지만 의역과 창작이란 미명하에 원작의 진의가 손상되는 경우는 무수히 많다. 우리와 매우 다른 문화현상이 반영된 작품은 해당국 문화에 대한 이해 없이 한국인의 지식과 상식으로 이해해내는데 한계가 있다. 그래서 우리는 한 국가의 모든 현상을 총체적으로 담아내는 언어를 제대로 이해하기 위한 전문적인 연구를 하는 것이다. 외국의 작품을 한국어로 번역하거나 외국인의 발언을 한국어로 옮기는 것은 전문적인 능력이 갖춰진 자들에게서도 쉽지 않은 일인데, 한국의 언론매체가 보여주는 외국에 대한 정보전달에는 외국어에 대한 전문성이 담보되지 않은 경우가 많다.

아무리 외국에 대한 취재를 잘 한다 해도 그 내용을 한국어로 바르게 전달해내지 못한다면 무용지물이 되는 것인데, 언론매체는 외국어를 특별한 능력이 없어도 되는 것으로 잘못 이해하는 측면이 있다. 외국어에 대한 인식을 바로잡아야 할 곳은 언론매체들이다.

한국 방송의 외국어 통번역은 곧이들을 만한 것이 못된다. 그 쉽다는 일본어도 오역 탓에 보고 있기에 거북한 경우가 많다. 통역 자막이 상대방의 표현의도를 왜곡하는 경우도 있고, 대동한 통역자의 수준이 떨어져 제대로 된 질문조차 하지 못하는 경우도 있다. 최근 시청이 증가하고 있는 일본드라마에서도 사정은 마찬가지이다. 다행히 시청자들이 외국어를 잘 모르기에 망정이지 잘 알고 있다면 비난이 쇄도할 일이다.

요즘은 한국드라마에서도 외국어를 직접 사용하는 경우가 많다. 배우들이 외국어를 곧잘 구사하는 경우도 있지만 그저 흉내만 내는듯한 경우도 있어 안하느니만 못해 보일 때도 많다. 한류가 세계적이라면 해당국의 많은 사람들이 보고 있음을 인식하고 보다 철저한 준비를 해야 할 것이다.

단순히 친근감을 나타내기 위한 외국어구사를 비난할 일은 아니다. 언론매체가 외국에 대한 정보를 바르게 전달해야 할 중요한 역할은 다 해내지 못하면서 단순한 해프닝으로 끝날 일을 침소봉대할 일은 아닌 것이다. 늘 상대를 트집 잡아 싸우는 한국정치와 언론의 민낯만을 보여준 셈이다.

국제경쟁이 치열한 글로벌 사회이다. 언론은 첨예하게 대립하는 일본에 대한 정보마저도 제대로 파악하지 않고 전달하여, 때로는 한일관계의 왜곡을 유발시키기도 한다. 외국어의 능력은 고도의 지식이 동반된 전문적인 교육과 유학 등의 현장경험을 통해 습득할 수 있는 것이다.

외국에 대한 이해도 언어능력과 현장경험이 뒷받침 되어야 가능한 것이다. 언론매체는 충분히 검증된 자들을 통하지 않는 정보전달이 진실을 왜곡할 수 있음을 인식하고 외국에 대한 접근에 보다 신중해야 한다.

【2019.07.10】

지적받는 정책 개선해야

최저임금문제가 우리사회에 논란거리를 제공하며 비판을 이어가고 있다. 그런 상황이다 보니 외국인에 대한 최저임금은 달리 할 필요가 있다는 야당 대표의 주장이 나오고 무차별적 공격이 쏟아졌다. 적절하지 못한 정당대표의 발언은 비판받을 수 있지만 금번 반응은 구태의연해 보인다. 보다 나은 사회건설을 위해 적폐를 청산하자면서 의견이 다르다고 무차별적 공격을 하는 것은 적폐요, 시대 흐름의 역행이다. 마음에 들지 않는 의견이라 할지라도 공론의 장에서 논하는 절차를 밟지 않는다면, 늘 하나의 통일된 의견만이 있어야 하는 비민주적 국가가 된다. 비판받아 마땅한 정치적 언행이 있을 수 있지만 정부정책에 대해 내놓는 의견을 매도부터 하는 것은 정치 적폐의 악습일 것이다. 한국의 정치는 여전히 말꼬리를 잡아 상대를 추락시키려는 의도만이 살아 숨쉰다.

사회에는 늘 처지가 다른 집단이 있어 대립적일 수 있다. 부자와 가난한 자가 있는데 그 어느 한쪽만을 보고 정책을 수립한다면 반대쪽의 반발은 필연이다.

정치는 양자의 중간선에서 필요에 따라 덧셈 뺄셈을 하며 정책을 결정하는 기술인데 판단이 한쪽으로 치우치게 되면 양자 간의 대립으로 공멸을 가져올 수도 있다. 최저임금정책도 어려운 쪽의 입장을 고려하면서 고용주와 노동자 모두가 납득하는 선을 찾아내야 한다.

최저임금제와 주52시간근무제 등으로 고용을 포기하는 기업이 증가하고 미 · 중 간의 무역 갈등으로 경제여건은 악화일로이다. 한국의 경제가 우리의 힘만으로 결정되면 좋으련만 늘 주변국에 휘둘리고 있어 지금 좋더라도 무역 상대국의 정치 놀음에 하루아침에 추락할 수 있다. 그렇다면 경제의 성장 가능성에만 무게를 둔 최저임금정책은 상황 변화를 충분히 고려하지 못한 것일 수도 있다. 비판이 따르더라도 상황이 개선되어 간다면 성공이지만, 비판이 계속되며 상황이 악화되어 간다면 정책은 실패인 것이다.

한국이 세계적 수준의 고임금시대로 접어들었다. 일본의 경제사정이 좋아져 일본어 전공자들에게 취업의뢰가 많아졌다. 하지만 학생들의 반응은 시큰둥하다. 급여가 기대치에 못 미쳐 내키지 않는다는 것이다. 한국 기업의 대졸 초임이 얼마인데 그 돈 받고서는 일본에서 근무하기 어렵다는 것이다. 취업이 어렵다는 한국 젊은이들의 모습이라 생각되지 않는다. 취업이 절박하다면 어떤 곳이든 문을 두드리고 일단 도전해 보려 해야 할 텐데 그렇지 않은 것 같다. 고생한 부모들이 일궈놓은 삶을 공유하면서 납득할 만한 직장이 나오기만을 기다리는 모습으로 비친다. 청년실업이 심각하다며 정부에서 쏟아내는 각종 정책이 무색해지는 대목이다. 대책이 핵심을 찌르지 못하고 겉모습만을 본 결과일 수도 있다.

결국 한국의 경제는 임금이 문제로, 대기업들의 고임금이 한국경제 전체를 왜곡시키고 있는 것인지도 모른다. 어떤 일을 하던지 간에 모두

소득에 대한 기대수준이 높다. 장사에서도 백 원 받으면 충분한 물건을 천원, 만원 받아내려는 그런 구조가 되고 있다. 떼돈 벌 생각들뿐이다.

한국의 임금수준을 감당하지 못해 중국으로 베트남으로 이전하는 기업이 많았는데 그곳 인건비가 상승하면 다시 어느 나라로 가게 될지 궁금하다. 퍼주기만 했다는 개성공단도 인건비가 저렴해 가능했을 것이다.

국내 고용 창출을 위해 해외 진출 기업을 다시 국내로 되돌아오게 할 필요가 있다면 국내의 임금제도를 어떻게든 기업 경쟁력과 맞출 필요가 있다. 국내의 고임금 문제를 타개하기 위한 방법으로 타국의 저임금을 택하는 것인데, 외국인 고용의 의미를 그 연장선상에서 생각한다면, 과한 최저임금을 그대로 적용하기 어렵다는 중소영세기업들의 의견을 외면할 수도 없을 것이다.

최저임금 업종별 차등 적용도 요구하는 상황이다. 외국인들이 외화벌이를 위해 한국으로 몰려드는 시대를 맞이하여 그들에게 적용할 최저임금을 달리하자는 의견이 외국인 고용의 특수성인지 외국인에 대한 혐오나 인종차별인지 목소리를 달리할 수는 있겠지만 최저임금 문제의 심각성을 드러내는 일임에는 틀림없다. 우리의 상황이 차이를 점진적으로 해결해 갈 능력밖에 없는 것은 아닌지 생각해 본다.

남북문제 하나도 한국의 힘으로 풀어나갈 수 없는 엄연한 현실에서 일부 정치가들이 정의인양 내세우는 코스모폴리타니즘적 사고는 한국의 처지를 냉정하게 살피지 못한 결과일 수 있다. 가난하고 어려운 사람을 돕고 만인에게 평등해야 한다는 절대가치도 국가를 지켜내는 안정적인 상황에서 추구해야 풀어낼 수 있을 것이다.

【2019.09.04】

살리자면서 죽게 하는 '강사법'

대학에는 연구와 교육을 담당하는 전임교원 외에 수업만을 담당하는 강사 등 다양한 형태의 비전임교원이 있다. 비정규직을 정규직화하는 시대상황을 감안한다면 비전임교원을 모두 전임교원으로 전환시키면 될 것 같은데 간단한 문제는 아니다.

대학은 각 학과가 다양한 교과과정을 편성하여 필수적인 강좌와 선택적인 강좌로 운영한다. 학기마다 학생들에게 열어줘야 할 강의에는 고정적인 과목도 있지만 시대의 흐름을 반영하거나 교원수급 상황에 따라 선택적으로 결정해야 하는 과목도 있어, 강의과목 개설 및 담당강사 결정에는 탄력적 대응이 불가피하다. 다양한 교과과정을 위해 전임교원과 비전임교원이 역할을 분담하여 강의를 담당하는 것이다.

일본의 수출규제에서 느꼈을 일이지만 대학의 연구와 교육은 국가의 사활이 걸린 문제이다. 학문영역의 어느 한 분야라도 인기가 없다하여 소홀히 할 수 없는 이유이다. 사회의 달콤한 유혹을 이겨내며 오랜 기간 학문연구에 매진하는 후학들이 있어 대학도 국가의 경쟁력도 유지되는 것으로 대학에서의 후학양성은 우리들 몸의 머리를 지켜내는 일과도 같다.

후학양성의 책무를 짊어져야 하는 대학은 후학들에게 연구나 교육의 장을 마련해줘야 하는데, 대학의 강사문제에 관심을 가져주니 고마운 일이 아닐 수 없다. 그런데 정작 모습을 드러낸 강사법은 강사를 살리는 것이 아니라 곤경에 빠트리는 법이 되고 있다. 이는 대학경영이나 각 전공학과의 강사운영에 대한 몰이해에서 기인하는 것으로 법도 교육부 지침도 부실하다는 것이 교수와 강사들의 중론이다. 현장을 왜곡시키는 어설픈 정책 탓에 살려야할 약자들을 죽게 하는 법이어서는 곤란하다. 늘 문제 발생 후 허둥지둥 개선에 나서지만, 제발 정책이 실패로 드러나기 전에 연구에 연구를 거듭하고 분야별로 시범적 운영이라도 해본 뒤 그 결과를 토대로 제도나 지침을 마련하길 바란다.

민주주의는 민이 주인인 체제이다. 민이 알아서 할 수 있는 분야에 국가가 끼어드는 것은 민이 주인임을 거부하는 처사이다. 민주주의의 건전한 발전을 위해 국가의 관여는 신중해야 한다. 늘 국회인사청문회가 증명하듯이 국가가 관여하여 꼬인 교육문제는 하나 둘이 아니다. 국가가 강사들의 처우문제에 개입하려면 목소리를 내는 자들에게 귀를 기울여야 하지만 그것이 강사 전체를 대변하는 것이 아닐 수도 있는 만큼 강사전반을 세심하게 들여다봐야 했다.

교수들은 후학들에게 자신들이 하던 연구와 교육을 이어가도록 환경을 제공할 책무가 있다. 생계도 문제이지만 교육경험을 쌓도록 하기 위해 교수들은 강사들의 강의마련을 위해 고민하고 있다. 강사가 전임교원들 못지않게 강의를 잘 해내는 경우도 있지만 강사는 역량이 뛰어나서도, 강의가 남아돌아서 위촉하는 것만은 아니다. 게다가 대학의 전공이 유행처럼 부침을 겪어 인기가 시들 때면 폐강 위기에 처하는 강좌도 많아 결정된 강사위촉이 무산되는 경우도 있다. 한 명의 학생을 위해서 수업을 여는 대학들이 아니다. 전임교원의 강의마저 위태로운 현실에서 강사를 안정적으로 고용하라는 현행 강사법이나 교육부의 지침은 대학사정을 전혀 이해하지 못하는 비전문가의 포퓰리즘 행태이다.

자리를 늘려 강사들을 교원으로 채용하면 좋겠지만 입학정원의 감소 등 재정위기에 처해 있는 대학이 감당할 사항이 아니다. 그런 속에서도 교수들이 강사들에게 강의를 마련해 주겠다는 책임감에 대학본부를 설득하면서 강사를 위촉해온 측면이 있었는데 법으로 강제하는 강사법이 교수들의 강사위촉을 어렵게 만들어 강사들의 처우개선은커녕 대량 실직 사태를 가져오게 한 것이다. 대학은 학과의 교수들로 운영되는 체제로 상명하복에 익숙한 공무원 조직과는 달라 본부의 경영효율에 반하더라도 강사들의 강의 마련을 위해 교수들 나름의 역할이 있어왔는데 처우를 개선한다며 채용문제에 족쇄를 채워버린 강사법 탓에 강사들의 어려운 사정을 반영할 수 있는 운용의 묘는 차단됐다.

강사법 시행으로 발생한 문제에 교육부는 또다시 재정지원이라는 무기를 들고 해결에 나섰다. 제발 돈으로 대학을 지배하려는 사고는 버려라. 관리하려 들면 들수록 대학환경은 망가지고 만다. 개선을 원한다면 먼저 대학의 의견에 경청하라. 정책만 펴면 나타나는 피해는 교육 전반에 걸쳐 있어 백년지대계를 위해 교육정책을 백년쯤 묶어둬야 할 상황이다.

chapter 5

박수정

학력
・이화여대
・이화여대 석/박사(체육학)
경력
*대학
・인하대 교수(2005~현재)
・예술체육학부 학부장(2017~2020)
*학회
・한국여가레크리에이션학회 상임이사(2005~현재)
・여가문화학회 상임이사(2006~현재)
・한국스포츠관광학회 부회장(2008~현재)
*사회활동
・인천시 미추홀구 건강증진 위원(2007~~현재)
・법무부 국적심의 위원회 위원(2018~현재)
・사단법인 전문직여성 인천클럽 (2007~현재)

여가와 행복으로의 초대

【2018.01.17】

일과 놀이의 균형을 잡자

2018년 무술년 새해가 힘차게 나아가고 있다. 새해가 시작되면 저마다 새로운 한해를 다짐한다. 하지만 새해의 다짐들은 새하얀 눈 녹듯 늘 슬그머니 사라지고 다시 이듬해의 위시리스트로 미뤄지기 일쑤이다. 우리의 삶은 가만히 들여다보면 마치 브레이크 없는 자동차처럼 멈추지 않고 달려가고만 있어 불안함을 떨칠 수 없게 한다. 사회의 빠른 변화 속도에 따라가느라 숨이 차기까지 한 우리의 삶이다. 시대변화에 부응하지 못하면 뒤처질 듯 불안해하여 그 속도를 따라잡기 위해 삶에 더욱 채찍질을 가한다.

전력질주는 그 멈춤이 쉽지 않다. 멈출 때조차도 많은 노력과 힘이 들게 된다. 쉬엄쉬엄 가야만이 내가 멈추고 싶을 때 멈출 수 있어 삶의 여유를 찾을 수 있을 것이다.

우리의 생활에 여유와 쉼이 없어진지 오래됐다. 쉼 없이 달리기만 하는 사람들은 극도의 신체적 · 정신적 피로감을 호소하며 무기력해지는, 이른바 번아웃 증후군(burnout syndrom)에 빠져, 기력이 없고 쇠약해진 느낌, 짜증이나 우울감 등의 감정 소진, 감기 · 두통과 같은 만성 질환에 시달리게 되는 증상을 나타내게 된다고 한다. 탈진증후군이라고도 불리는 번아웃은 감성과 체력의 에너지고갈 상태로 최근에는 성인뿐만 아니라 청소년, 어린아이까지 그 증상이 나타나고 있다는 안타까운 소식이다.

경제협력개발기구(OECD) 가입 국가 중 한국은 자살률이 1위이고 청소년의 행복지수도 최하위에 위치해 있어, 그 문제가 매우 심각한 상황이다. 경제가 성장하고 있으니 삶의 질도 나아지고 있으리라는 기대와는 달리 한국이 전혀 행복하지 않은 나라라는 것이다. 초등학교에 들어가기 전부터 아이들은 경쟁사회를 강요받으며 사교육 시장에 내몰리는 등 인간으로서의 진정한 행복을 배우지 못하고 성장하고 있다. 이러한 아이들이 성장하여 사회인이 되고 노년을 맞이했을 때 이들의 삶이 과연 어떻게 되어 있을까를 생각해 보면 가슴이 답답하기만 하다.

다행히도 '워라밸(Work Life Balance)'이 2018년 트렌드 키워드 중 하나라는 점에 위안을 가져본다. 바쁜 일상에서 한숨 돌리며 우리의 삶을 되돌아 볼 수 있는 기회가 있다는 것인데, 생각만 해도 즐겁다. 잘 노는 사람이 창의적이고 행복하다는 연구결과가 뒷받침하듯이 이제는 일과 놀이의 균형을 맞추며 살아야 할 때이다.

잘 노는 자들이 공부도 잘하고 일도 잘한다고 한다. 즐거움을 동반한 놀이를 할 때 우리의 뇌에서는 신경전달물질인 도파민이 방출되어 행복감과 창의력을 높여준다고 한다. 따라서 잘 논다는 것은 매우 중요하다. 그만큼 뇌의 작용을 긍정적으로 만들어 창의적인 사람을 만들 수 있기 때문이다. 절대로 책상 앞에 앉아 있는 것만으로는 창의적인 사람이 될 수 없다.

2015년 미국 뉴욕에 '프리스쿨 매스터 마인드(Preschool Master mind)'

라는 성인을 위한 유치원이 생겼다는 재미있는 기사가 떠오른다. 21세 이상 성인이면 누구나 참여 가능하며, 주 1회 놀이, 미술, 낮잠, 파티를 하는데, 아주 즐거워하여 인기가 많다고 한다.

아이나 성인 모두 노는 것이 즐겁다. 노는 것이야말로 인간의 원초적 본능일 것이다. 미국 하버드 대학교 탈 벤샤하르교수는 행복해지기 위해서 잘 놀아야 한다고 강조하고 있다. 호모루덴스(Homo Ludens) 놀이하는 사람을 일컫는 말인데, 누구에게나 노는 것은 자연스러운 일이고, 잘 놀아야 몸도 마음도 튼튼한 삶을 영위할 수 있다.

어떻게 하면 잘 놀수 있는가? 잘 놀기 위해서는 '내가 어떤 성향의 사람인가?'를 정확히 판단할 수 있어야 한다. 내가 무엇을 좋아하는지 파악되어야 잘 놀 수 있기 때문이다. 많은 사람이 있는 곳을 싫어하는 사람에게 콘서트 관람 등은 여가를 즐기는 것이 아니라 심리적 노동으로 작용할 수 있다. 사랑에도, 돈을 버는 것에도 기술이 필요하듯이 노는 것에도 기술이 필요하다.

누구나 한번쯤은 강요된 일상의 업무로부터 벗어나 자유로이 자신이 하고 싶었던 일을 마음껏 하면서 그로부터 기쁨과 행복을 얻기를 꿈꾸게 된다. 자신이 원하는 대로의 삶을 살아간다는 것은 진정 가슴 벅차게 하는 일이다.

일상에서 일과 여가의 균형을 맞추는 것은 건강하고 행복한 삶을 위해 매우 중요하다. 우리 모두 2018년은 여가 있는 삶을 통해 몸도 튼튼 마음도 튼튼한 한해가 되길 기대한다.

【2018.03.14】

올림픽 '리터러시'

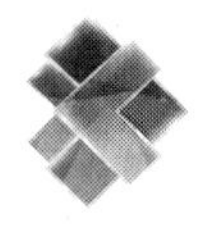

리터러시(literacy)란 문자화한 기록물을 통해 지식과 정보를 획득하고 이해할 수 있는 능력을 말한다. 복잡한 사회적 환경과 상황 속에서 그 본질을 이해할 수 있는 개념이다. 따라서 올림픽 리터러시는 올림픽을 사회적 맥락 속에서 이해하고 올바르게 관전하며 응원할 수 있는 능력이라고 할 수 있다.

2월7일 드론쇼, 성화 점화 등 화려한 개회식을 시작으로 열정 가득했던 올림픽이 25일 폐회식을 끝으로 막을 내렸다. 14일간 선수들과 함께 울고 웃었다. 부상 투혼 스피드 스케이팅의 이상화 선수, 혜성과 같이 나타난 컬링 여자 국가대표팀, 아이언맨 스켈레톤의 윤성빈 선수는 물론이며 동계올림픽에 참여한 모든 선수의 지난 4년간 노력이 눈에 선하다. 얼마나 많은 땀과 눈물을 흘렸을까? 우리는 이들의 이야기를 제대로 듣고 이해해야 한다.

올림픽 기원은 신에게 제사를 지낸 이후에 열리는 육상, 5종 경기, 복싱, 레슬링 등의 경기에서 찾아볼 수 있다. 기원전 776년을 전후해 그리스와 스파르타 간 전쟁 재발 방지 및 평화를 위해 4년마다 열리고 그것이 현 올림픽 개최 주기로 됐다. 그러나 고대 올림픽은 나라 간 전쟁과 이해관계로 개최와 중단을 반복하기에 이른다.

현 형태와 같은 근대올림픽은 1896년 프랑스 쿠베르탱 남작에 의해 시작되었다. 제1회 그리스 아테네대회를 개막으로 제31회 2016년 브라질 대회, 2020년 일본 도쿄올림픽까지 그 개최지가 결정되어 있다. 세계 제1차대전으로 1916년, 제2차 세계대전으로 1940년, 1944년 올림픽이 중단된 역사도 있다. 한국은 1948년 대한민국 정부수립 이후 최초로 참가했고 1988년에는 제24회 서울올림픽을 열게 된다.

동계올림픽도 원래는 하계올림픽이 열렸던 그 해 겨울에 열렸으나 한 해에 두 개 올림픽이 동시에 개최됨에 따른 경제적 효용성을 고려하여 1994년 제17회 릴레함메르 동계올림픽부터 하계올림픽 있은 2년 후 여는 것으로 변경되었다.

올림픽은 전 세계에서 가장 비중 있는 스포츠대전이다. 그런데 현대사회에 이르러 올림픽은 정치와 경제 등 스포츠외적인 논리 탓에 순수한 스포츠 축제 의미를 퇴색시키고 있다는 지적이다. 올림픽 대회가 각 선수들의 훌륭한 경기 자체에 있는 게 아니라 어떤 메달을 획득했는지 개회식과 폐회식이 얼마나 잘 진행되었는지에 따라 성공여부를 논하게 된다. 또한 올림픽 기간 중 어떤 나라가 참가했고 경제적 효과는 얼마나 되는지에 더 많은 관심을 보인다.

1984년 제23회 LA올림픽 이후 올림픽의 경제적 가치에 대한 기대가 커짐에 따라 올림픽이 개최국의 경제규모 확대 및 이익 추구를 위한 도구로 이용되고 있다.

스포츠는 스포츠일 뿐이다. 지금처럼 스포츠가 본디 목적대로 수행되지 않는다면 스포츠는 그저 단순한 하나의 이벤트로 전락할 수 있다. 올림픽의 본질인 '더 빨리, 더 높이, 더 강하게'라는 슬로건 아래 페어플레이, 협동, 건강, 평등 등의 건전한 스포츠 정신이 구현되는 올림픽이어야 한다.

올림픽과 같은 세계스포츠대회 개최와 관련해 늘 지적되는 문제는 경기장의 사후 활용 방안이다. 전국 각지에 퍼져 있는 거대 경기장들이 제대로 활용되고 있다는 이야기는 듣기 어렵다.

인천에도 남구 문학경기장, 서구 아시아드 주 경기장, 연수구 선학경기장 등 많은 경기장이 있으나 제대로 활용되고 있는지는 의문이다. 인천시민들에게 유용한 시설로 제 역할을 다하고 있는지 생각해 보아야 한다. 경기장 일부는 상업단지로 활용되거나 일부는 시민에게 부분적으로 개방되어 사용되고 있다. 그것만으로는 부족하다. 국민들의 세금으로 지어진 스포츠 시설인 만큼 이제는 국민 품으로 다시 돌려줘 유용하게 활용되도록 그 방안을 마련해야 할 것이다.

3월9일부터 18일까지 10일간 일정으로 평창 동계패럴림픽대회가 진행되고 있다. 비록 종목수 6개(알파인스키, 크로스컨트리, 스노보드, 바이애슬론, 아이스하키, 휠체어컬링), 메달수 240개, 참가국수 49개, 참가선수 570명으로 규모는 작지만 모두 국가를 대표하는 선수들이 참가하는 세계스포츠대전인 만큼 우리는 리터러시를 발휘하여 그들의 땀과 눈물을 응원해야 할 때이다.

【2018.05.09】

'2030 스포츠 비전'을 말하다

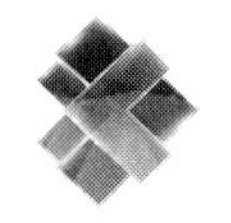

문화체육관광부는 지난 3월28일 '2030 스포츠비전' 대국민 보고회를 개최했다. 국민의 눈높이에 맞는 운동하기 편한 나라를 만들기 위한 2030년까지의 스포츠 정책방향, 추진전략, 핵심 과제들이 제시되고 있다.

기존 정책들이 보여주기식에 급급하였다면 이번에 제시된 정책은 지도자, 전문가, 국민들의 다양한 의견을 온 · 오프라인, 포럼, 워크숍 등을 통해 수렴한 것이다. 전에 없던 '사람을 위한 스포츠, 건강한 삶의 행복'이 바탕이 된 정책이라 하겠다. 그러나 이렇게 어렵게 개발된 정책들이 제대로 된 성과를 발휘하기까지 노력의 끈을 늦추어서는 안 된다.

스포츠를 모든 국민이 누려야 할 보편적 복지로 규정하고, 국민이라면 누구나 스포츠를 통해 행복하고 건강한 삶을 영위할 수 있도록 하며, 스포츠클럽 시스템의 안정적 활성화를 위한 관련 법령 제정 및 공정 ·

도전 · 협동이라는 스포츠 가치의 사회적 확산 등이 주요 골자이다. 그만큼 소외되는 사람이 없이 골고루 스포츠를 통한 행복한 삶을 누려야 할 것이다.

'2030 스포츠 비전'은 개인 차원의 '신나는 스포츠', 공동체 차원의 '함께하는 스포츠', 국가 차원의 '자랑스러운 스포츠'에 이를 달성하기 위한 추진체계로서 민주적 거버넌스를 의미하는 '풀뿌리 스포츠'의 4대 추진 전략을 내세운다.

'신나는 스포츠'를 위한 방안은 이렇다. 첫째, 2030년까지 전체 국공립 어린이집 · 유치원, 초등학교 돌봄 교실에 스포츠 지도자와 프로그램을 확대 · 지원한다. 둘째, 집이나 직장에서 10분 이내에 접근할 수 있는 스포츠시설이나 공원 내 스포츠시설을 확충하고, 학교체육시설 개방 및 이에 따른 사고 발생시 학교장의 책임을 면제 또는 완화할 수 있는 제도적 장치를 마련한다. 셋째, 체육지도자 자격제도 개선으로 수준 높은 스포츠 강습 서비스를 제공하고, 체육 지도자의 소양교육 강화와 함께 스포츠클럽 운영으로 체육지도자의 일자리를 창출한다.

'함께하는 스포츠'를 위해선 첫째, 학교 밖 청소년, 다문화학생 등이 사회 구성원으로 성장할 수 있도록 스포츠를 통한 사회통합의 가치를 실현한다. 둘째, 장애인 전용 스포츠시설의 확충 및 기존 비장애인 스포츠시설도 장애인이 이용할 수 있도록 개선한다. 셋째, 남북 간 스포츠교류를 정례화하여 스포츠 교류 기반을 마련한다.

'자랑스러운 스포츠'를 위해선 첫째, 스포츠 인재 양성 시스템 개선, 스포츠 비리를 근절할 수 있도록 조사와 징계, 분쟁 조정 등을 관장하는 독립기관 설립을 추진한다. 둘째, 스포츠 외교 및 태권도 리더십을 강화하고 한 · 중 · 일 3국 간 스포츠 교류를 확대한다. 셋째, 스포츠산업 혁신을 통한 경제성장 도모 및 스포츠 융합 전문 교육과정의 개설 등 산업혁신 토대를 구축한다.

'풀뿌리 스포츠'를 위해선 관계부처, 이해관계자, 전문가 등이 함께 참여하고 정책을 세우는 시스템의 도입, 시 · 군 · 구체육회의 역량 강화를 위한 우수 인력 지원, 후원금 모금과 관리를 위한 관련 제도의 개선 그리고 스포츠기본법의 및 국민체육진흥법의 개정으로 스포츠의 가치와 철학에 대한 법률적 규정 및 스포츠 정책의 안정성을 확보한다.

이로써 스포츠지도자, 시설, 공간 등 스포츠 인프라에 대한 국민들의 갈등은 어느 정도 해소될 듯 보인다.

이 계획대로라면 대한민국 국민이면 누구나 언제 어디서나 스포츠 참여가 가능하게 된다. 가뭄에 단비 내리 듯 오래간만에 제대로 된 사람을 위한 스포츠, 건강한 삶의 행복을 위한 스포츠의 정책적 토대가 마련되었다.

현 정부가 제시하고 있는 정책 하나하나가 우리에게는 소중하고 꼭 필요한 내용들이다. 이 정책들이 제대로 국민들의 생활에 반영되기 위해서는 관련부처의 긴밀한 협조, 아낌없는 정부 지원, 시스템의 철저한 관리감독, 시민들의 적극적인 참여가 있어야 할 것이다.

어렵고 힘들게 마련된 스포츠 정책이 차질 없이 뿌리내릴 수 있도록 우리 모두 노력해야 할 것이다. 문재인 정부의 '2030 스포츠 비전'이 제대로 빛을 발하기를 기원한다.

【2018.07.04】

즐겁고 안전하게 바다를 즐기자

지루한 장마가 끝나면 본격적인 무더위가 시작된다. 여름 휴가철이 다가옴을 알리는 신호탄이다. 많은 사람이 바다, 강, 계곡으로 떠나는 여행을 꿈꾼다. 그중에서도 으뜸이 바다이다. 3면이 바다로 둘러싸인 한국에는 예상 외로 즐길 수 있는 바다 여행지가 많다. 바다의 도시 인천도 마음만 먹으면 1시간 내에 갈 수 있는 해수욕장이 많다. 중구의 낙조가 아름다운 을왕리 해수욕장과 왕산 해수욕장, 옹진군의 둥근 자갈이 유명한 콩돌 해수욕장, 강화군의 생태 관광지로 지정된 민머루 해수욕장 등 30여개의 크고 작은 해수욕장이 인천에 위치해 많은 사람을 부르고 있다.

저 멀리서 파도가 밀려오고 바위에 부딪혀 하얀 조각으로 흩날리며 다시 뒤로 물러서는 곳, 푸른 하늘 위로 뭉게구름과 뜨거운 태양, 하얀 갈매기들이 날아다니는 곳, 백사장에 이름 모를 조개들과 조그만 게들이 손을 들고 인사하며 다니는 곳, 이런 아름다움을 간직하고 있는 곳이 바다다. 많은 사람이 바다를 제1의 여행지로 꼽는 이유이다.

아름다운 바다의 유혹에 빠져 그저 무턱대고 물놀이를 즐기려 하는 경우가 많지만, 바다에는 늘 위험함도 함께 존재하고 있어 주의를 요한다. 여름 휴가철에 바닷가나 계곡 하천 등에서 안전사고가 발생했다는 소식이 종종 들려온다. 올해는 그런 사고가 없어야 할 것이다. 물놀이를 안전하게 즐기기 위해 조금만 주의를 기울이면 많은 사고를 줄일 수 있을 것이다.

물놀이 안전사고에 대처하는 방법과 지식 등을 사전에 숙지하고 준비한다면 올 여름은 즐겁고 안전하게 바다를 즐길 수 있을 것이다.

바다로 휴가를 떠나기 전 해수욕 장비와 함께 응급처치, 심폐소생술 등의 안전 체크리스트를 꼭 챙겨야 한다. 응급처치와 심폐소생술 교육은 각 시도지역 대한적십자사에 문의하면 일정시간 교육을 받고 수료증을 취득할 수 있다.

각종 안전정보는 스포츠안전재단, 해양경찰청 홈페이지에서 자세하게 살펴볼 수 있어 번거롭다 생각하지 말고 자신과 가족을 위해 꼼꼼하게 챙겨봐야 할 것이다. 이번 여름철 바다를 즐기고자 한다면 다음과 같은 안전수칙 정도는 머릿속에 담아둘 필요가 있을 것이다.

첫째, 물놀이를 하기 전 반드시 준비운동을 실시한다. 둘째, 물에 들어갈 때 심장에서 먼 부분인 다리, 팔, 얼굴, 가슴 등의 순서로 물을 적신 후 들어간다. 셋째, 구명조끼는 반드시 착용한다. 넷째, 물에 빠진 사람을 발견하면 주위에 소리쳐 알리고 함부로 물속에 뛰어 들지 않는다. 다섯째, 수심과 유속, 밀물과 썰물 시간대를 파악한다. 여섯째, 자신의 수영 실력을 과신하지 않으며 절대로 혼자 물놀이를 하지 않는다. 일곱째, 위급상황을 대비하여 도움을 요청할 구급대원이 어디에 있는지 미리 파악한다. 여덟째, 심폐소생술과 응급처치법 등을 사전에 숙지한다.

첫 번째로 꼽히는 것이 준비운동으로 아주 중요한데, 모두들 간과하곤 한다. 준비운동은 물놀이뿐만 아니라 운동에서도 매우 중요하다. 물놀이 전 준비운동은 스트레칭 중심으로 진행하여 근육의 긴장을 풀어준다. 상체와 하체, 옆구리를 중심으로 근육을 최대한 부드럽게 늘여주는 것이 좋다. 준비운동을 하는 이유는 웜업(warm-up)으로 체온과 근육의 온도를 안정 시 상태보다 약 1℃ 정도 높여주고, 심장에 혈액공급을 적절하게 유지시키고, 나아가 근육이나 인대, 힘줄 등의 손상을 방지하는 데 있다.

실제로 준비운동 없이 물놀이를 하게 되면 우리 몸이 차가운 바닷물에 적응하지 못해 신체근육의 경련, 흔히 말하는 쥐가 나게 된다. 이 때문에 준비운동을 하는 것은 정말 중요하다. 또한 준비운동은 무언가를 시작하기 전 마음을 다지는 기회를 제공하기도 한다.

준비운동은 신체적 준비뿐만 아니라 정신적 준비를 하는 단계인 셈이다. 앞으로 하게 될 물놀이에 대해 생각해 보고 안전수칙을 되새겨볼 때 비로소 진정한 준비운동이 되는 것이다.

머지않아 여름철 물놀이가 시작된다. 더 이상 물놀이 사고 소식이 뉴스에 나오지 않기를 바라며 즐겁고 안전한 바다를 즐기기 위해, 별 어렵지 않은 안전수칙을 다시 한 번 들여다보길 바란다.

【2018.09.12】

치매예방도 운동으로

총 인구 중 65세 이상의 인구가 차지하는 비율이 7% 이상이면 고령화사회, 14% 이상이면 고령사회, 20% 이상이면 초고령사회라고 하는데, 한국은 고령사회에 접어들었다. 가까운 일본의 경우 고령화사회에서 고령사회로 넘어가는데 24년이 걸렸는데, 2000년 고령화사회로 들어선 한국은 17년밖에 걸리지 않았다. 한국이 세계적으로 유례가 없는 빠른 속도로 고령화되고 있는 것이다.

사회가 고령화된다는 것은 생산인구의 감소를 의미한다. 출생인구마저 감소하고 있는 상황에서 큰 문제가 아닐 수 없다. 하지만 많은 사람이 이를 실감하고 있지는 못하는 듯하다. 고령사회가 되어가면서 노인문제가 심각한 사회문제로 대두된다. 대표적인 것으로는 빈곤, 질병, 고독 등의 3고(苦)를 들 수 있다.

최근 들어 독거노인들의 고독사, 노인범죄 등도 매스컴에 심심찮게 등장하고 있다. 특히 65세 이상 노인 10명 중 1명이 치매환자라 하니, 현대사회에서 노인문제는 우리 모두의 일로 시급히 대책을 세워야할 문제이다.

고령화에 따라 증가하는 노인성 만성질환에 잘 대처해야 하지만, 그 중에서도 치매는 노인성 질환 중 가장 관심 있게 다뤄야 할 문제이다. 치매는 본인뿐만 아니라 온 가족이 함께 고통 받는 질환이기 때문이다. 다행히 치매에 대해서는 국가적 차원에서 관리를 한다고 하니 참으로 반가운 일이 아닐 수 없다. 치매의 국가책임제란 현 정부가 치매의료비 90%를 건강보험으로 보장하는 내용을 골자로 한 정책으로, 치매를 개별 가정 차원이 아닌 국가 차원의 돌봄으로 해결하겠다는 것이다.

치매는 말 그대로 퇴행성 뇌질환 또는 뇌혈관계 질환으로 기억력, 언어구사력, 판단력 등의 기능저하에 따라 우울, 불안, 비정상적 반복행동 등을 나타낸다. 본인은 물론 가족이나 사회관계에서 소외되거나 고립되는 등의 결과를 초래하는 매우 고통스러운 질환이다.

인천에도 치매를 사전에 측정하고 프로그램에 참여할 수 있는 치매안심 돌봄센터가 있다. 미추홀구 치매통합관리센터, 동구 희망의집, 부평구 갈산행복의집, 연수구 치매주간보호센터, 중구 금빛사랑채 등을 들 수 있다. 이곳에서는 운동, 회상요법, 미술치료, 음악치료 등의 다양한 프로그램을 진행하고 있다.

치매는 정도에 따라 경도인지장애, 초기치매, 중증치매 등으로 나눌 수 있는데, 조기에 발견하고 치료하면 그 증세가 현저히 완화되거나 지연될 수 있다. 이 때문에 조기 발견이 매우 중요하며, 점점 더 많은 치료법도 소개되고 있는 만큼 치매를 숨기기보다는 적극적으로 치료에 나서야 한다.

치매 치료는 기본적으로 약물치료를 주로 하지만, 비약물치료 방법도 많은 사람의 관심을 끌고 있다. 비약물치료란 인지, 운동, 행동 등의 통합관리를 활용한 방법으로 치매의 예방 및 개선에 주안점을 두는 치료 방법이다. 치매는 다른 질환에 비해 비교적 서서히 진행되기 때문에 얼마든지 비약물치료를 통해서도 그 증세를 완화시키거나 예방할 수 있다. 비약물치료 중에서 운동은 치매환자에게 빠트려서는 안 될 매우 중요한 요소이다. 운동을 자주 하게 되면 신체의 균형, 보행 능력 및 체력 향상, 재활 등으로 다양한 신체적 기능을 높일 수 있다.

일반적으로 치매가 발생하면 신체적 균형도 함께 무너져 운동으로 몸의 유연성이나 균형 감각 등을 잘 유지할 수 있도록 해야 한다. 활발한 신체활동은 낙상과 골절 등의 외상도 방지할 수 있다.

아울러 보행은 감각, 말초 및 중추 신경계와 관련되어 있어 많이 걷는 것은 매우 중요하다. 치매가 걱정된다면 매일 30분 이상, 어려우면 최소한 1주일에 2~3회라도 30분 이상 걷기를 해야 한다. 운동화만 있으면 언제 어디서나 가능한 일이니 반드시 시행해야 한다. 여기에 근력 운동 등 다양한 형태의 운동을 함께 한다면 그 효과는 배가 될 것이다.

치매는 조기진단과 약물치료도 중요하지만, 평소 운동하는 습관과 긍정적인 마인드만 있다면 치매를 좀 더 멀리 붙들어 놓을 수도 있다. 무더위도 한풀 꺾이고 아침저녁으로 선선한 바람이 분다. 귀찮더라도 운동화 끈을 동여매고 가벼운 산책부터 시작해보자. 내 몸과 뇌가 달라짐을 느낄 것이다.

【2018.12.12】

유치원 사태를 바라보며

백년지대계의 교육은 크게 그려져야 한다. 그러나 한국의 교육은 정권이 바뀔 때 마다 변경되어 오년지소계라는 말이 있을 정도이다. 좋은 계획도 쉽게 버려지고, 교육 사업도 늘 오락가락하고 있다.

교육이란 인간이 삶을 영위하는 데 필요한 모든 것을 가르치는 것으로, 사람됨이 무엇이며 타인과 함께 올바르게 살아가는 방법이 무엇인지를 일깨워준다. 이런 교육은 멀리 내다보며 장기간에 걸친 계획으로 이루어져야 한다. 그런데 작금의 교육은 안타깝게도 그저 더 나은 학교로 진학하거나 좋은 직장을 얻기 위한 수단으로 이용되는 측면만이 눈에 띈다.

최근 발생한 유치원 사태도 같은 맥락으로 볼 수 있다. 유아교육에 대한 큰 계획이 없어, 늘 아이와 부모 모두가 유치원 문제로 큰 홍역을 치르는 상황이다.

지난 국정 감사에서 '사립유치원 회계비리'가 터져 나온 이후, 교육부는 유치원 입학 제도를 대폭 바꾸었다. 지난해 공립유치원에만 적용하던 '처음학교로' 입학 방식을 사립유치원에까지 적용한 것이다.

'처음학교로'는 온라인 입학관리시스템으로, 홈페이지에 자녀의 인적사항을 입력하고, 등록된 유치원을 검색한 후, 3순위 내에서 가고자 하는 유치원을 입력하면, 자동 무작위 추첨으로 원아 선발이 이루어져 그 결과가 부모에게 통보되고, 이후 간단히 등록까지 할 수 있게 만든 공공 통합시스템이다.

물론 유치원별로 모집 방법이 다르긴 하지만 유치원 현장에 가지 않고도 컴퓨터 앞에 앉아서 유치원 검색부터 등록까지 마칠 수 있는 어찌 보면 편리한 제도라고 할 수 있다. 그러나 아직 해결해야 할 문제가 많이 남아 있다.

시스템의 생소함과 등록절차 등에 대한 정보 부족, 서류 제출의 번거로움, 미 선정된 원아의 불확실한 향후 일정 등이 그것이다. 이에 대한 교육부의 발 빠른 대처가 있긴 하지만 학부모의 불안은 여전히 크기만 하다.

교육부는 입학제도 외에도 교육의 질을 높이기 위해 '유치원 3법'을 발의하여 사립유치원의 공공성을 강화하고자 했다. 유치원 3법이란 첫째 지원금을 보조금으로 변경하고 유용시 횡령죄 적용, 둘째 유치원만 설치하거나 경영하는 이사장이나 유치원장의 겸직 금지, 셋째 학교급식법에 유치원을 포함하여 유아의 급식의 질을 보장하는 것 등이 주요 골자이다.

학부모들은 환호하고 있지만 한국유치원총연합회는 대안 없는 '유치원 3법'에 대해 반기를 든 상태이다.

한국이 유치원에서 대학에 이르기까지 입시문제로 떠들썩한 것은 유례가 드물다. 비단 유아교육 현장만이 그런 것은 아니다.

대학입시제도를 변경해야 한다는 의견도 광범위하게 제기되고 있다.

최근 많은 대학이 수시제도를 적극 활용하여 필요한 입학생을 사전에 확보하고 있는데 점차 그 비중을 높이는 추세이다. 이는 교육부의 2022 대학입시제도 개편 권고안에도 명시되어 있다. 그러나 수시평가에 대한 공정성, 평가기준, 전형방법 등에 문제제기가 되면서, 학생은 물론 학부모나 교사 등에서도 수시대신 정시비율을 다시 높여야 한다는 목소리가 나오고 있다.

청소년들은 대학에 들어가기도 전에 시시각각으로 변하는 입시제도에 비틀거리고 있다. 어려운 관문을 뚫고 대학에 입학했다 해도 지성과 낭만의 시간을 가질 여유는 고사하고 다시 취업이라는 관문을 뚫기 위해 학생들은 힘든 공부에 매달려야만 한다.

유아교육에서 초중고의 공교육에 이르기까지 사교육문제로 심각한 사회문제를 야기하고 있는 나라는 한국이 유일할지도 모른다. 사람의 가치와 직무능력이 학력수준으로 결정되는 학벌사회에서는 결국 교육이 좋은 대학에 입학하여 좋은 직장에 취직하기 위한 수단으로 변질될 수밖에 없다.

물질만능의 개인주의에서 오는 부조리한 사회를 교육이 더 이상 조장하는 것이어서는 안 된다. 이제는 교육으로 이뤄내야 할 건전한 사회를 생각하며, 이를 위해 진정 어떤 교육이 이루어져야 하는지에 대해 진지하게 고민해야 한다.

'세 살 버릇 여든 간다'라는 말이 결코 틀리지 않음을 너무나도 절실히 깨닫는 시점이다. 어려서부터 좋은 교육환경을 제공해야 만이 평생을 좋은 인간으로 살 수 있는 것이다.

국민을 건강하고 행복하게 만들기 위해서는 유치원에서부터 제대로 된 교육 정책이 세워지고 수행되어야만 한다. 한 아이가 제대로 자라려면 온 마을이 필요하다는 옛말이 있듯이 아이들의 교육은 국민 모두의 책임인 것이다.

【2019.03.13】

몰입의 즐거움

재미있는 영화나 드라마를 볼 때 시간이 금방 지나갔던 경험이나, 지하철 혹은 버스에서 재미있는 책을 읽을 때 가끔 내려야할 곳을 지나친 경험, 그리고 모바일폰으로 게임을 할 때 '언제 시간이 이렇게 지나갔지?'하는 느낌을 받은 적이 있을 것이다. 저마다 경험하는 내용은 다르지만 무언가에 빠져버리는 경우가 종종 있다. 즉 '몰입' 상태에 드는 것이다.

몰입은 사고 즉 정신의 흐름에 질서가 갖추어진 상태로 노력을 한곳에 모아 집중할 때 발생하게 된다. 때문에 몰입을 무아지경, 물아일체, 황홀경 등의 상태와 유사한 것으로 표현하기도 하며, 삶이 고조되는 순간에 행동이 자연스럽게 이루어지는 느낌을 표현하는 개념으로 사용하기도 한다.

몰입의 정도는 개인마다 다르지만 일반적으로 몰입을 잘하기 위해서는 개인의 기량과 환경의 난이도가 적절히 맞아 떨어져야 한다. 즉 무언가를 하고 싶어 하는 순수한 내적 동기가 무언가를 해야 한다는 강제성이 포함된 외적동기보다 강하게 나타나야 한다. 나아가 하고 싶은 과업을 잘 수행할 정도로 개인적 기량이 잘 갖춰져 있어야 한다.

그렇다면 왜 몰입을 해야 하는가. 살아가는데 왜 몰입이 필요한가? 이에 대한 답은 잦은 몰입감은 행복의 기초가 되기 때문이라고 할 수 있다.

심리학자이자 작가로도 활동 중인 미하이 칙센트미하일리(Mihaly Csikszentmihalyi)는 1997년 '몰입의 즐거움(Finding Flow)'이라는 책에서 인간의 삶에서 몰입을 통해 행복을 얻을 수 있는 방법을 제시했다. 무엇이 삶을 의미 있게 하고, 언제 행복을 느끼는 것일까에 대한 답을 찾기 위해 '몰입(flow)'이라는 개념을 사용했다.

행복한 사람들은 물질적 풍요보다는 몰입 상태를 일으키는 활동을 통해 즐거움과 재미를 느끼고, 지속적인 만족을 통해 행복감에 도달하기 때문이다.

가령 친구와 함께 휴일에 자전거를 타기로 했다고 가정해 보자. 내가 어느 정도 자전거를 탈만한 수준이 되고, 친구의 자전거 타는 실력이 나와 비슷할 때, 친구와 함께 자전거를 타는 시간이 재미있게 느껴질 것이다. 온전히 나의 머릿속에는 친구와 자전거 타는 것만 남아있게 되는데 이러한 상태가 몰입인 것이다.

만약 친구의 자전거 타는 실력이 나보다 월등히 높게 될 경우, 나는 불안을 느낄 수도 있으며, 친구의 자전거 타는 실력이 나보다 낮으면 지루함을 느낄 수도 있게 된다.

따라서 즐거운 몰입을 경험하기 위해서는 내가 하고 싶은 활동을 선택해야 하고, 나의 기량과 환경의 난이도를 적절히 맞춰줄 필요가 있다. 그렇지 않다면 몰입의 재미보다는 불안이나 권태를 느낄 수 있기 때문이다. 이는 모든 상황에 적용이 가능하다. 만약 어떠한 상황에서 권태를 느끼게 된다면 몰입을 위해서 환경의 난이도를 높이면 되고, 반대로 불안을 느끼게 된다면 개인의 기량을 높이거나 환경의 난이도를 낮추면 되는 것이다.

사랑에도 기술이 필요하고 재테크에도 기술이 필요하듯이 몰입과 행복에도 기술이 필요하다. 몰입의 즐거움을 찾기 위해서 여러 가지 활동을 하면서, 그에 대해 내가 어떠한 느낌을 받는지 자세히 적어보고 나에게 스트레스를 주는 것은 무엇이고, 즐거움을 주는 것은 무엇인지 분석해볼 필요가 있다. 그런 분석을 토대로 하여 스트레스 받는 활동을 점점 줄이고 즐거움을 주는 활동을 점점 늘여나간다면 몰입을 할 기회가 점점 늘어나고, 행복에도 한걸음 더 가까이 다가갈 수 있게 될 것이다.

또한 일상생활에서 몰입을 증가시키기 위해서 자기목적성을 명확하게 하는 것이 좋다. 목표를 향해 열심히 매진하다보면 그 속에서 몰입과 행복을 얻을 수 있다. 어쩌면 우리가 행복수준이 낮다고 느끼는 것은 해야 할 과업에 눌려 자기목적성을 잃고, 내가 무엇을 해야 하는지 정확하게 인지하지 못한 채 그저 삶을 목표 없이 살아가고 있기 때문일지도 모른다.

우리는 모두가 행복을 꿈꾼다. 손에 잡힐 듯 잡히지 않고, 눈에 보일 듯 보이지 않지만, 생각해보면 행복은 그리 멀리 있지 않다. 행복이 몰입과 상관관계가 있다고 하니 결국 행복은 내 손안에 있는 것이다. 행복도 불행도 모두 내가 스스로 만들어가고 조절할 수 있는 것이다. 당장 내가 즐겁고 재미있게 몰입할 수 있는 활동은 무엇이 있는지 찾아보고 몰입의 즐거움을 통해 행복한 삶을 만들어보자.

【2019.06.05】

게임중독과 번아웃의 질병 분류

세계보건기구(World Health Organization: WHO)는 번아웃(burnout)에 이어 게임중독까지 질병으로 분류했다. 이번 게임중독의 질병 분류는 '게임산업의 후퇴를 가져온다'라는 의견과 '게임중독자의 예방 및 치료가 먼저이다'라는 의견을 사이에 두고 벌써부터 문화체육관광부와 보건복지부 간의 논쟁이 뜨겁다.

번아웃은 이미 WHO의 국제질병표준분류기준(International Classification of Diseases: ICD)에서 질병으로 분류되어 있었는데, 이번 세계보건총회에서 이를 질병으로 최종 승인한 것이다.

ICD란 질병통계 및 의료적 진단과 건강보험에서 하나의 기준으로 사용되는 지표로 2022년부터 194개 WHO 회원국에서 새로이 개정된 ICD-11을 적용할 것으로 예상된다.

번아웃은 성공적으로 관리되지 않은 만성적 직장 스트레스로 인해 발생하는 증후군이다. 직장인들에게 나타나는 에너지 고갈 및 소진, 직무효율성의 저하, 일에 대한 부정적 감정 등의 다양한 정신적이며 신체적인 문제를 말한다. 야근이 잦고 만성 피로가 누적되고 있는데도 이렇다 할 보호조치도 없이 다시 일터로 내몰리는 한국사회에 다시 한 번 경종을 울리는 계기를 마련해 준 것이라 할 수 있다.

근로자의 근로환경이 개선되어 가고 있지만 한국은 여전히 장시간의 근로와 부족한 여가시간으로 건강, 삶의 만족, 행복감이 OECD 국가 중 최하 위권에 있다.

최근 묻지마 폭행, 약물남용, 게임중독, 자살 등의 사회 문제가 빈번하게 발생하는 이유도 개인이 스트레스를 잘못 관리했거나 삶에 행복을 가져다주는 제대로 된 여가시간을 잘못 관리한 데에 깊은 연관이 있을 것이다.

번아웃 증후군은 처음에는 자각증세가 없이 시작되고 문제가 심각해질 때까지 인지하지 못하다가 갑자기 고조에 달하기 때문에 사전에 예방하는 것이 매우 어렵다. 자칫 번아웃 증세를 무시했다가는 자해, 폭력, 자살 등의 극단적인 행동을 할 수도 있기 때문에 이를 사전에 예방하고 치료하는 것은 매우 중요하다.

실로 일부 유럽국가에서는 번아웃 증후군이 의학적 진단 용어로 도입되어 있어, 진단이 확정되면 재정적인 보상이나 재활서비스의 제공도 받을 수 있다. 그만큼 번아웃 증후군을 심각한 사회적 문제로 인식하고 국가가 직접적으로 관리하고 있는 것이다.

번아웃 증후군에 관한 각국의 상황을 보면, 스웨덴에서는 법적으로 질병으로 인정하는 의료진단서의 발급이 가능하고, 네덜란드에서는 작업 장애로 인정하여 직업병으로 인정하고 있다. 나아가 핀란드에서는 번아웃 증후군을 의사 진단의 질병으로 인정해 결근을 할 수 있을 뿐만 아니라 번아웃 증후군으로 문제가 생겼을 경우 장애연금도 지원한다.

이제는 한국 사회에서도 번아웃 증후군을 개인의 병적 문제나 사회적 피해의 문제로만 볼 것이 아니다. 공동의 건강과 잠재적 위험 관리라는 사회와 정책의 문제로 이해하고 이에 맞는 대응을 서둘러야할 상황이다.

또한 번아웃 증후군 대상을 일반 사무직 종사자를 포함한 사회 구성원 전체로 확산시켜야 할 것이다. 그 중에서도 아동과 청소년의 번아웃 증후군은 세계적으로도 이슈가 되고 있는데, 한국처럼 교육열이 높은 국가는 그 정도가 매우 심한 상태라 볼 수 있어 이들에 대한 관심과 대응은 매우 중요하다.

게임중독의 질병분류에 대해서도 같은 맥락에서 봐야 할 것이다. 게임 산업에 영향을 미쳐 경제적 손실이 있을 것이라고 우려하는 문화체육관광부와 치료를 목적으로 한 질병코드 등록을 추진해야 한다는 보건복지부 사이에 이견이 표출되어 부처 간 의견 조율이 필요하다. 따라서 게임중독 예방과 치료를 위한 조례 및 예산 배정 등의 근거가 조속히 마련돼야 한다.

그간 게임 산업에만 열중해 정작 중요한 것은 잊지 않았는지에 대해 되짚어볼 필요가 있다. 이번 WHO의 게임중독과 번아웃 증후군의 질병분류에 대해 정부가 현명하게 대처하고, e-sports강국으로서 한국의 위상도 잘 지켜갈 수 있기를 기대한다.

【2019.08.21】

육아가 행복한 사회 만들자

한국의 출생아 수가 매년 최저 기록을 갱신하고 있다. 통계청에 의하면 18년도 가임여성 1명당 출산율이 0.97명으로 세계 최저 수치라고 한다. 국민소득 3만 달러 시대에 한국은 세계 최초로 출산율 1명 이하의 국가가 되었다.

출산과 육아가 전적으로 여성의 몫이 되어 아이를 혼자서 키워야하고 경력의 단절도 가져오는 탓에 많은 여성들이 결혼과 출산 기피하게 되었고, 청년실업이 증가하면서 여성 못지않게 남성들도 결혼에 대해 부정적인 시각을 갖게 되어 저출산 문제를 심화시키고 있다. 저출산문제의 원인이 어느 한가지인 것은 아니지만 보다 심도 있는 대책이 절실한 상황이다.

얼마 전 초등학교 교실을 방문한 적이 있다. 교실 안에는 15명 남짓한 학생들이 한 책상에 모여 앉아 수업을 받고 있었다. 이렇게 초등학교

교실 풍경을 직접 눈으로 확인하니 한국 저출산 문제의 심각함을 다시 한 번 실감하게 된다.

필자가 초등학교에 다닐 때만해도 대부분의 학교는 한 반의 학생 수가 약 70여명에 학급도 10개 반이 넘게 있을 정도로 학생이 많았다. 그런데 지금은 학생 수도 학급수도 당시와 비교할 수 없을 정도로 감소하여 많은 학교가 적은 수의 학생으로 운영되고 있다. 입학생이 적다보니 학교들도 규모 있는 역할을 해내기 쉽지 않은 상황이다. 내년에는 대학의 신입생이 입학 정원보다 적은 해가 된다고 하니, 인구감소의 실상을 교육현장이 가장 빠르게 전달하고 있는 셈이다. 이 이상 더 저출산이 지속된다면 학교의 붕괴도 초래할 수 있는 심각한 상황이다.

과거 정부에서는 1960년대 산아제한정책을 위해 '덮어놓고 낳다보면 거지꼴을 못 면한다'는 표어를 제작하여 홍보하였고, 70년대는 '아들딸 구분 말고 둘만 낳아 잘 기르자'라고 더욱 산아제한 정책을 가속화 하였다. 80년대는 '하나씩만 낳아도 삼천리는 초만원'이라고 홍보하기에 이른다. 지금까지도 생생하게 이 문구가 기억나는 것을 보면 국민들에게 얼마나 많은 광고를 노출시켜 출산을 제한했는지를 알 수 있다.

최근 인천의 모 기초자치단체에서는 한국에서 가장 아이를 낳고 싶고, 양육하기 쉽고, 교육하기 좋은 도시로 만들겠다는 목표 아래 아빠의 육아휴직 장려금 지원, 국공립 어린이집 증원, 공동보육커뮤니티 지원, 출산 및 입양 축하금 지원 등을 위해 조례를 제정하였다. 인천시뿐만 아니라 한국 전체가 저출산 문제를 해결하기 위해 근로시간단축, 돌봄체계 구축, 출산과 양육비 지원 등의 노력을 기울이고 있지만, 과연 얼마나 실효성이 있는지는 의문이다.

지난 수년간 여러 가지 정책들이 제시되었지만 저출산은 가속화 되고 있다. 이는 문제의 핵심을 잘못 짚었기 때문일 수도 있다. 한국의 워킹맘으로서 생각하건데 한국의 저출산 문제를 해결하기 위해서는 여성이 행복할 수 있는 환경조성이 중요한 것 같다. 이에 다음의 2가지를 말하고자 한다.

첫째, 출산 또는 육아로 인해 경력이 단절된 여성이 언제라도 원하는 때에 재취업이 가능하도록 해야 한다는 것이다. 많은 여성들은 육아를 위해 그만두거나 미뤄두었던 일을 어느 정도 여유가 생기면 다시 시작하고 싶어 한다. 그러나 경력이 단절된 여성을 받아주는 곳은 그다지 많지 않아 바람처럼 되지 않는 것이 현실이다. 경력단절 문제를 해결해야 한다고 말로만 외칠 것이 아니라 육아를 위해 잠시 쉬었다가도 원하는 때에 언제든지 일을 다시 시작할 수 있도록 구체적이고 실효성 있는 정책을 마련해야 한다.

둘째, 전업주부나 워킹맘 등에 상관없이 모든 아이들에게 방과후 수업에 참여할 수 있는 기회를 보장해야 한다는 것이다. 전업주부도 워킹맘 못지않게 해야 할 일들이 많아 아이를 돌보면서 수행해내기는 매우 힘든 상황이다. 아이들이 돌봄을 받을 권리가 부모의 직업유무에 관계없이 이루어지도록 해야 한다. 방과 후 교사를 더 늘려서 부모가 육아를 하면서도 원하는 일을 할 수 있도록 만들어야 한다.

한국 여성은 결혼과 동시에 너무나 많은 역할을 강요받아 왔다. 임신과 출산, 육아에 가사노동, 그리고 경조사 등의 일까지도 챙겨야 하는 그야말로 수행해내야 하는 일이 과다하여 여성들은 자아를 상실한 채 살아갈 수밖에 없었다. 그런 삶을 말해주기라도 하듯이, 얼마 전 여자는 혼자 살 때가 가장 행복하다는 연구결과가 나왔다. 배우자나 자식이 없이 혼자 사는 여성이 행복하다는 것이다. 이는 영국 런던 정치경제대학의 폴 돌란(Paul Dolan) 교수가 언급한 것으로 독신 여성은 결혼했거나 자식이 있는 여성보다 더 오래 살았다고 주장한다. 사뭇 씁쓸한 이야기이다.

여성에 대한 사회의 인식과 제도가 바뀌고, 여성의 삶이 개선되어 행복을 느끼는 사회 환경이 조성될 때, 결혼과 출산문제가 개선되어 많은 어린이들이 학교에서 뛰어노는 건강한 한국이 될 것이다.

chapter 6

박정의

학력
- 한국외국어대
- 미국 미시간주립대 박사(Communication학)

경력
*대학
- 인하대 교수(2002~현재)
- 인하대 언론사주간

*학회
- 한국 언론학회/소통학회 연구이사 역임
- 한국커뮤니케이션학회 지역위원장(2017~2019)

*사회활동
- 한국언론재단 객원연구위원(2000~2002)
- 방송위원회 미래방송특별위원(2007)
- 연합뉴스 콘텐츠 자문위원(2019~현재)

문화의 렌즈

문화의 렌즈에 비친 우리모습

우리에게 필요한 리더십

갑질의 의미

이부망천 유감

무지하거나 의도된 거짓말, 통계보도

다문화 사회의 미디어

여성정치인의 딜레마

【2018.01.24】

문화의 렌즈에 비친 우리모습

'김치 프리미엄' 비트코인 시장에서 한국이 다른 나라에 비해서 20~30% 높은 가격을 형성하고 있는 것을 가리키는 말이다. 투기 광풍이다. 무엇이 '김치 프리미엄'을 만드는 것일까? 이 현상의 이면에는 어떤 문화적 가치가 숨어 있는 것일까? 문화는 사람들 개개인의 인식 속에 뿌리를 내리고 그 국민국가의 집단적 가치 정향을 보여주는 것이다. 그래서 문화의 렌즈로 들여다보면 그 사회 구성원의 정신세계뿐만 아니라 사회의 숨겨진 구조도 보인다. 정치사회적 현상마저도 문화의 렌즈를 통해서 해석되고 재구성될 수 있다.

예를 들어보자. 레스토랑에서 아이들이 뛰어다니고 장난을 칠 때, 나라마다 아이를 훈계하는 말이 다르다. 영국인은 아이들에게 "착하게 행동하라(Be good)"고 말한다. 영국인에게 행동의 기준은 선과 악이다. 이에 비해서 독일인은 아이들에게 "분수에 맞게 행동하라(Be yourself)" 고 한다. 아이면 아이답게 얌전히 자리를 지키고 앉아 있으라는 훈계이다. 이 행동기준은 독일에서 초급학교 4학년이 끝나는 것과 동시에 아이들의 미래가 일정부분 결정되는 것과 무관치 않을 것이다. 아이들이 만10세가 되었을 때, 독일의 담임선생님들은 아이들의 지능과 적성을 고려해서, 대학을 진학할 아이, 직업교육을 받을 아이, 일반사회교육과 직업교육을 받을 아이로 나누고 학부모들은 대부분 이 추천을 받아들인다. 즉 분수에 맞게 교육을 받는다는 것이다.

그러나 프랑스인은 아이에게 "지혜롭게 행동하라(Be wise)"로 한다. 레스토랑에서 뛰는 행동이 현명한지 생각해보라는 프랑스인들의 모습에서, 왜 현대철학의 중심축이 프랑스에 있는지 알 수 있을 것 같다. 스웨덴인들은 아이들에게 네 주변에 더 친절하라(Be friendly)고 가르친다. 레스토랑에서 뛰는 행동은 주변사람들에게 친절하지 않은 행동이니 삼가라는 뜻이다. 역시 환경과 복지정책이 남다른 스웨덴의 모습은 주변에 친절하라는 그들의 행동기준이 반영된 결과라 해도 과언은 아닐 것이다.

그렇다면, 우리는 어떨까? 아이들이 잘못된 행동을 할 때, 우리는 서슴없이 "동네 창피하다"라고 말한다. 동네 창피하다는 말은 부끄러움의 근원이 자기 자신이 아닌 외부에 있다는 것이다. 즉 우리의 시선은 밖으로 향하여 있다. 그래서 외부의 평가는 늘 중요하다.

해외 명품 가방이나, 학벌, 강남 아파트, 이러한 것들이 그것이 지닌 사용가치 이상으로 과평가되는 이유의 일부는 이 모든 것들이 외부의 시선 앞에 노출되는 것이기 때문이다. 고급 외제 자동차 소유에 대한 열망도 그 범위를 벗어나지 않는다. 지난 11일 한국경제 기사를 보면, 디젤엔진 문제로 평택 항에 쌓여 있던 재고 아우디가 20% 할인판매에 들어가자 상당수가 "성능보다는 브랜드 이름값을 본다"며 구매의사를 보이고 있다고 한다. 또한 명문대 철학과에는 철학적 사고에 대한 관심이 아니라 명문대 명패를 보고 진학한 학생이 상당수일 것이라는 예상에 대해서 반대할 사람은 없을 것 같다.

외부로 향하는 시선이 나쁜 것만은 아니다. 긍정적 측면에서 조망하면, 외부로 향하는 시선은 주변을 모니터링하고 외부와 연대하는 능력을 키워주기도 한다. 1997년 금모으기 운동이 대표적인 예일 수 있겠다. 1997년 IMF 구제금융 요청 당시 우리나라의 304억 달러 부채를 갚기 위해 약 351만 명이 참여한 이 운동으로 약 21억3000달러어치인 227t의 금을 모았었다. 자기를 버리고 국가를 위해서 국민이 연대했던 사건이다. 이외에도 1987년의 민주화 운동, 2002년의 월드컵 응원, 2016년의 탄핵촛불시위도 "외부로 향하는 우리의 시선"이 만들어 낸 결과이다. 자기 자신에 갇혀 있기보다는 외부를 의식하고 연대하는 것은 집단적이고 폭발적인 힘을 지니고 있다. 이것이 우리 민족이 갖고 있는 힘이기도 하다.

이처럼 우리 문화에 자리를 잡은 '외부로 향하는 시선'은 중립적이다. 경우에 따라서 긍정적 측면이 부각되어 연대의 힘이 소환되기도 하고, 부정적 측면에서 소위 글로벌 호갱, 집단적 투기, 학력이 아닌 학벌사회의 줄 세우기 등이 등장하기도 한다. 문화가 어떤 방향성을 가질 것인가는 그 시대를 사는 사람들의 몫이다. 우리는 어디로 가는가?

【2018.03.21】

우리에게 필요한 리더십

블라디미르 푸틴 러시아 대통령이 지난 18일 열린 대선에서 76.6%의 득표율로 4선 대통령이 되었다. '위대한 러시아'를 외치며 스탈린 이후 최장기 집권자로 등극한 푸틴을 선택한 사람들의 마음은 어떤 것일까? 혹자는 혼란보다는 부패한 정부를 선택한 결과라고 하고, 또 다른 이는 '잊혀진 영광의 시대'를 그리워하기 때문이라고 한다. 강력한 지도자에 대한 열망이 푸틴을 다시 한 번 왕좌에 앉힌 것이라는 분석은 일견 타당해 보인다. 대통령을 선택하는 것은 그의 리더십에 대한 선택이다.

20세기 초반부터 시작된 리더십에 대한 연구는 크게 3가지로 나눠 볼 수 있다. 1) 지도자의 특성과 자질에 대한 연구 2) 지도자의 행동연구 3) 상황별 리더십 연구가 그것이다. 시대별로 연구경향이 바뀌는데, 1900년대 중반까지 리더십 연구는 지도자 개인의 특성에만 집중하는 경향이 있었다. 지도자는 다른 사람과 본질적으로 다르며, 카리스마라는 유전자를 가지고 태어난 사람으로 간주됐다. 지도자에게 부여된 두드러진 능력으로는 선견지명, 통찰력, 설득력, 피로를 모르는 정력 등이 포함되었다. 즉 '위대한 사람 이론(great man theory)'이다. 둘째, 1950년대부터 리더십 능력은 타고난 것이 아니며 나중에 개발할 수 있다는 주장이 대두되기 시작하였다. 이 시기 대표적인 이론가인 리핏은 리더십을 권위적, 민주적, 그리고 방임적 리더십으로 구분했다. 권위적 리더십은 지도자의 강력한 힘을 강조하며, 지도자의 일방적 결정이나 지시에 초점을 맞춘 리더십 스타일이다. 민주적 리더십은 지도자의 의사소통능력에 방점을 찍는다. 방임적 리더십은 지도자가 구성원들에게 극단적인 자유를 허용함으로써 지도자가 스스로 자신의 지도자로서 신분을 포기한 상태를 지칭하는 것이다. 셋째, 1980년대 이후에는 상황에 따라서 유효한 리더십 스타일이 다르다는 이론들이 등장하였다. 그 중 정치학자 번스의 변혁적 리더십을 확장 발전시킨 베이스는 리더십을 변혁적 리더십과 거래적 리더십으로 구분하여 설명하였다. 변혁적 리더십은 지도자가 집단의 비전을 제시하고 구성원을 리드라는 것이라면, 거래적 리더십은 지도자가 상황적 보상, 예외 관리를 통해서 현상 유지를 목적으로 하는 스타일을 가리킨다.

우리에게 필요한 리더십은 어떤 것일까? 이 질문을 두 가지 차원에서 조망해 보자. 첫째는 지도자에 대한 문화적 해석이다. 하우스에 의하면 미국인들은 부하에게 자율을 허락하고 권위를 부여하면서도 대담하고, 강력한 리더십을 발휘하는 지도자를 선택한다고 한다. 이에 비해 네덜란드인은 평등주의를 추구하며, 지도자 존재의 필요성 자체에 대해 의심을 던진다. 말레이시아 사람은 겸손하고 품위가 있는 지도자를 선호한다고 한다. 이와 같이 각 나라마다 선호하는 지도자의 스타일이 다르다. 몇몇 학자에 의하면 우리나라는 강한 지도자를 선호한다고 한다.

역대 대통령을 살펴보면, 그러한 경향은 쉽게 찾아질 수 있다. 박정희, 김영삼, 김대중, 노무현 대통령은 카리스마 있는 리더십으로 굳건한 지지층을 가지고 있었다. 개인적 호불호를 떠나서 그들이 우리 역사에서 비전을 제시하는 대통령이었음은 주지의 사실이다. 둘째는 상황에 대한 인식과 맞닿아 있다. 현 정치상황이 안정적이고 구성원들의 권력거리 수용성이 높다면, 현상유지를 목적으로 하는 관리형 리더십이 더 유리할 것이다. 그러나 우리가 격변기를 살아가고 있고 구성원들이 민주주의적 가치에 민감한 상태라면, 비전을 제시할 수 있고 의사소통에 능숙한 지도자가 필요할 것 같다.

우리에게 문재인 대통령 의미는 이러한 맥락 안에서 해석되는 게 타당하다.

즉 리더십의 선택은 한 사회의 시대적 상황과 문화적 특성이 반영된 결과이다. 미국이 트위터로 국무장관을 해고하는 트럼프 대통령의 리더십을 선택한 것도, 중국에서 3선 금지의 헌법을 고쳐서 장기 집권의 기반을 마련한 시진핑 리더십이 허용되는 것도, 일본에서 사학 스캔들에도 아베 정권이 지속될 수 있는 것도 다 나름의 이유가 있다. 그들의 문화와 시대가 이 모든 것을 허용한다.

【2018.05.17】

갑질의 의미

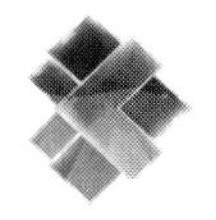

사회 곳곳이 갑질로 몸살을 앓는다. 평등의식이 확대되면서 우리사회는 갑질에 대한 감수성이 예민해져 있다. 조직 내의 권력관계에서 발생하는 권력배분의 불평등이나 부당행위를 더 이상 받아들이지 않는 것이다. 성희롱, 폭언, 업무시간이나 공간 밖에서 행해지는 각종 요구 등이 대표적 갑질의 양상일 것이다. 그런데 종종 친구들 사이의 싸움에도 '갑질'이라는 단어가 등장한다고 하니, '갑질'이 전가의 보도처럼 사용되고 있는 듯하다. 갑질과 갑질이 아닌 것을 구분하는 것도 우리사회의 갑질문화청산에 매우 필요한 일 일 듯싶다.

갑질의 의미를 제대로 파악하기 위해서 다음의 사례를 살펴 보자. 모 대학에 일어난 작은 에피소드를 각색한 것인데 5월 봄날 일어난 일이라고 한다. 슬리퍼를 신고 들어가는 학과 동아리방에 해당학과 교수가 신발을 신고 들어 와서, 그 곳에 있던 학생들 중 타과생은 나가라고 명령했다는 것이다. 얼핏 보기에는 아무 문제가 없어 보이는 이 사건은 대자보 소동으로까지 이어지게 되었고 해당교수는 학생들의 항의에 "내가 학과장인데, 학과 동아리방을 들어가지 못할 이유가 있냐"고 되물었다고 한다. 누가 옳은 것일까?

갑질여부를 살피기 위해서는 우선 그들 간의 관계에 갑과 을의 관계가 형성되는지를 살펴보아야 한다. 우리가 익히 알고 있듯이, 갑질은 권력의 우위에 있는 갑이 권리관계에서 약자인 을에게 하는 부당 행위를 통칭하는 말이기 때문이다. 권력관계가 성립되지 않는 다면, 우선 갑질의 개념을 적용하는 것은 무리가 있다.

이제, 학생과 교수가 권력관계 안에 놓여 있는 것인지에 대한 일차적 고민이 뒤따른다. 고전적 의미의 사제관계는 권력관계라 칭하기 어려운 면이 있었지만 현대에 이르러 교수와 학생의 관계는 지식을 매개로 한 계약관계로 치환되었으며, 교수는 지식의 전달자이며 동시에 평가자이기에 갑의 위치를 점한다고 할 수 있겠다.

위의 사례에서 교수와 학생은 권력관계 안에 있는 두 명의 행위자임이 밝혀졌으니, 두 가지 행위, 첫째, 슬리퍼를 신고 있어야 하는 공간에 신발을 신고 들어 온 행위와 둘째, 학생들의 자치 공간에서 명령을 한 행위에 갑질의 요소가 있는 지 살펴보자. 학생 측에 의하면, 그 공간은 학생들이 열심히 가꾸어 온 공간으로써 그 공간에서는 신발을 벗고 슬리퍼를 신는 것이 코드라는 것이다. 사실, 우리는 어떤 공간에 자신을 위치시킬 때 그 공간이 지니고 있는 문화적 규약에 따르려고 한다. 일예로 침실에서도 신발을 신는 미국인들이 한국인 친구의 집에 왔을 때 그들 문화권의 규범대로 신발을 신고 방에 들어오지는 않는다. 그들은 한국인 친구처럼 신발을 벗고 집안으로 들어온다. 그런데 위 사례에서는 권력관계에서 갑의 위치에 있는 교수가 슬리퍼를 신는다는 을의 코드를 짓밟고 구두로 공간을 침범한 것이다. 구두는 권력이라는 2차적 의미화 과정을 생성시키고 있는 것이다. 이 권력의 상징인 구두는 바로 권능의 행사; '타과생은 나가'라는 발화로 이어진다. 이 발화는 교수의 사적인 감정을 실어 나르는 권능을 행사이다. 학생 측의 주장에 의하면, 그 곳에 있던 타과생들은 실제로는 이번 학기에 전과해서 나간 동료학생이었다고 한다. 교수도 익히 그 사실을 알면서 '타과생은 나가'라고 한 부분에서 학생들은 전과생에 대한 교수의 개인적 사감이 권력관계을 통해서 구현되었다고 본 것이다.

이렇게 보면, 위의 사례는 명백한 갑질이다. 그러나 우리는 종종 이것을 갑질로써 인지하지 못하기도 한다. 왜 일까? 그 답은 교수의 발언에서 찾아 질 수 있다. "내가 학과장인데, 학과 동아리방에 들어가지 못할 이유가 있냐"고 되묻는 부분에 주목할 필요가 있다. 그 교수는 자신의 지위가 학생들만의 공동체 공간을 침범할 권리가 있다고 생각한다는 것이다. 권력거리 수용성이 높은 즉 불평등 관계에 익숙한 교수와 달리 학생들은 권력거리 수용성이 낮아서, 불평등을 받아들일 용의가 없다. 학생들은 '교수와 학생이라는 관계'를 교실 안의 문제로 인지하고 있어서 교실 밖을 나오는 순간 교실 안에서 이뤄지던 프로토콜은 더 이상 적용되지 않는 것이다. 즉 권력거리 수용성이 높아진 젊은 세대는 더 이상 갑질을 용인하지 않는다.

위의 사례는 우리의 젊은 세대가 건강하다는 증거이다. 다소 시끄럽고 불편하더라도 우리는 이 젊은 세대의 평등추구의 행위에 박수를 보내야 한다. 그래야 우리에게 보다 인간적인 사회, 평등한 관계가 보장되는 사회가 열릴 것이다.

【2018.07.11】

이부망천 유감

2018년의 핫 키워드 중 하나가 '이부망천'이다. 모 정치인이 방송에 나와서 언급한 이후로 많은 사람들에게 회자되는 이 말은 서울에서 살던 사람이 이혼하면 부천가고, 부천에서 망하면 인천 간다는 말의 약자이다. 그 정치인은 또 이렇게 말한다. 지방에서 많은 사람들이 서울로 향하지만, 제대로 된 직업을 얻은 자는 서울로 가고, 그렇지 않은 사람은 인천으로 간다. 인구 300만이 넘는 한국 제3의 도시임에도 불구하고 인천은 망한 자들과 제대로 된 직업을 갖지 못한 사람들이 모여 사는 곳이라는 부정적 이미지를 여전히 탈피하지 못하고 있는 것이 현실이다.

인천의 부정적 이미지에 대해서는 다수의 연구결과가 있다. 박근철의 2010년 시민의식조사 결과에서 서울 · 경기 · 인천 사람들은 인천을 '소음 · 대기 환경문제','부족한 도시 기반시설','교통 · 주거 기능이 낙후'한 곳으로 인식하고 있었다. 게다가 인천은 '폭력 · 사기 범죄의 도시'라는 이미지로 낙인이 찍혀 있다고 한다. 이는 장우식의 2016년 박사학위 논문에서도 그대로 반복해서 나타났다. 이수범, 전영우가 2000년 초, 인천의 도시 이미지가 지닌 부정적 요소가 인천사람들의 부정적 자기 정체성에 영향을 미치는 부분에 대한 강한 우려를 피력했음에도 불구하고 지난 20년 동안 아무 것도 나아진 것이 없다. 유감이다.

인천시 정부는 인천시의 이미지 개선과 환경개선을 위해서 무엇을 하고 있는지 되짚어 보지 않을 수 없다. 'Fly Incheon'이나 'All ways Incheon' 등 다양한 도시 브랜딩 작업을 하지만 그 어느 것도 성공하지 못하고 있다. 도시 브랜드 교체비용을 고려하면, 10년 만에 도시 브랜드를 바꾸는 것도 탐탁치 않은 행정이다. 정작 중요한 일은 멈춰서 있다.

인천사람들의 자긍심을 고취시키고 대외적 이미지를 개선하는 일은 도시 브랜드 교체라는 전시성 행사로 끝날 일이 아니다. 지속적이고 일관된 작업이어야 한다. 이를 위해서 해야 할 일은 인천 시민들의 니즈를 파악하고 그들이 처해있는 삶의 상황 속에서 그들을 묶어내는 것이다. 연결된 시민 집단으로 우리 스스로가 변할 때, 남들이 바라보는 우리에 대한 시선도 변할 것이다. 변화는 우리 안에서 시작되어야 한다.

우선적으로 우리 스스로를 들여다보자. 직장은 인천이고 집은 서울에 있는 사람들, 집은 인천이고 직장은 서울에 있는 사람들 즉, 직장과 집이 서로 다른 도시에 걸쳐있는 소위 '이중 도시민들'이 유독 많은 인천이다. 이들이 서로 교통하고 소통하며 나아가 공동체 의식을 공유해야한다. 공동체 의식을 함양하기 위한 다양한 방법이 고민되어야 한다. 애향심 고취라는 거창한 단어로 포장하지 않아도, 우리가 서로를 알 수 있게 하는 방법은 어쩌면 단순한 곳에 그 해결의 실마리가 있을 수 있다.

몇 번인가 시도되었다가 수면 아래로 내려갔던, 인천지역방송 신설도 그 한 예일 수 있겠다. 인천을 네트워크화 된 하나의 정치 · 경제 · 문화 공동체로 만들어 간다는 차원에서 인천 지역방송이 논의 되었으면 한다. 공동체의 발현은 인천의 지역성을 회복하는 일련의 과정을 수행함으로써 가능할 것이고 이 일에 최적화된 것은 지역방송이다. 지역의 전통사상과 문화재, 역사와 같은 유무형의 유산이나, 지역의 사회경제적 현안, 지역의 사건사고 같은 당대의 생활환경, 지역의 발전 계획과 같은 지역의 미래상도 모두 지역성 안에서 논의되고 확장되어야 한다. 중앙집권적 특성을 해체해내는 역할을 담당하는 지역방송은 단순히 귀속감이나 자긍심을 북돋우는 것을 넘어서 기존의 네트워크를 해체하고 새로운 네트워크를 구성할 수 있는 허브로 작용하여 인천을 하나의 공동체로 묶어 갈 것이다.

지역방송의 중요성은 두말할 필요가 없을 것이다. 그런데 인구 300만 인천에 지역방송조차 없다는 사실은 우리가 얼마나 인천의 지역성을 포기하고 살아 왔는지를 보여주는 단초일 것이다. 인천 시정부에 유감이다.

인천시는 도대체 무엇을 하고 있었는지 묻고 싶다. 'Fly Incheon'이나 'All ways Incheon' 같은 도시 브랜드만으로는 인천에 대한 이미지 변화를 가져오는데 한계가 있을 것이다. 이미지도 현실과 조응할 때 그 변화의 힘이 강해지기 때문이다. 이를 위해서 정작 필요한 것은 지역민 스스로가 자긍심을 느낄 수 있도록 사람과 사람을 연결하고 동원하며 권한(empowerment)을 부여하는 것이다. 이는 방송이 가장 잘 하는 일이다.

【2018.09.19】

무지하거나 의도된 거짓말, 통계보도

‘통계는 거짓말을 하지 않는다’는 신화가 있다. 숫자가 가장 가치중립적이라는 믿음에 근간한 신화이다. 논박의 과정 중에서도 수치를 들이대는 쪽이 승자처럼 보인다. 비록 숫자가 가치중립적이라도 그 숫자를 대하는 자, 숫자를 이용하는 자는 절대 가치중립적일 수 없다.

근래에 있었던, 가계조사동향 통계에 대한 갑론을박도 이런 차원에서 해석가능하다. 숫자는 하나인데 해석은 둘이었다. 야당과 보수언론은 가계조사동향 통계가 ‘최저임금제’로 인한 가계소득의 감소를 보여주는 것이라고 공격했고 정부와 여당은 ‘최저임금 인상 긍정효과’로 해석했다. 급기야 통계청장 경질이 발표되자 보수언론들은 통계를 정부가 조작하려 한다는 뉘앙스의 보도를 쏟아냈다.

통계는 가만히 있는데, 해석하는 자, 이용하는 자가 무지 혹은 의도를 갖고 왜곡하는 현장이었다. 사실 가계조사 동향 통계는 최저임금효과와는 무관한 자료로 가계의 소비경향성을 밝혀주고자 하는 조사 목적을 수행하고 있으며, 2017년과 2018년 데이터 표본자체가 시계열 해석에 적합하지도 않았다. 그런데도 2017년과 2018년을 비교 해석하는 오류를 범했다. 이용하는 자의 무지거나 의도에 의한 왜곡이다.

이처럼 중립적 외형을 가진 통계는 왕왕 거짓말을 하며, 언론은 그 거짓말을 만들어 내는 과정에 동참한다. 전문가도 조심스럽게 들여다보는 통계를 언론은 아주 쉽게 대한다. 그 결과 통계라는 허울을 뒤집어 쓴 거짓말이 보도되는 것이다. 통계와 관련된 몇몇 보도를 살펴보면 그 허약성이 명확해 진다. 조선일보의 8월27일 태극기집회 참가자들에 대한 조사보도가 극명한 예일 것이다. 숫자를 나열하고 통계의 외양을 갖추고 있지만, 전혀 통계적이지 않다. 그 보도에 의하면, 태극기 집회 참가자들의 절반 이상이 4년제 대학을 졸업한 자라고 한다.

그러나 그 기사의 댓글 창에는 조사결과를 믿기 어렵다는 반응이 대다수였다. 우리가 TV보도를 통해서 목격하게 되는 태극기 집회참가자들과 조선일보의 태극기 집회 참가자들이 다른 사람인 것일까? 그렇다면, 조선일보는 누구를 대상으로 조사한 것일까?

조선일보의 조사는 밴드나 카톡을 이용하여 조사 참여자를 모았다. 모집단은 태극기 집회 참여자들인데, 조사 대상자들은 스스로를 태극기 집회 참여자라고 밝힌 특정 밴드 참여자들이다. 00회라는 육사동기 모임 카페에도 태극기 집회 관련 조사에 참여를 독려하는 링크가 올라와 있었다.

태극기 집회에 참여하지 않았어도 누구나 집회 참가자인척 조사에 응할 수 있었을 것이다. 조사의 기본전제인 표본이 모집단을 대표해야 한다는 규칙이 무시되었다. 모집단의 대표성을 위해서, 여론조사기관들은 조사 참여자 선정을 위한 정교한 확률표집체계를 가지고 있다. 그러나 이 조사는 중 · 고생들이 끼리끼리하는 연예인 앙케이트 조사 수준으로 표본을 채집하였다. 대표성의 상실이다. 조선일보 앙케이트에 참여한 자들이 태극기 집회 참여자라고 확증할 통계적 근거가 없는 것이다. 그 사실은 조사결과에서 그대로 나타난다. 조사보도에 의하면 태극기 집회 참여자들의 연령대가 60~70대 이상이 62.2%이며, 전문대졸 이상의 학력을 가진 자가 74%이다. 우리나라 전체를 모집단으로 60~70대중 대졸자는 몇 퍼센트일까? 2015년 통계청 전수조사 자료에 의하면 60~70대에서 전문대졸 이상의 인구는 10.6%이다. 해석이 어려워진다.

우리 사회의 전문대졸 이상의 60~70대 고학력자들이 전부 태극기 집회 참가자라는 결론을 내려야 할 것 같은 수치들이다. 숫자가 말하는 내용이 서로 맞지 않다.

왜 이런 보도가 가능했을까? 무지하거나 의도된 왜곡의 결과이다. 상상을 보태서, 기자의 마음 한 자락에 태극기 집회 참가자들에 대한 일반인들의 인식을 바꾸고 싶다는 염원이 자리를 잡고 있었던 것은 아닌지 의심을 던져본다. 그래서 무리한 조사를 감행했고, 결과는 초라했으며 해석은 찬란했다.

우리는 숫자를 대할 때 더 경건해야 한다. 가능한 객관적으로 통계나 숫자를 읽으려고 노력해야 한다. 내 의견을 주창하기 위해서, 통계를 전가의 보도처럼 휘둘러서도 안 된다. 숫자는 거짓말을 하지 않지만 인간은 무지해서 혹은 의도가 있어서 그 숫자를 왜곡할 수 있다. 왜곡된 통계보도를 볼 때면, 입맛이 쓰다.

【2018.09.19】

다문화 사회의 미디어

세계이주민의 날인 12월18일, 스리랑카인 니말씨는 미등록체류자로서는 처음으로 우리나라 영주권을 얻게 되었다. 그는 작년 2월 경북 군위군의 화재현장에서 90대 할머니를 구한 의인이다. 그의 자기희생적 행위는 그가 우리 이웃임을 증명하는 중요한 증표로 된 것이다. 이웃이 된다는 것은 공동체 일원임을 의미하며, 친구가 되는 일의 시작이기도 하다. 그 이웃을 만드는 일에 우리가 참으로 인색했던 것은 사실이다. 단일민족이라는 신화는 오랫동안 이방인을 이웃으로 받아들이는 일을 쉽지 않게 하였으며, 특히 어두운 피부 빛깔의 이웃에게는 더욱 냉정해지도록 만들었던 것 같다.

몇 해 전 한국여성정책연구원은 전국 20세 이상 남녀 1200명을 대상으로 외국인에 대한 '사회적 거리'를 조사한 결과를 발표했다. 그 결과 미국인이 2.08로 1위를 차지했으며, 그 다음으로는 새터민(2.28), 중국

동포(2.48), 일본인(2.52), 동남아인(2.77), 중국인(2.78), 몽골인(2.82), 인도를 비롯한 남아시아인(2.90) 등의 순서로 사회적 거리를 가깝게 느끼는 것으로 나타났다. 결혼이민의 다수를 차지하는 중국동포나 우리 주변의 동남아인보다 미국인이나 일본인에 대해 더 사회적 거리를 가깝게 느낀다는 것이다. 시혜 대상으로 간주되는 동남아인보다는 우리 사회보다 발전된 것으로 인식되는 일본이나 미국의 국민을 더 친근하게 느끼는 것으로 해석할 수 있겠다. 그렇다면 친근감을 만드는 정직한 미국인이나 깨끗하고 단정한 일본인 이미지는 어디서 오는 것일까? 거리감을 증폭시키는 열등한 타자로서 동남아인에 대한 이미지는 누가 만들어 낸 것일까? 단정한 일본인의 이미지처럼 동남아인에 대한 우리의 부정적 인식은 다수의 결혼 이민여성이나 외국인 노동자를 부정적으로 묘사하거나 시혜의 대상 혹은 열등한 타자로 집단 정형화하는 미디어의 왜곡된 시선에 기인한다는 것을 부인하기 어렵다.

우리 인식의 상당 부분은 미디어에 의존할 수밖에 없다. 미디어 속 이미지가 우리 머릿속의 상을 만들어 낸다. 이주민이나 이주노동자들에 대한 미디어의 묘사는 단편적이고 왜곡된 경향을 지닌다. 우선 이주노동자에 대한 보도에는 사건 · 사고가 대부분이며 이주민 여성은 위장결혼, 가정폭력, 고부 간 갈등 등 부정적 프레임으로 보도되기 일쑤다. 다문화가정 자녀들은 주로 사회 부적응자나 심리적 장애로 인해 공격성이 강한 아동이나 왕따로 묘사된다. 미디어의 이주민 묘사는 이주민을 우리 사회의 열등한 존재로 주변화시킴으로써 도움을 줘야 하는'시혜'의 대상 혹은 '사회부적응자'라는 정형화한 형태를 보여주고 있다.

그러나 이처럼 이주노동자나 이주민 여성에 부정적 묘사를 하는 것은 궁극적으로 사회갈등을 유발하는 원인으로 작용할 수 있다. 부정적이며 왜곡된 보도나 묘사는 일반시민들에게 다문화 사회에 대한 잘못된 인식과 이주민들에 대한 부정적 고정관념을 심어준다.

결국 이러한 미디어의 묘사가 이주민에 대한 우리 시민의 배척을 조장하며, 다른 한편으로는 이주민들이 자신들에 대한 부정적 이미지를 고착화하는 미디어와 이를 수용하는 사회에 반감을 키우게 만드는 것이다. 이는 곧 우리 사회가 그 사회갈등 비용을 지불해야 함을 의미한다. 미디어 종사자들은 다문화 사회에 대한 철학을 갖고 체류 외국인, 특히 이주노동자와 결혼이주여성에 대해 보도하고 프로그램을 만들어야 한다.

이제 체류 외국인을 만나는 일은 희귀한 경험으로 볼 수 없다. 2018년 10월 통계에 의하면 외국인 체류자 수는 237만 명으로 10년 전과 비교하면 2배 이상 증가했다고 한다.

1990년대 후반 내국인 노동자들의 특정 업종 기피 현상이 심화하면서 유입되기 시작한 외국인 노동자들은 어느 새 한국 노동시장의 큰 부분을 차지하게 됐다. 같은 시기에 농촌총각 장가가기 일환으로 등장한 결혼이주여성도 이제는 도농을 가리지 않고 우리 이웃으로 자리매김하고 있다. 우리나라는 이미 다문화 사회로 진입했으며, 미디어는 다문화 사회의 일원들을 편견 없이 다루어야 할 것이다.

【2019.03.20】

여성 정치인의 딜레마

여성 정치인은 참 힘들다. 1억 원짜리 미용시술 논란에 휘말리기도 하고 머리스타일이나 복장이 문제되기도 한다. 여성 정치인은 정치인이라는 타이틀 앞에 붙은 '여성'이라는 단어로 인해서 늘 유권자의 현미경 같은 시선 앞에 놓이게 된다.

여성 정치인은 정치인의 역할과 여성의 성역할이라는 상반되는 두 역할을 수행해야 하는 존재이며, 정치가 남성의 영역이기에 정치인으로서의 여성의 성 역할은 논란거리가 된다. 일례로 여성 정치인들은 TV 토론이나 유세 등에서 전통적 남성성에 입각한 연설자로서의 면모를 갖추지 못하는 경우 여지없이 비난의 대상이 되며 동시에 남성처럼 전투적으로 응하는 경우 또한 그 장면이 강조되고 부정적으로 다뤄진다.

정치학자 캠벨과 제리는 여성에 대한 고정관념과 연설자에 대한 고정관념을 비교함으로써 여성연설자가 경험하게 되는 문제들을 지적하고 있다. 그에 의하면, 훌륭한 연설자는 권위적이며, 야심만만하고 경쟁적이어야 하며, 연설시 공격적으로 자신의 입장을 밝히고 자신감 있는 태도를 지니고 있어야 한다. 즉 효과적인 대중연설이라 함은 남성성을 요구한다. 이에 비해 여성성에 대한 기대치는 순종적이고 가정적이라는 데 모아지고 있다.

결국 공중 앞에서 여성은 순종적이면서도 단정적(assertive)이며, 자기희생적이면서도 야심만만해야 한다. 바꿔 말하면, 성공한 여성 정치인은 상황에 따라서 남성적으로 혹은 여성적으로 행동할 수 있는 능력을 갖춰야 한다. 여성 정치인이 경험하는 딜레마이다.

이처럼 여성 정치인으로서 살아가는 일이 쉽지 않음에도 불구하고 여성 정치인의 양적, 질적 성장은 괄목상대할만하다.

여성 후보자 할당제가 시행된 2000년의 16대 국회에서 여성 의원 수는 5.6%에 불과했지만 2019년 현재는 17.1%에 이르고 있으며 대통령, 원내대표, 당대표로 여성이 배출되었다. 이러한 변화는 20세기 후반 이후, 남성의 세계라고 통칭되는 역할로의 여성 진입이 크게 늘면서 그 만큼 역량을 축적한 결과라고 할 수 있다. 즉 경영대, 의대, 법대 등에서의 여학생의 비율이 증가하고 법원, 검찰, 대학병원, CEO 등의 자리에 여성이 진입하면서 여성의 사회적 역할이 확대되는 변화의 과정을 경험한 결과이다.

그러나 이러한 역동적 변화 속에서도 여성의 역할 특성에는 큰 변화가 없다는 연구결과가 있다. 로이드 류토우, 로이 가르비치짜보 그리고 마가렛 류토우(Lueptow, Garovich- Szabo, & Leuptow)는 1974년부터 1997년 사이에 연구된 30개의 논문을 메타 분석해서 사회 변화에도 불구하고 성 역할의 변화가 미미함을 발견했으며, 오히려 여성성의 강화를 목격하고 있다고 진술하고 있다. 이 연구결과는 여성 정치인이 경험하고 있는 여성성의 딜레마가 해결되지 않았으며 오히려 여성 정치인의 화려해진 외모를 통해서 재생산되고 있음을 역설하고 있다. 여성정치인의 역할은 정치인으로서의 역할보다 여성으로서의 성 역할에 더 영향을 받는 경향성이 있다(Sanbonmatsu,).

여성 정치인이 남성의 영역이라고 간주되는 정치판에 성공하기 위해서는 성역할이라는 산을 넘어야 한다. 여성 정치인은 남성의 영역을 침범한 존재로서 우호적 평가를 받기보다는 비호감과 적대감의 대상으로 전락하기 쉽고 이를 극복하기 위해서 여성적 외모를 강조하거나 기꺼이 남성 정치인들의 들러리가 되는 일들이 행해지고 있다. 아이러니이다.

여성 정치인이 강력한 리더십을 발휘하거나 도전적이고 공격적인 어조로 말을 하면 국민밉상이 되는 일이 더 이상 벌어지지 않아야 한다. 한국에도 메르켈과 대처같은 여성 정치인이 등장하기를 기대한다. 이를 위해서 유권자들도 정치인이 남성인지 여성인지에 따라서 다른 기대치, 다른 잣대를 적용하지 말아야 할 것이다. 여성 정치인에게 여성성이 족쇄가 아닌 훈장이 될 수 있는 유권자의 의식변화가 필요하다.

chapter 7

박찬민

학력
- 연세대
- 미국 뉴멕시코대 박사(스포츠경영)

경력

*대학
- 인하대 교수
- 미국 플로리다대 연구원 (2012-2014)
- 싱가포르 난양공과대 조교수 (2014-2017)

*학회
- 한국 스포츠외교학회 상임이사
- 한국 스포츠엔터테인먼트법학회 체육이사
- 한국 여가레크리에이션 학회 상임이사
- 한국 사회체육학회, 특수체육학회 이사
- 한국 스포츠산업경영학회 감사
- Asian Association Sport Management (AASM) Textbook 편집위원

*사회활동
- 서울시 봅슬레이/스켈레톤연맹 공정위원회 위원
- 평창동계올림픽 조직위원회 해외 자문위원
- Southeast Asian Games(Singapore, 2015)

건강하고 행복한 삶의 파트너 '스포츠'

공유경제의 지속가능성공 여부

'e 스포츠'의 약진

나를 위한 삶

응급상황과 '선한 사마리안 법'

운동지도자 인증제도 있어야

스포츠 유산 구축의 가치

【2018.10.03】

공유경제의 지속가능성공 여부

얼마 전 대한민국의 아이돌 그룹 '방탄소년단'이 대한민국 가수 최초로 유엔에서 '자기 자신을 사랑하라' 내용으로 연설을 했다고 한다. 매년 그렇듯이 명절음식은 어찌나 맛이 좋은지 지난 한가위에 열심히 먹고 마셔 늘어난 위와 몸무게를 어찌할꼬! 방탄소년단의 말처럼 나 자신을 사랑해보려는 심사로, 불어나고 게을러진 몸과 마음을 다스리려 자주 타지 않는 자전거를 꺼내 꾸역꾸역 몸을 맡겨보았다.

자전거를 끌고 밖으로 나간 지 얼마 안 되어서 소위 '공유경제의 핫 아이템'라고 불리는 공유자전거를 타고 다니는 사람들을 쉽게 볼 수 있었다. 잠시 동안이지만 공유자전거를 이용하는 사람들을 관찰해 보았다.

이들은 능숙하게 휴대폰의 공유자전거 애플리케이션을 작동하고, 자전거의 바코드를 찍으며, 잠금장치를 해지하고 쉽게 운행에 나선다. 이

사람들은 꽤 오래전부터 공유자전거를 향유해 온 '공유경제 수혜자들'인 양 전혀 그 행위가 어색해 보이지 않았다. 아니 반대로 나만 아직 공유경제에 적응하고 있지 못하는, 시대에 뒤떨어진 사람처럼 느껴졌다.

실상 미디어에서 공유경제에 대한 언급과 논의는 꾸준하게 이루어지고 있으며, 다양한 형태로 공유경제를 실행하고 있는 분야들도 많다. 우리 사회의 일면에 부드럽게 자리 잡았다고 해도 과언이 아니다. 에어비앤비(Airbnb)라는 숙박공유 브랜드를 대표로 여행과 관련한 숙박이 공유경제 활성화에 한몫했다는 것은 누구나 공감할 수 있는 내용이다.

'따릉이', '피프틴', '타슈', '누비자', '온누리', '페달로' 등등 한번 쯤 들어봤을 만한 이 이름들이 현존하는 대한민국의 '공유자전거'시스템들이다. 서울시의 통계를 보면 서울시 공공자전거 이용자수는 이미 60만 명을 넘어섰고, 운영대수도 약 2만대로 추정되고 있다.

이미 공유자전거를 시행하는 몇몇 도시에 비해 늦은 감은 있지만, 이제는 인천시 연수구에서도 노란색 공유자전거 쿠키바이크(COOKIE Bike)를 볼 수 있다. 인천시는 2018년 4월부터 민간사업자와 관리 및 운영에 대한 협약을 체결하고, 지난 6월부터 약 2개월간 시범운영을 통하여, 지난 8월부터는 저렴한 사용료를 받으면서 운영하고 있다.

다른 도시에서 운영하는 공유자전거와는 다르게, 인천시 연수구에서 운영 중인 공유자전거 '쿠키'는 거치대와 대여시스템이 필요 없고, 자전거 자체의 잠금장치와 자전거에 별도로 내장된 통신장비 설치하여 대여 및 반납을 정해진 거치대에서 하지 않아도 되는 편리성이 장점이다.

자, 현실이 이렇다 하면, 필자 역시 공유경제를 누려보고 싶은 욕구가 생긴다. 금전적 부담도 적고, 집에서 끌고 나와서 다시 집으로 가지고 들어가야 하는 번거로움도 없으니, 충분히 매력은 있다. 아울러 시민들이 안전하게 자전거를 타고 다닐 수 있도록 자전거 전용도로를 만든다고 인천의 여러 곳이 공사를 하고 있다. 때마침 행정안전부는 지난 9월28일자로 '자전거 운전자 안전모착용 의무화'를 정책을 시행하기 시작했다. 공유자전거도 예외는 아니다.

또 다른 문제에 봉착했다. 그럼, 공유자전거를 타고 다닐 것을 염두하고, 나는 항상 자전거 안전모를 챙겨서 다녀야 하나? 이왕 공유하는 거, 자전거 안전모도 같이 공유해 줄 것인가? 아마도, 안전모 공유로 인한 위생상의 문제, 유지 및 관리의 문제가 만만치 않은 운영 부담일 것은 틀림없다. 간신히 공유경제의 수혜자가 되어 볼까하고 먹었던 마음이 다시금 복잡해진다.

공유는 양날의 검과 같다. 어느 노래 가사처럼 '내 것인 듯 내 것 아닌 너!' 정작 필요해서 사용할 때는 내 것처럼 한 없이 소중하지만, 때로는 내 것이 아니므로 책임과 관리의 부담에서 자유롭고 싶은 게 사람 마음일 것이다. 최근 어느 공유숙박현장에서 퇴실 후 드러난 무자비한 쓰레기더미를 보면 사용자의 책임의식이 공유경제의 지속가능성을 가늠하는 중요한 잣대임을 알 수 있다.

공유경제의 지속가능성공 여부는 관리 · 감독의 강화만으로는 한계를 갖고 있다. 무엇보다도 사용자로서 충분한 책임의식을 갖추었는지를 먼저 생각해 봄이 필요하다. '나를 사랑하는 마음으로 공유물도 사랑할 준비는 되었는가?'

【2018.12.27】

'e 스포츠'의 약진

누구에게나 세월은 흐르고 세상이 변해도 변하지 않을 것만 같은 것들이 있을 것이다. 필자에게 올림픽은 그런 존재이다. 4년마다 늘 같은 모습으로 그렇게 다가오고 지나가는 변하지 않을 것 같은 세계적인 스포츠 이벤트인 것이다. 그런데 이러한 필자의 생각과는 무관하게 올림픽 역시 세월 앞에서는 변해 갈 수 밖에 없나보다.

얼마 전 지인에게 들은 이야기로는 실내 스카이다이빙 종목을 2024년 프랑스 파리올림픽에 시범종목으로 채택시키려는 노력이 이어지고 있다고 한다.

우리가 일일이 기억하지는 못하지만 현재 올림픽의 모습도 1896년 '근대 올림픽의 아버지'라 불리는 쿠베르탱이 제1회 올림픽을 시작하였을 당시와 비교하면 많이 달라졌음에 틀림이 없다. '실내 스카이다이빙'도 미래의 어느 올림픽에서는 시범종목이 아닌 정식종목으로 진행될지 알 수 없는 일이다.

그런데 '실내 스카이다이빙'보다 훨씬 큰 파격적 변화를 선도하는 종목이 있었으니, 바로 'e-Sports'(e스포츠) 종목이다. 'e스포츠'가 처음 언급되었을 때를 회상해 보면, "앉아서 손가락만 까딱거리는 비디오게임을 스포츠라 분류할 수 있겠는가?", "스포츠라 부르지도 마라!" 등의 스포츠계의 살기 넘치는 반발이 있었다. 하지만, 우리가 사는 세상은 늘 혁신과 융합에 집착하는 실험이 난무했으며, 냉정한 경제적 원리 앞에서는 백년이상의 이어온 '올림픽 전통'의 자존심도 처참히 구겨지고 있는 듯하다. 거침없이 세(勢)를 키우고 있는 'e스포츠'라는 핵탄두급 미사일은 언제든 스포츠의 하이라이트라 여기는 올림픽을 겨냥하고 있는 현실이다.

이미 'e-스포츠'는 2018년 인도네시아 팔렘방 아시안게임에서 시범종목으로 채택되어 실전경험을 마쳤고, 2024년 프랑스 파리 올림픽의 정식종목 채택 여부를 두고 국제올림픽위원회 (IOC)에서 꾸준하게 논의를 거치고 있는 실정이다. 2018년 7월에는 스위스 로잔에서 열린 'e스포츠' 포럼에서 IOC, 국제스포츠경기연맹, 2024년 프랑스 파리 올림픽 유치위원회 그리고 다양한 'e스포츠' 산업계 대표들이 참석하여 진지한 협의를 진행하였다. IOC는 충분한 경제성 분석을 통하여 'e스포츠'를 올림픽의 차세대 블루오션 콘텐츠로 지목하고 돌진하는 모습이다. 'e스포츠'의 올림픽 입성'이 의미하는 바는 무엇인가? 한마디로 요약하면, 올림픽 종목으로의 입성은 단순히 스포츠 종목 자체의 성장만을 넘어서, 관련된 교육 패러다임의 변화, 관련 이벤트의 확대 및 확장산업의 전체적인 큰 변화가 동시에 일어난다고 생각하면 이해하기 쉽다.

'e스포츠'가 국제적으로 위상을 공고하게 쌓아가고 있는 현실과는 사뭇 다르게, 아직까지도 대한민국에서 'e스포츠'는 그저 일부 10대, 20대가 빠져 있는 중독성 비디오 게임 정도로 인식되고 있다. 그러니 이러한 사회적 인식 속에 'e스포츠'가 정보통신기술과 이동통신 산업의 다양한 역할을 담당하는 하나의 축이라는 평가는 우리의 고개를 더욱 갸우뚱 하게 된다. 아울러, 대한민국 스포츠계의 평가는 아직도 냉혹하다. 현재 한국 'e스포츠' 협회는 대한체육회 산하의 정회원 단체로 인정받고 있지도 못하는 실정이다.

이러한 대한민국 사회 속에 큰 파장을 일으킬 만한 문화체육관광부와 모 사립대의 행보가 눈에 띈다. 소위 '대한민국 SKY'라 불리는 최상위 대학에서 'e스포츠' 관련 전공을 신설하고, UCLA(캘리포니아 주립대), 싱가포르 국립대, 스탠포드 대학 등 글로벌 명문대들과 함께 'e스포츠' 산업의 건전한 발전을 위한 거버넌스 역할을 하겠다는 포부를 밝혔다. 물론, 이는 게이머의 양성이 궁극적 목적이 아니라, 'e스포츠'의 핵심적 확장 산업인 애니메이션, 가상현실(Virtual Reality, VR) / 증강현실(Augmented Reality, AR), 인공지능(Artificial Intelligence, AI) 등의 개발연구를 핵심으로 한다고 한다.

이러한 'e스포츠'와 연관하여 전통 스포츠계와 교육계의 패러다임의 변화는 참으로 신선한 도전이고 저항이라 여겨진다. 어쩌면 당연한 변화의 노력이라고 보인다. 어느 역사든 변화에 대한 저항은 늘 있어왔다. 때로는 순간의 결정이 새로운 세상을 이끈 지각변동의 사례도 있다.

프로게이머로서의 성공 즉 그들만의 리그에서 'e스포츠계의 김연아'로서 성공에만 집중했던 'e스포츠' 산업도 이제는 다양한 확장산업의 핵심역량으로 새롭게 평가되고 있는 것이다.

지금 내가 살아가는 이 시간이 훗날 'e스포츠'에 대한 역사의 평가에서 새로운 도전들로 미래의 스포츠 콘텐츠에 무엇인가를 선도하는 혁신과 융합의 첫 걸음으로 기억되길 가슴 설레며 응원해 본다.

【2019.03.27】

나를 위한 삶

도심 한복판을 걷고 있는 어느 저녁이었다. 등 뒤에서 확연히 느껴지는 심상치 않은 기운이 있었다. 순식간에 거친 숨소리를 몰아쉬며 나를 지나치는 운동복 차림의 무리들이다. 얼핏 보기에도 30~40명 정도는 되어 보인다. 다양한 연령대로 보였는데, 대체로 20~30대로 추정됐다. 당시에는 어떤 성격의 무리인지, 어떤 행위를 하는지는 알 수 없었다. 나중에 알게 된 사실인데, 최근에 유행하는 스마트 폰의 운동애플리케이션 이용자들에게 쉽게 접할 수 있는 운동의 형태이다. 예를 들면, '오늘 저녁 7시, A빌딩, 30분 달리기합니다!' 라는 형식의 단체운동을 위한 '번개정보'를 제공받게 되면, 어플 이용자들은 자발적으로 참여해 운동을 즐기기만 하면 된다. 불참에 대한 벌칙도 없고, 중간에 완주를 하지 못했다고 해서 비난 받지도 않는다.

몇 해 전에 한동안 세간의 주목을 받던 플래쉬 몹(Flash Mob) 행위를 운동에 접목한 형태로 이해가 됐다. 플래쉬 몹은 특정 웹사이트에서 갑자기 사람들이 몰리는 현상을 뜻하는 플래시 클라우드(Flash Crowd)와 동일한 생각을 갖고 행동하는 집단인 스마트 몹(Smart Mob)의 합성어로 사용된다. 서로 모르는 불특정 다수가 인터넷이나 이메일 또는 애플리케이션 등을 통하여 약속된 시간, 약속된 장소에 모여 정해진 시간 안에 약속된 행위를 수행하고 제각기 흩어지는 행동을 보이는 형태이다.

대한민국은 법률상으로 정치적 목적 성향의 집단 시위를 제외하고, '예술, 체육, 오락에 관한 집회'는 법적으로 보호 받고 있어서, 이러한 집단 행위에 대한 법적 제재는 없다.

자세히 들여다보니 재미있는 부분이 보인다. 말 그대로 스마트 폰 속의 운동애플리케이션은 정해진 시간, 장소, 그리고 행위에 대한 정보만 전달한다. 모든 것은 절대적으로 참여자 본인의 자발적 결정에 따라 진행된다. 정해진 시간, 장소에 가면 똑같은 정보를 받은 참여자들이 모여 있다. 과거의 관습대로라면 참여자들은 기본적으로 이름, 직업, 나이를 묻고, 나아가 어디에 사느냐도 물으며, 신상 털기를 시작한다. 그러다가 공통된 부분이 발견되면, 다소 집요하게 서로의 관계를 정리하려 노력했다. 또한, 운동을 마치면 관계의 지속 및 강화를 위해 피곤하지만 억지로라도 또 다른 시간과 노력을 할애하곤 했다.

하지만, 이처럼 애플리케이션을 통해 정보를 받고 운동을 위해 모인 이 집단에서는 아무것도 묻지도 따지지도 않는다. 그저 운동을 위해 참여한 것이 가장 큰 이유이자 전부이다. 과거와 같이 관계를 맺으려는 행위는 오히려 불편한 현실이 된다. '무슨 브랜드의 운동화를 신고, 옷을 입었는지', '누구랑 같이 운동을 하기 위해 나왔는지'를 확인하는 것이 중요한 것이 아니라, 오로지 '내가 하고 싶은 운동을 한다'에만 집중하는 것이다. 그렇기 때문에 이들은 운동을 마치면 "같이 운동해서 즐거웠어요” 정도의 가벼운 눈인사로 마무리하며 각자 홀연히 사라진다. 다소 삭막해 보이긴 해도, 관계의 명료성은 확실하다.

'나나랜드'에 살고 있는 '포미'(For me, 나만을 위해 산다)족은 '소확행'(소소하지만 확실한 행복)을 누리기 위해 노력하며 살아가고 있다. 궁극적으로 자기애를 실현하고자 획일화된 규범과 관습으로부터 다소 자유롭게 자신이 원하는대로 살기를 바란다. 즉 기성세대들이 정의해 놓은 기준들에 맞추려는 것을 벗어나 새 삶의 첫걸음을 뗀다. 요즘 젊은 세대들은 과거의 보편적으로 '의미 있는 삶'으로 정의되던 삶을 받아들이는데 어려움을 토로한다. 대신, 그동안 누가 봐도 괜찮은 삶을 위해 의심치 않고 따르던 사회적인 통념에 맞춰 사느라 억눌렸던 열정과 즐거움, 숨겨두었던 욕구 등을 표출하기에 다소 편안해진 세상이 되어가는지도 모른다.

오직 나에 의해, 나를 위해 해야 하는 일 중에 대표적인 것이 운동이다. 어느 누구도 '몸이 먼저다'라는 명제에 의문을 가질 순 없다. 디지털 시대도 예외일 수는 없다. 비록 미세먼지 농도를 확인하며 하루를 시작해야 하는 현실이 익숙해져 가지만, 내 몸을 위한 노력은 늘 먼저 있어야 한다. 찢어진 청바지를 입고 뛰던, 바바리를 입고 테니스를 치더라도, 나의 인생을 위한 '나만의 노력'을 투자할 수 있는 용기를 가지고 행한다면, 우리는 그마저도 칭찬하고 응원해야 한다. 얼마 전 종영한 드라마에서 치매환자 역할로 나온 배우의 대사처럼, “오늘을 살아가세요! 눈이 부시게.”

【2019.06.12】

응급상황과 '선한 사마리안 법'

스포츠 산업을 스포츠 이벤트와 관련 지어 생각해 보면 '짝수 해 효과'가 두드러진다. 이는 메가 스포츠 이벤트라 불리는 올림픽이나 월드컵이 짝수 해에 개최되는 영향이 크다고 할 수 있다. 하지만 2019년은 홀수 해임에도 불구하고, 특히 5월과 6월에는 스포츠팬들에게는 흥밋거리가 충분한 시기인 듯하다.

특히 지난 5월 내내 류현진 선수가 미국 프로야구(Major League Baseball, MLB)에서 등판하는 경기마다 엄청난 실력을 뽐내며 리그를 호령하고 있고, 지난 주말, 1983년 멕시코에서 열린 세계 청소년 축구 선수권 대회 이후 36년 만에 청소년월드컵 4강 진출이라는 쾌거를 이뤄낸 대한민국 U-20(20세 이하) 국가대표 축구팀도 전 세계 스포츠 미디어의 관심을 한 몸에 받고 있다. '숨죽이며 보다가 숨 넘어 갈 뻔한 날'이었다. 90분 정규시간이 지나고 추가시간이 무려 9분이나 주어졌을 정도로 정규시간 내내 치열한 공방을 펼쳤고, 연장전과 승부차기까지

가는 대혈투였다. 아울러 비디오 판독(Video Assistant Referee, VAR)도 여러 차례 실시되고, 이에 따라 판정결과도 여러 번 번복되는 '심판의 날'이었다.

이런 긴장된 스포츠 경기를 관람하고 나면 내 심장이 너무 혹사되는 것은 아닌가 하는 의문이 들기도 한다. 스포츠 현장에는 '급성심정지'에 대한 위험이 늘 존재한다. 실제로 급성심정지가 빈번하게 발생하는 10대 장소들 중 스포츠 경기장, 피트니스센터, 골프장, 수영장 등도 포함되어 있다. 최근 스페인 월드컵 우승 골키퍼 이케르 카시야스는 클럽 소속팀 연습 도중 심장마비를 일으켰다. 운이 좋게도 카시야스의 경우 축구 클럽에서 고용한 의료전문가가 훈련 현장에 있었고, 병원으로 이송되기 전에 적절한 응급조치를 통해 목숨을 구할 수 있었다.

만약 박빙의 경기를 관람하고 있는 여러분이 주변에서 급성심정지로 고통을 받고 있는 사람을 발견한다면, 여러분은 어떻게 행동할 수 있을까? 도움을 필요로 하는 낯선 사람을 돕는 것은 도덕적으로 자연스러운 일이지만 그 행동이 목숨을 구하기 위한 것이라면 무척이나 커다란 심적 부담이 따르며 순간판단력과 결단력도 필요하다.

학교나 스포츠 단체 등에서도 응급조치에 대한 교육을 실시하고 심폐소생술 등의 활용을 적극적으로 권장하며 실제 응급조치를 통해 생명을 구한 사례들도 방송 매체 등을 통해 교육의 효과성을 홍보하고 있다.

하지만 일부에서는 '위대한 위험'이라고 불릴 정도로 응급상황에서 행한 선의의 행동이 때로는 위법의 행동이 되어 돌아올 수도 있음을 경고한다. 이러한 '위대한 위험'에 대한 부담을 줄이고자 2008년부터 '선한(착한) 사마리안 법'이라고 불리는 '응급의료에 관한 법률'이 시행되고 있다.

선한 사마리안 법에서는 위급한 상황에서 다른 사람을 돕다가 의도

하지 않은 불의의 상황에 처하더라도 정상 참작 또는 면책을 받을 수 있다. 즉, 위험감소이론을 적용해 죽을 위기에 있는 사람을 구하려다가 부상을 입혔을 경우에도 '고의성'과 '중대한 과실'이 없는 경우에는 민 · 형사상의 책임을 묻지 않도록 하고 있다. 또한 응급의료 및 처치로 인해 응급환자가 사망한 경우에도 처벌이 감경됨을 강조하지만, 이 부분이 애매하게 해석될 수 있는 여지가 충분히 있다. 즉, 이 법조항 자체만 믿고 응급의료조치를 했다가 구조상황 자체가 응급조치가 없으면 사망하는 것이 거의 확실한 상태이거나 심각한 장애를 입을 수 있는 절대적으로 위급한 응급환자의 경우임을 확실하게 증명하지 못했을 경우 면책을 받지 못할 수도 있다는 허점이 있다.

아울러 선의의 응급조치에도 불구하고 동의 없이 몸을 만졌다거나, 가슴을 너무 아프게 눌렀다는 등의 '물에서 건져줬더니 보따리 내놓으라는 식'의 비상식적 결론에 휘말리는 사례들도 있었다.

이런 사례들로 인해 확실한 면책에 대한 기대감도 떨어지고, 소송자체에 대한 심리적 부담을 충분히 덜어주지 못하는 미흡함을 간과할 수 없다.

당연히 선한 사마리안 법이 의료법보다 우선시 될 수는 없다. 운이 좋게도 응급상황 현장에 자격을 갖춘 응급의료인들이 있다면 그들은 의료법에 의거하여 응급의료행위를 실시해야 하는 책임이 있다.

다만 응급의료인이 없다는 전제하에 면책조항에 대한 확신도 부족한 상태에서 '나'라면 또, '당신'이라면 비단 교육을 받았다 할지라도 아무 걱정 없이 응급구조행동을 취할 수 있을까?

이는 훌륭하고 지속적인 응급조치 교육의 유무가 문제가 아니라 확실한 면책에 대한 믿음이 더 큰 장애물인 듯하다.

목숨을 구하기 위한 '선의의 시도 자체'가 무엇과도 비교해 값진 가치를 가지고 우선시 될 수 있도록 법의 확실한 지지가 요구된다.

【2019.08.28】

운동지도자 인증제도 있어야

얼마 전 모 대학의 스포츠 관련 전공 교수께서 다리를 절뚝거리며 걸어 다니기에 이유를 물어봤더니, 최근 몇 주 동안 '필라테스(Pilates)'를 했는데 운동 전보다 무릎이 더 많이 아파졌다고 한다. 그래서 무릎 통증이 없어질 때까지 당분간 필라테스 운동을 그만두기로 했다는 것이다. 필라테스는 신체의 전체 근육을 과학적으로 단련시키기 위해 만들어진 프로그램이다. 매트나 배럴(Barrel), 필라테스 아크(Pilates Arc) 등 다양한 기구를 사용해 척추 및 복부 부위의 안정성을 기초로 신체적인 균형을 추구하며 근력을 향상시키는데 초점을 맞춘다.

'왜 스포츠 전공 교수님이 이렇게 좋은 운동을 하면서 무릎에 무리가 가는 줄도 모르고 계속하셨을까?' 하고 반문하고 싶은 분들도 있을 것이다. 이 부분이 참 불편한 현실이다.

운동을 하는 이유 중 하나는 건강한 삶을 지속적으로 향유해 가는 것이며 운동을 통한 삶의 만족도를 높인다면 운동의 가치는 더 없이 높아진다. 누군가 "운동하는데 돈을 쓰시겠습니까?", "병원에 가서 치료받는데 돈을 쓰시겠습니까?"라고 질문한다면 여러분의 대답은 무엇일까? 아마도 병원에 가서 치료받는데 돈을 쓰겠다고 답한 사람보다 운동에 투자하겠다는 사람이 많을 거라 믿는다.

옛말에 '소 잃고 외양간 고친다' 또는 '호미로 막을 것을 가래로 막는다' 처럼 건강한 신체를 잃고 나서 병원에 가서 치료를 받고, 다시 건강한 신체를 위해 재활하고 유지하기 위해 노력하는 모습은 논리적으로 바람직하지 않다.

외국생활을 경험해본 사람이라면 대한민국의 의료보험제도가 얼마나 훌륭한 제도인지에 대해 단 몇 초의 망설임도 없이 '엄지척'할 것이다. 현재 대한민국 정부는 아픈 사람을 치료하는 데에 많은 금전적 노력을 쏟고 있다. 하지만 건강한 사람이 건강한 삶을 영위하고자 노력하는 데에는 정부의 보조가 상대적으로 인색해 보인다. 수년 전부터 미국의 캘리포니아 주는 같은 상황을 놓고 다른 패러다임으로 접근하고 있다. 고령화 시대에 방대해지는 의료비 보조보다는 아직 병환으로부터 자유롭고 자신의 건강한 삶을 영위하기 위해 운동 프로그램에 참여하거나 헬스클럽과 피트니스센터 등에서 운동을 하는 사람들을 위한 직접적 세금감면 혜택 또는 운동프로그램 참여 지원금을 통해 미래에 보다 건강한 사회를 만드는 방향으로 정책을 수정했다. 미래의 어느 순간에 경제적인 수치로 두 정책을 비교해 본다면 어떤 정책이 더 효과적인지 쉽게 가늠할 수 있을 것이다.

그런데 이러한 정책의 수정과 변화가 신뢰할 만한 시설, 지도자, 프로그램과 함께 균형 있게 제공될 수 있는가이다. 문화체육관광부 산하 스포츠혁신위원회는 대한민국 스포츠의 혁신적 개혁을 위해 지난 5월부터 다양한 권고안을 제시했다. 권고안 중 '제5차 권고안'의 주된 내용은 '스포츠 복지사회 실현을 위한 스포츠클럽의 활성화'이다. 즉 대한민국 중앙정부와 지자체는 스포츠클럽 정책을 일정기간에 이루어내야 하는 '사업'성격에서 벗어나 평생 지속적으로 향유할 수 있는 '제도'로 인식하고 시설, 지도자, 프로그램 등을 풍요롭게 지원하도록 추진 해 주길 권고하는 내용이다. 먼저 발표되었던 '제2차 권고안'은 '신체활동 증진을 위한 학교스포츠의 정상화'를 위한 것이었다. '세살버릇 여든까지 간다'라는 말은 스포츠교육과 관련하여 많은 연구물에서 이미 그 타당성을 입증했다. 유소년 시절에 습득한 스포츠 활동에 대한 경험은 평생동안 스포츠 활동에 대한 심리적 진입 장벽을 허물어버리는 역할을 충분히 해낼 수 있다.

이제 우리는 신뢰할 만한 시설, 지도자, 프로그램을 찾는 것이 중요하다. 몇몇 스포츠 관련 키워드를 검색하면 신뢰할 만한 지도자인지 검증도 안 된 수백 개의 운동방법 동영상을 쉽게 접할 수 있다. 우후죽순처럼 쉽게 접하고 있는 스포츠 프로그램들 중에 과연 내가 믿고 따라할 수 있는 것이 무엇인가? 지금 나를 가르치고 있는 코치나 트레이너는 충분히 전문적인 지식을 갖춘 믿을 만한 지도자인가? 스포츠 전공 교수님도 배우다가 부상당하는 씁쓸한 현실 속에서 운동 상해에 대한 부담은 고스란히 스스로의 몫이다.

부디 정책의 우선순위에서 검증되고 신뢰할 만한 지도자와 함께 할 수 있는 지도자인증제도가 조속히 시행되길 바란다. 그렇지 않다면 대한민국은 세금감면 등의 스포츠 활성화 정책보다는 현행 재활을 위한 의료비 지원이 더 나아 보인다. 검증되지 않은 지도자와 운동프로그램 지원, 그리고 그 프로그램으로 인해 발생한 상해를 치료하는 의료비 보조는 이중 지원이 될 것이 자명하기 때문이다.

【2019.10.30】

스포츠 유산 구축의 가치

며칠 전 오랜만에 스포츠 동호회에 참석하려고 관련 운동 장비를 준비했다. 운동복을 챙겨 입고 거울을 보면서 문득 생각이 들었다. '아! 하필이면 요즘 같은 시국에 일본 스포츠 브랜드 제품을 입었네!', '다른 동호회 참석자들이 나를 어떻게 생각할까?' 이런 저런 생각에 갑자기 신경이 곤두서고 스트레스가 확 올라왔다. 결국 다른 외국 브랜드의 옷으로 갈아입고서야 당당하고 떳떳한 마음으로 스포츠 동호회 활동을 즐겼다.

누구도 나에게 대놓고 핀잔을 하지 않겠지만 일본 상품 불매운동을 하고 있는 상황인지라 트레이닝복조차 눈치보고 입어야 하는 현실이 착잡하기만 하다. 마음 한편으로는 '왜 우리나라는 일본도 몇몇 개나 가지고 있는 세계적 수준의 스포츠 브랜드 하나 없는 걸까.' 스포츠 브랜드는 차치하고, 제대로 된 스포츠 유산은 있는지 의심도 든다.

보통 우리는 조상이나 부모로부터 물려받은 재산을 유산(遺産)이라 부른다. 스포츠 유산에 대해 연구하는 Navrud와 Ready는 "스포츠 유산은 역사적, 과학적, 예술적, 민족적, 인류학적 관점의 가치를 지닌 인공적 산물로서 이용가치뿐만 아니라 비(非)이용가치 역시 매우 큰 공공의 재산이자 과거로부터 사람과 함께 기억되며 후대에 계승되고, 전승될 만한 가치를 지닌 이전 시대의 모든 문화적 산물"이라 정의한다. 돌아가신 손기정 옹이 일장기를 가슴에 달고 뛰며 금메달을 따고도 시상대에서 고개를 숙이던 그 시절의 사진 한 장이 주는 '마음 속 뭉클함'도 과거의 일제 식민지 시대의 우리 조상들이 겪었던 역사적 현실을 반영해주는 스포츠 유산 중의 하나다.

최근 우리나라는 2018년 평창 동계올림픽을 비롯하여 2011년 대구 세계육상대회, 2019년 광주 세계수영대회 등 다수의 국제 메가 스포츠 이벤트를 성공적으로 유치했다. 아울러 1988년 서울(하계)올림픽과 2002년 한 · 일 월드컵까지 포함해, 이른바 '스포츠 5대 이벤트'라 불리는 대회들을 모두 개최했다. 2002년 월드컵은 두 나라가 공동개최한 최초의 월드컵이었다. 현재 '스포츠 5대 이벤트'를 전부 개최한 나라는 독일, 이탈리아, 러시아, 일본 등 4개국뿐이다.

독일과 일본은 세계적으로 가장 잘 운영되고 있는 국민 생활체육시스템을 스포츠 유산으로 가지고 있는 국가들이고, 다양한 세계적 스포츠 브랜드도 가지고 있는 스포츠 선진국임을 부인하기 어렵다. 한편 이탈리아와 러시아는 과거 조상들이 물려준 스포츠 · 관광유산을 잘 보존해 현재에도 국가의 존속에 큰 기여를 하고 있는 나라들이다.

우리는 메가 스포츠 이벤트 유치를 위해 엄청난 노력을 했고, 성공적 개최까지 잘 이뤄냈다. 어찌보면 여기까지도 만족스러운 결과라 여길지 모른지만 훌륭한 스포츠 유산을 남길 수 있는 노력이 더 중요하다. 지나간 경험은 기억하려 부단히 노력해도 어느 순간 희미해지고 잊힌다.

하물며 이런 대단한 스포츠 이벤트를 경험하지 못한 후대에게 근사한 유산으로 물려주려면 당연히 지속적인 노력이 필요하다.

최소한 스포츠 이벤트가 일어났던 역사적인 장소는 기념해야 한다. 과거 스포츠 유산의 중요성을 인식하지 못한 정책들로 인해 이미 귀중한 스포츠 유산인 동대문운동장의 철거 및 태릉사격장의 폐쇄 등을 경험했다. 그럼에도 불구하고 벌써 얼마 전 마무리된 세계적 스포츠 이벤트 시설들을 철거한다는 안타까운 소식들이 들려온다.

스포츠를 통해 생성된 유산이 단순히 스포츠 자체만의 것으로 그치는 것이 아니라 사회 전체의 문화적 유산으로 받아들여지고 있음을 잊지 말아야 한다. 향후 지속가능한 유 · 무형적 유산의 가치를 중요하게 여기는 스포츠 유산 구축을 위한 보다 적극적인 정책적 노력을 기울일 때다.

chapter 8

손영화

학력
- 한양대
- 한양대 석사/박사(법학)

경력

*대학
- 인하대학교 법학전문대학원 교수(2012-현재)
- 일본 동경대학교 법과대학 객원연구원(2000-2001)
- 미국 인디애나대학교 마우러로스쿨 방문연구원(2019-2020)

*학회
- 한국비교사법학회 전 편집위원장, 부회장
- 한국국제문화교류학회 윤리위원장, 부회장
- 한국법정책학회/경제법학회/기업법학회/상사판례학회/경영법률학회 부회장

*사회활동
- LG CNS Law & Regulation 사외교수(1999-2003)
- 전자문서 대상 공적심사 위원장(2018)
- 한국거래소 기술위원(2018-2020)
- 인천광역시 가맹사업분쟁조정위원회 조정위원(2019-2020)

공정경제와 소비자보호

가맹본부의 갑질 근절해야

할부거래법상 항변권 활용한 소비자권익보호

소비자집단소송제 도입 서둘러야

한국형 '레몬법' 아직 갈 길 멀다

클라우드서비스와 데이터 보호

【2018.10.10】

가맹본부의 갑질 근절해야

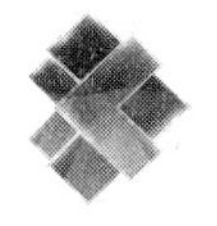

최근 가맹본부와 가맹점사업자 간 이른바 갑질 논란이 계속되고 있다. 가맹본부의 가맹점사업자에 대한 갑질은 재벌의 갑질 못지않게 우리 사회의 어두운 단면을 그대로 보여준다.

종래 가맹본부의 갑질사례로는 부당한 광고비의 부과, 계약갱신 요구권의 시효(10년)의 악용, 부당한 필수물품 구입강요 등을 들 수 있다. 심지어 모 피자 가맹본부의 경우에는 가맹점에 치즈를 공급하면서 동생 부부가 운영하는 업체를 끼워 넣는 방법으로 정상가보다 높은 가격을 받기도 하였다. 이른바 대기업이 주로 하는 일감몰아주기 또는 통행세를 부과한 경우였다.

가맹본부의 갑질 논란은 결국 가맹점사업자의 영업활동 수익을 감소시키고, 소비자로부터 외면을 받게 되어 가맹본부와 가맹점사업자 모두에게 손해를 끼친다.

가맹본부의 갑질은 가맹본부의 거래상 우월적 지위를 남용하여 과도한 이윤을 추구하는 데 있다. 가맹본부의 과도한 이윤 추구를 개선한다면 가맹본부와 가맹점사업자 간 분쟁은 상당부분 해소될 것이고, 경영상 어려움을 겪고 있는 수많은 가맹점주의 어려움이 상당부분 해결될 수 있을 것으로 생각된다.

다행스럽게도 공정거래위원회의 '2017년 가맹분야 서면실태조사' 결과 발표에 의하면, 전반적으로 가맹사업 분야의 불공정 관행이 대폭 줄어들고 있다고 한다. 즉, 거래관행이 개선됐다고 응답한 가맹점주의 비율이 2015년 61.5%에서 2016년 64.4%, 2017년 73.4%로 높아졌다.

소속 가맹점의 영업지역 침해에 대해서는 15.5%(전년대비 12.0%p 감소), 또 비용이 드는 매장 리뉴얼(새로운 단장) 등을 강요당했다는 응답 비율은 0.4%(전년대비 0.1%p 감소), 그리고 편의점 업종에서 심야시간(오전 1~6시) 영업시간 단축의 허용 비율은 97.9%(전년대비 1.1%p 상승)이었다.

가맹사업 분야의 불공정 관행은 완전히 근절되고 있지는 않다. 아직도 점포환경개선 강요나 영업지역 침해, 영업시간 구속 등을 금지하는 일이 있다. 또한 최근에는 가맹점단체 가입 · 활동을 이유로 계약해지나 갱신 거절 등 불이익을 주는 경우도 존재한다.

2018년 7월17일 시행된 가맹사업법(가맹사업거래의 공정화에 관한 법률)은 가맹본부의 가맹점사업자에 대한 일방적인 영업지역 변경을 금지하고(제12조의4), 가맹점사업자의 분쟁조정신청, 서면실태조사 협조, 법위반사실 신고 또는 공정위의 조사에 협조한 것 등을 이유로 가맹본부가 가맹점사업자에게 행하는 보복조치를 금지하고 있다.(제12조의7 신설) 보복조치 금지 위반행위에 대해서는 최대 3배의 손해배상을 해야 하는 징벌적 손해배상제도를 확대 적용하고 있다. 이와 같은 개정은 바람직하지만 추후에도 가맹사업법이 더 가맹점사업자의 이익을 보호하고 불이익을 방어하는 쪽으로 개선될 필요가 있다. 예컨대, 필수물품 강요로 수익 대부분을 본사가 가져가는 구조를 개선하기 위하여 법상 필수물품 정의를 명확히 하고, 정보공개서에 필수물품에 대한 명확한 정의 및 기준을 포함하도록 할 필요가 있다.

장기적으로는 현행 가맹본부의 수익구조를 가맹점사업자에 대한 필수물품 등의 판매 대가로부터 가맹본부의 상표, 상호, 특허 및 노하우의 사용 대가로 전환할 필요성을 띤다.

가맹사업법 등 법 개정에 못지않게 가맹본부와 가맹점사업자간 상생협력이 필요하다. 최근 갑질 논란이 제기됐던 치킨 가맹본부 비에이치씨(BHC)가 가맹점주의 개선 요청을 받아들여 닭고기 공급가격 인하 등이 담긴 상생협약을 맺겠다고 약속했다. 가맹점주들의 권익보호를 위해 만든 단체가 가맹본부로부터 상생 약속을 받아낸 드문 사례이다.

가맹사업 자체가 가맹본부와 가맹점사업자의 협력에 의하여 서로 이익을 창출하고 발전하는 것을 목적으로 하는 사업임을 생각할 때, 이와 같은 상생협약은 가맹사업 분야의 성공적인 발전을 위한 하나의 모델이 될 것이라고 생각된다. 가맹점사업자가 행복하면 가맹본부도 행복할 수 있다는 상생의 원리가 우리나라 가맹사업 전 분야에 확산되기를 기대한다.

【2019.01.02】

할부거래법상 항변권 활용한 소비자권익보호

최근 압구정동 '투명치과' 사건이 언론에 보도된 바 있다. 치아교정이 필요한 사람들에게 비교적 저렴한 가격에 눈에 보이지 않는 투명교정장치를 사용해 치아 교정이 가능하다고 주장하며 환자를 모았다. 그러나 해당 치과는 허가받지 않은 재료로 투명교정장치를 만들어 사용하고, 진료비를 선납 받았음에도 진료를 성실히 이행하지 않았다. 그 결과 많은 환자들이 부작용을 겪을 수밖에 없었다. 환자들은 선납진료비의 반환을 요구하며 한국소비자원(소비자원)에 집단분쟁조정을 신청했다.

소비자원에 집단분쟁조정을 신청한 환자는 3700여명이고, 이들이 주장하는 피해 금액만 124억 원에 달했다. 소비자원은 치과측이 채무를 이행하지 않았다며 선납진료비를 모두 돌려주라 했다. 하지만 병원측의 거부로 조정은 성립되지 않았다.

안타까운 현실 하에서도 반가운 소식이 하나 있었다. '투명교정' 환자에게 제대로 치료를 하지 않고 일시 진료해 피해를 본 투명치과 고객들 중 카드로 할부거래한 환자(소비자)들에게 잔여금 지불을 하지 않아도 된다는 공정거래위원회(공정위)의 판단이었다. 공정위는 투명치과 피해자가 항변권을 행사하면 남은 할부금을 지불하지 않아도 된다고 2018년 9월 3일 밝혔다. 공정위는 '피해자 면담을 통해 현황을 파악한 결과, 투명치과에서 발급한 계약서에는 진료 시기 및 방법, 총 소요비용 등 계약 세부내용은 전혀 포함되어 있지 않아 법 위반에 해당한다'고 밝혔다. 공정위의 이와 같은 결정의 배경에는 소비자원 소비자분쟁조정위원회에서 투명치과의 채무불이행 책임을 인정하고, 신용카드사도 소비자 항변을 수용하기로 결정한 것이 있다.

할부거래에 관한 법률(할부거래법) 제16조에 따르면, 소비자는 할부계약이 불성립 · 무효인 경우, 할부계약이 취소 · 해제 또는 해지된 경우, 재화 등의 전부 또는 일부가 제6조 제1항 제2호에 따른 재화 등의 공급 시기까지 소비자에게 공급되지 아니한 경우, 할부거래업자가 하자담보책임을 이행하지 아니한 경우 등에 해당할 경우 할부금 지급을 거절할 수 있다.

이는 할부거래법에서 규정하고 있는 소비자 항변권의 내용이다. 다만 할부거래법이 적용되는 범위에 제한이 있다. 우선, 할부거래법은 동산과 용역에 관한 계약에만 적용된다. 토지나 주택과 같은 부동산에는 적용되지 않는다. 또한 의약품, 금융관련 상품, 매수인의 주문에 의해 개별적으로 제조 · 제공되는 목적물에 대해서도 적용되지 않는다(동법 시행령 제4조). 할부거래법이 10만원 미만(신용카드의 경우 20만원 미만) 거래에는 적용되지 않는다는 사실에도 주의할 필요가 있다.

신용카드로 고가의 금액을 할부로 결제하는 경우 잔여할부금을 보호할 수 있는 소비자의 항변권(할부항변)의 행사가 유용할 수 있다. 즉,

20만원 이상의 금액을 3개월 이상 할부로 거래한 후, 서비스를 제공받을 수 없거나 계약이 해지될 경우 소비자는 할부금 납입을 거절할 수 있다. 신한카드에 따르면 지난해 카드결제 철회 · 항변 건수가 가장 많았던 업종은 스포츠센터(20.3%), 피부미용 · 화장품(10.0%), 학원(6.7%), 병원(6.5%)의 순으로 나타났다.

'피부미용 화장품'은 피부 마사지 업체가 서비스를 받을 때마다 금액이 차감되는 고액 회원권을 판 다음에 잠적하는 사례가 잦았다. 또 학원에 수강신청을 할 때 수 개월치 학원비를 한꺼번에 내면 학원비를 할인해 주는데 계약기간이 끝나기도 전에 폐업하거나 학원 관계자들이 연락을 끊는 경우도 종종 있다. 폐업률이 높은 업종에 대해 고액 결제를 하는 경우에는 신용카드에 의한 할부계약을 체결하는 것이 효과적이다.

한편, 영세 자영업자의 경우에는 사기 할부거래에 주의하지 않으면 안 된다. 금융감독원에 따르면 최근 영세 자영업자에게 광고판이나 폐쇄회로(CC)TV를 사실상 공짜로 주겠다며 유인해 시세보다 고가로 할부거래를 하게 한 뒤 잠적하는 사기 판매 사건이 급증하고 있다.

피해자는 대부분 금융지식이 부족한 영세 자영업자로 영업상황이 어려운 점을 교묘히 공략하는 수법을 쓰는 것으로 조사됐다. 상행위를 통해 물품을 구입하는 사업자는 일반 소비자와 달리 할부거래법상 청약철회권이나 항변권 행사에 제약이 있다.

【2019.04.03】

소비자집단소송제 도입 서둘러야

2011년 우리나라에서 가습기살균제 피해 사고가 발생했다. 2011년 11월4일 보건복지부가 동물독성실험 결과 가습기살균제와 원인미상 폐질환과의 관련성이 인정된다고 공식 발표한 이후 2017년 8월까지 정부에 피해자로 신고한 이들은 총5729명(8월 4일 기준)이다.

그러나 옥시의 경우, 가습기살균제와 관련하여 피해자 구제 및 유사사고 예방 등을 위한 활동에 그다지 적극적이지 않다.

검찰 수사가 시작되자 어쩔 수 없이 사과한 것이 전부이다. 소비자피해 문제를 일으킨 글로벌 기업 중 한국 소비자에게 제대로 사과를 하고 책임을 진 곳은 찾아보기 힘들다. 또 다른 예로서 폭스바겐 사건을 들 수 있다.

폭스바겐은 경유차 배출가스 저감장치 조작사건, 이른바 폭스바겐 배출가스 조작스캔들(Volkswagen emissions scandal)로 세계적인 비난을 받았다. 폭스바겐에 대해서 미국에서는 3건의 화해에서 도합 155억 3300만 달러의 지급이 결정되었고, 비리 관련 기술자에게는 3년 4개월의 금고형이 부과됐다. EU에서도 손해배상을 요구하는 집단소송이 제기됐다. 그런데 우리나라에서는 폭스바겐의 경우에도 특별한 손해배상이 이루어지고 있지 않다. 이는 우리나라의 입법의 미비에 기인한 것이다.

소액의 다수 피해 사건 등 소비자피해 사건이 발생하는 경우 우리나라의 처리과정을 보면 다소 답답함을 느끼지 않을 수 없다. 외국기업 등을 상대로 우리 소비자의 이익을 보호하기 위한 법제도가 너무 위약하기 때문이다.

현재 다수 피해자가 기업을 상대로 일반 민사소송법상의 손해배상을 청구하기 위해서는 이른바 공동소송과 선정당사자제도가 존재한다. 그러나 공동소송은 모든 당사자가 소송에 관여하여야 하는 1대1 개별소송의 병합으로, 분쟁당사자의 수가 극히 많거나 피해액이 경미하여 소송 당사자가 되기를 꺼리는 경우에는 적합하지 않은 문제점이 있다.

또한 다수의 피해자가 발생한 경우 전체 당사자로부터 수권을 받을 수 없는 한계가 있다. 선정당사자제도는 동종 개별적 권리를 상정한 제도이지만, 동종 개별적 권리를 집합적으로 처리하기 위한 구조는 전혀 가지고 있지 않다.

한편, 소비자기본법상 집단분쟁조정제도는 우리 소비자분쟁해결제도의 특징 중 하나인 소비자분쟁조정제도에 집단적 분쟁 해결 가능성을 도입한 것인데, 분쟁조정제도가 갖고 있는 일반적인 한계를 지닌다.

집단분쟁조정의 경우에도 일반 분쟁조정의 경우와 마찬가지로 사업자가 조정절차에서 이탈하는 경우에는 조정이 성립할 수 없는 한계를 갖고 있다. 또한 신청요건의 엄격성 등으로 인하여 당초 기대에 비해 그 이용률이나 실적이 저조하다. 소비자기본법상의 소비자단체소송 역시 피해를 입은 소비자가 직접 소를 제기할 수 없는 문제점이 있고, 또한 위법한 소비자권익침해행위의 중지 및 금지를 청구할 수 있을 뿐 손해배상을 청구할 수 없는 한계가 있다.

집단소송과 관련된 제도 중에서 우리나라에 필요한 제도들을 적정하게 도입할 필요가 있다. 적어도 소액 다수의 피해자를 사법상 구제함에 있어서 선정당사자 제도의 한계 및 소비자기본법상의 집단분쟁조정제도와 단체소송이 갖는 한계가 분명한 이상, 집단소송제도를 도입하지 않으면 안 된다. 집단소송법에 대한 국회의 관심은 매우 커서 20대 국회에서도 현재 12개 법안(철회 1건 포함)이 발의된 상태이다.

소액 다수의 피해에 대한 사법상 구제를 위한 합리적인 대안으로는 미국의 집단소송제도인 class action과 일본의 2단계 집단소송제도를 그 대안으로서 생각할 수 있다.

소비자의 이익보호에 방점을 두는 경우에는 미국식의 집단소송(이른바 opt out형 집단소송)을 도입하는 것이 바람직해 보인다. 피해자가 누구라도 전체 피해자집단의 이익을 보호하기 위한 집단소송을 제기할 수 있도록 하고, 특별히 이 집단소송에서 제외를 신청하지 않는 한 집단소송의 결과에 구속되며, 피해구제를 받을 수 있도록 하는 것이다.

어느 누구도 직접 소송에 나서고자 하지 않는 일정한 소액 피해의 경우에는 예외적으로 자격 있는 소비자단체 등에게 집단소송을 제기할 수 있는 원고적격을 부여하는 것도 바람직하다. 지금은 소비자의 피해구제를 위해 남소(濫訴)의 방지보다는 오히려 집단소송을 활성화해야 하는 단계라고 생각된다.

【2019.06.19】

한국형 '레몬법' 아직 갈 길 멀다

지난 1월1일부터 이른바 한국형 '레몬법'이 시행되고 있다. 2017년 12월24일 개정된 자동차관리법 제47조의2 이하의 규정이다. 레몬법(lemon law)이란 품질이나 성능의 기준에 반복적으로 부적합한 제품을 보상하기 위해 자동차 등 소비재의 구입자에게 구제책을 제공하는 미국의 주법을 말한다. 소형 전자제품부터 거대 기계까지 온갖 종류의 불량품이 있지만 레몬이란 말은 자동차, 트럭, SUV, 오토바이 등의 결함차를 나타내는 데 가장 많이 쓰이고 있다.

우리나라에서는 종래 자동차의 하자로 인한 자동차의 가치 하락, 운전자와 타인의 생명과 신체의 위협 등에 대하여 적절히 대처하는 법제도가 미비했다. 신차에서 같은 증상의 하자가 반복되어도 자동차의 제작 · 조립 · 수입자(이하, '제작자 등')가 교환 · 환불을 거부하면 소비자는 한국소비자원에 피해구제를 신청하거나 법원에 소송을 제기하는 외에는 구제받을 방법이 없었다.

올해 시행된 개정 자동차관리법은 제47조의2 이하에서 일정한 조건 하에 자동차의 교환 · 환불을 받을 수 있도록 하고 있다. 우선, 차량의 구매계약 당시에 교환 · 환불 보장 등의 내용이 '서면계약'의 형태로 작성되어야 한다. 다음으로 구조나 장치의 하자로 인하여 자동차의 안전이 우려되거나 경제적 가치가 현저하게 훼손되거나 사용이 곤란하게 되어야 한다. 그리고 차량이 1년 이내 주행거리 2만㎞이내 이어야 한다. 이 경우 ① 원동기, 동력전달장치, 조향장치, 제동장치 등 구조 및 장치에서 같은 증상의 하자가 3회 이상 재발한 경우(중대한 하자), 또는 ② 중대한 하자 이외의 구조나 장치에서 같은 증상의 하자가 4회 이상 재발한 경우(일반적 하자), 또는 ③ 1회 이상 수리한 누적 수리기간이 30일을 초과하는 경우에는 하자자동차의 소유자는 차량 인도 시로부터 2년 이내에 신차로의 교환 또는 환불을 요구할 수 있다.

한편 개정 자동차관리법은 신차의 인도 시부터 6개월 이내에 발견된 하자는 인도된 때부터 존재하였던 것으로 추정하는 규정도 두고 있다. 또한 개정 자동차관리법은 하자차량 소유자의 신청에 따라 자동차 안전 · 하자심의위원회를 통한 중재 제도를 마련하고 있다. 종래의 미비한 법제도를 보완하는 제도로서 환영할 만한 입법이라고 평가할 수 있다.

그러나 한국형 레몬법에는 여러 가지 구멍(loophole)이 존재한다. 자동차의 교환 · 환불을 받기 위한 전제 조건이 당사자간 서면계약이기 때문에 자동차 제작자 등이 자동차의 교환 · 환불에 대한 서면계약을 거부하는 경우에는 법을 강제할 수 없는 문제가 있다. 지난 4월 2일 시민단체 소비자주권시민회의 조사에 따르면 한국수입자동차협회에 등록된 16개 공식 회원사 중 메르세데스-벤츠, 아우디, 폭스바겐, 혼다,

포드 등 11개사와 국내산인 한국GM은 한국형 레몬법을 거부하며 교환 및 환불 규정을 수용하지 않았다고 한다.

또한 소비자의 입증 어려움을 완화해 주고자 한 입법의 경우에도 차량이 인도된 날로부터 6개월 이내에 발견된 하자의 경우에만 인도된 때부터 존재하였던 것으로 추정함으로써 6개월 이후에 발견된 하자에 대해서는 하자가 있었다는 사실을 소유자가 입증하지 않으면 안 된다. 적어도 공정거래위원회의 소비자 분쟁해결 기준에서 규정하고 있듯이 차량인도일로부터 12개월 이내에는 하자가 추정되도록 개정할 필요가 있다. 마지막으로 대안적 분쟁해결제도(Alternative Dispute Resolution, ADR)로서 도입한 교환 · 환불 중재제도 역시 입법보완이 필요해 보인다.

교환 · 환불을 위한 중재는 자동차 제작자 등과 하자차량 소유자의 사전 중재합의로 절차가 진행되는데, 중재 판정은 확정 판결과 동일한 효력이 있다. 소비자의 중재비용이 과도하게 소요되거나 사전 중재 합의가 분쟁해결 수단에 대한 소비자의 선택지를 제한하는 결과를 초래할 가능성이 있다. 그러므로 미국에서와 같이 행정형 중재에 대해서는 국가가 비용을 부담하는 방안 및 중재 판정이 제조업자 등만을 구속하고 소비자는 중재 결과에 만족하지 못하는 경우 다시금 소송을 제기할 수 있도록 하는 방안이 강구될 필요가 있다.

마지막으로, 한국형 레몬법에 징벌적 손해배상 제도의 도입에 대한 요구가 강하다. 한국형 레몬법이 도입되었음에도 실제 현장에서는 여전히 교환, 환불 사례를 찾아보기 어렵다. 그 이유의 하나가 바로 미국 등 해외와 달리 징벌적 보상제도가 도입되지 않은 것에 있다고 할 수 있다.

【2019.09.04】

클라우드서비스와 데이터 보호

최근 클라우드컴퓨팅 서비스를 이용한 사업과 이를 이용하는 소비자가 다수 존재한다. 클라우드컴퓨팅 서비스를 일반적으로 지칭해 클라우드서비스라고도 한다.

클라우드컴퓨팅(cloud computing)은 클라우드(인터넷)를 통해 가상화된 컴퓨터의 시스템 리소스(IT 리소스)를 제공하는 것을 말한다. 인터넷 기반 컴퓨팅의 일종으로 정보를 자신의 컴퓨터가 아닌 클라우드에 연결된 다른 컴퓨터로 처리하는 기술을 의미한다.

공유 컴퓨터 처리 자원과 데이터를 소비자(기업 또는 개인이용자)가 요청하는 컴퓨터나 다른 장치들에 제공해 줌으로써 소비자에게는 컴퓨터 시스템 리소스의 구축 비용을 절감시켜 주는 획기적인 서비스이다. 그러나 인터넷을 이용한 클라우드컴퓨팅 서비스를 이용하는 경우 소비자 입장에서 발생할 수 있는 리스크가 존재한다. 그 중의 하나로서 이른바 서비스 종료의 경우를 생각해 볼 수 있다. 사업자의 도산 등으로 클라우드서비스 제공이 갑작스럽게 종료되는 경우가 그러한 예의 하나이다.

실제 사례로서 사진에 관한 클라우드서비스를 제공했던 미국 Digital Railroad사가 파탄으로 인해 돌연 서비스를 종료한 예가 있다. 이때 이 회사는 24시간 이내에 스토리지에 저장된 데이터를 대피(이전)하라고 발표했으나 실제로는 사용자에게 사진을 서버에서 다운받거나 다른 서버로 이전하는데 24시간의 시간 여유조차 부여하지 않았다. 이에 일부 이용자는 데이터를 회수하지 못하는 불상사가 발생했다.

클라우드서비스가 종료되는 경우 발생할 수 있는 일들을 기업 이용자의 입장에서 생각해 보면 다음과 같다. 우선 클라우드서비스가 폐쇄되면 당연한 일이지만 클라우드를 이용하여 제공하고 있는 소비자 서비스가 정지된다.

클라우드 폐쇄와 동시에 서비스도 종료하게 되면 큰 문제가 없을 수도 있지만 이와 같은 경우는 드물 것이다. 다른 클라우드 또는 온 프레미스(on-premises)를 이용해 서비스를 계속하지 않으면 안 되는 경우가 대부분일 것이다. 거기서 중요한 것이 자료복구(data salvage)이다. 자료복구 방법으로는 백업과 운용회복(recovery)를 들 수 있다. 백업과 리커버리는 데이터 손실로부터 조직을 보호하기 위해 사용할 수 있는 데이터 복사를 작성 및 보존하는 프로세스를 말한다.

서비스의 계속을 위해 중요한 것은 이제까지 축적해온 데이터를 클라우드 폐쇄 전에 보존할 수 있는지의 여부이다. 축적된 지금까지의 데이터는 필수이므로 보존하지 못하면 서비스를 계속할 수 없다.

중요한 정보는 암호화돼 안전하게 로컬에 백업되도록 할 필요가 있다. 이러한 접근방식은 클라우드시스템의 장애를 근본적으로 해결하는 것은 아니지만 적어도 그와 같은 대비를 하는 기업에게는 클라우드서비스 제공자에게 문제가 발생하는 경우에도 데이터의 보존 및 관리가 가능하게 된다. 바로 클라우드 내에서 데이터를 안전하게 암호화하고 백업시스템에서 중요한 데이터에 접근하는 것이 가능한 것이다.

오늘날에는 클라우드서비스 제공자에게 문제가 발생하는 경우에도 데이터 서비스의 지속을 위하여 별도의 클라우드를 미리부터 준비하는 경우가 있다. 클라우드서비스 이용 개시 시에 클라우드 이중화, 멀티 클라우드서비스 또는 하이브리드 클라우드 등을 선정해 두는 것이다.

클라우드 매니지드 서비스(MSP) 업체인 베스핀글로벌이 발간한 '2018 국내 클라우드 도입의 현주소' 설문조사에 따르면 전체 응답자 중 36%가 클라우드를 도입했는데 퍼블릭 클라우드 사용자 중 단일 클라우드의 비중은 57%, 2개 이상의 멀티 클라우드의 비중은 43%라고 한다.

이와 같은 현상은 하나의 클라우드가 모든 기업의 요구를 다 충족하지 못한다는 것이 그 배경이라고 할 것이다. 다만 복수 클라우드서비스를 선정하는 문제는 기업이용자에게 불필요한 비용의 증가를 가져올 수 있는 문제가 되기도 한다. 기업이용자 입장에서는 클라우드서비스의 이용에 따른 위험을 미연에 방지하기 위하여 신뢰성 높은 클라우드 사업자를 선정할 필요가 있다.

클라우드서비스가 종료되는 경우 데이터의 회수나 다른 서비스로의 이행 등의 조치에 못지 않게 중요한 것이 바로 데이터의 완전 삭제 확인이다. 기업이용자는 클라우드서비스 이용 계약을 체결할 때 공급자의 데이터 취급 조건에 대해 확인해 둬야 한다.

chapter 9

송준호

학력
・인하대 의대
・인하대 의학박사
경력
*대학
・인하대병원 신장내과 과장(현), 대외홍보정책실장(현)
・미국 미시간대학 교환교수
・인하대 의생명연구원 산학연융합연구기획실장 역임
・인하대병원 공공의료사업단장 역임
*학회
・신장학연구재단 이사(현)
・미국신장학회·국제신장학회 정회원
*사회활동
・인천일보 시민편집위원
・인천시의사협회 학술이사
・한국의학교육평가원 위원
*수상
・대한신장학회 젊은 연구자상 2005
・한국과학기술우수논문상 수상 2006

당신의 마지막에 대한 이야기

【2018.01.31】

어떤 의료 행위가 인정받아야 하나

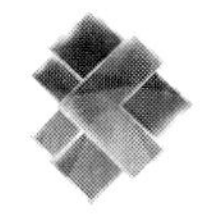

최근 모 대학병원 신생아중환자실에서 일어난 사건이 전국을 떠들썩하게 하고 있다. 어떻게 그런 일이 생겼는지에 대해서는 추이를 지켜봐야 하겠지만, 병원 감염과 안전 관리에서 진료 적정성까지 그동안 표면에서 논의되지 않았던 이슈들이 병원계와 관계 당국뿐만 아니라 국민들에게 관심을 끌고 있다.

의과대학 강의실에서 회자되는 名醫(명의) 삼형제에 대한 故事(고사)가 있다. 의사가 아니어도 들어봄 직한 이야기다. 이름이 난 명의가 많은 사람이 자신을 칭송하자, 세간에 별로 알려지지 않은 자신의 두 형 이야기를 했다. "제 둘째 형님은 병을 적절히 잘 다스려서 환자 대부분이 중병으로 진행되지 않고 그만그만합니다. 그러다 보니 딱히 고맙다고 생각하는 분들도 별로 없습니다. 큰 형님은 평상시 사람들이 병에 걸리지 않게 미리 의술을 펼쳐서 동네에 환자가 별로 없습니다. 그러다

보니 입에 풀칠하기조차 어렵습니다. 사실 저는 두 형님보다 못하다 보니 환자도 많고 중병도 많습니다. 그래서 이렇게 유명해졌나 봅니다."
편작의 이야기라고도 하고 화타의 이야기라고도 하는데, 눈에 잘 띄지 않는 적정 의료와 예방 관리 행위가 보상과 인정을 받는 게 얼마나 어려운지를 풍자하고 있다.

바람직한 21세기의 의사는 과학적으로 엄밀히 검증된 근거 중심의 치료를 정확히 그리고 많이 체득하여 환자에게 적절하게 적용하는 의사이다. 의료 기술의 발달로 난치 질환은 줄어들고 대개 질환의 치료가 근거 중심의 표준 지침으로 수렴되어 거의 평준화가 이루어졌기 때문이다. 평균보다 나은 의사라면 진료의 질과 적정성을 검토하고 개선하는데 시간을 투자할 것이다. 여기에 인간의 마음을 아우르는 감성이 더해지면 명의라고 불릴 수도 있겠다. 현 시대에는 비방이 있다고 하는 의사는 정도를 벗어난 의사일 가능성이 높다. 누군가 좋은 의사를 소개해 달라 하면 예방과 적정한 진료에 최선을 다하는 기본에 충실한 의사를 추천하고 싶다. 이번 신생아실 사건의 예를 봐도 환자에게는 진료 후 손을 씻는 원칙을 지키는 의사가 더 훌륭한 의사일 수도 있다.

병원은 어떨까? 90년대 수도권에 여러 대형 병원이 설립되면서 환자를 '고객'으로 보호자를 '잠재적 고객'으로 인식하고 감성과 경험 서비스와 편의시설을 내세운 병원 마케팅이 하나의 트렌드로 형성되었다. 일일 생활권 교통시스템은 전국 의료 소비자들을 수도권으로 실어 날랐고, 전국 모든 병원도 하나같이 고급화와 대형화를 기본 마케팅 전략으로 삼았다. 이런 무한경쟁에 경종을 울린 것이 2015년 전국을 마비시킨 중동호흡기증후군(메르스) 사태였다.

'썰물이 되어야 누가 벌거벗고 수영을 하고 있는지 알 수 있다'는 우스갯소리처럼 당시 메르스 사태는 외형이나 명성이 시끌벅적한 대형 병원들의 민낯을 그대로 보여주었다. 편의 시설 및 고객 서비스 매뉴얼

만큼 감염 예방과 관리 체계나 매뉴얼은 준비되지 않았던 것 같다. 더 심각한 것은 일부에서 드러난 국민안보로서의 의료 공공성과 사회적 책무에 대한 철학 부재였다. 사태가 벌어진 초기에는 메르스 환자가 없다는 것을 홍보하거나, 환자가 있는 것을 숨기려 했던 병원들도 있었다고 한다.

인천의 경우는 다른 지역에서 받아주지 않는 메르스 환자를 받아 치료한 병원도 있었고 감염 의심 환자로 인하여 자발적으로 폐쇄를 결단한 병원도 있었다. 시 보건당국은 물론 일반 시민들까지 보름 이상을 비상사태로 고생했지만, 그 덕에 실전 속에 감염 방역 체계를 정비할 기회를 가진 것은 정말 소중한 경험이다. 그 와중에 인천의 발생 환자와 전파 환자 제로의 위업 달성은 인천시민으로서 자랑스럽기까지 하다.

이제 국민들은 감동 서비스나 정서적 만족감의 충족에 대한 욕구에서 좀 더 성장하여 병원에 안전이라는 가치를 공유하는 동반자 역할을 요구하고 그에 대해 평가와 인정을 해야 한다.

정부는 감염관리와 위험 관리에 비용을 들여 노력하는 행위에 대해 국민을 대신해 평가하고 보상을 해야 한다. 그런 면에서 상급종합병원 지정평가, 의료기관 인증평가, 의료질 평가 등 3대 평가에 안전과 감염 관리 부분을 강화하고 있는 것은 올바른 방향으로 생각된다.

앞서 이야기한 명의 삼형제 이야기로 돌아가서 결론을 내리고 싶다. 비록 세간에 유명하지는 않지만 첫째 형과 둘째 형과 같이 기본에 충실한 의료인과 병원이 인정을 받는 시대가 되었으면 한다. 의료에서는 기본이 생명과 연결되어 있기 때문이다.

【2018.04.04】

지구촌 의료의 공존과 나눔

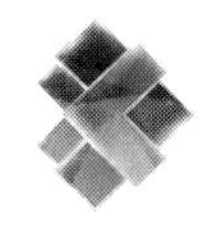

필자의 병원에는 공공의료사업지원단이 있어서 연 3~4회 개발도상국으로 해외봉사단을 파견한다. 작년에는 우즈베키스탄, 몽골, 필리핀을, 그 전에는 베트남, 라오스, 카자흐스탄 등을 방문하였고, 지진과 같은 재난이 발생한 국가에 긴급 구호팀을 파견 했다. 이런 활동은 뜻을 같이 하는 지역 기관이나 기업들과 함께 진행한다. 현재 인천시, 대한항공, 포스코건설 등이 인하대병원과 해외 의료 나눔을 함께 하고 있다.

저개발 국가를 방문해 30~40년 전 우리나라와 같은 모습을 보면 세계에서 손꼽힐 정도로 성장한 우리 의료 기술이 우리만의 노력으로 이루어졌을까 되짚어 보게 된다. 1950년대 한국전쟁 이후 우리나라는 세상에서 가장 못 사는 국가였다. 폐허 속에서 우리 정부는 의료지원단을 파견했던 스칸디나비아 3국에 계속 남아 의료지원을 지속해줄 것을 요청했다. 이에 1958년 건립된 병원이 국립의료원이다. 국립의료원은

1980년대까지 오랜 기간 의료공백을 메워 환자를 치료하였고 더 나아가 인재를 배출하는 데 기여하였다. 개발도상국에 가면 해외 원조 병원이 보통 그 나라에서 가장 좋은 병원의 위치를 차지하고 있지만, 우리나라처럼 원조 병원을 자국에서 적극적으로 잘 활용한 예는 많지 않다.

우리 의료 발전의 또 하나의 계기는 한국 재건원조 프로그램을 통해 1955년부터 시작된 미네소타 프로젝트이다. 미네소타주가 이 프로그램에 참가하게 된 것은 당시 한국전쟁고아가 가장 많이 입양된 곳이라는 단순한 이유였다. 이 프로그램을 통해 농업, 공업, 의학 분야 연구자와 교수들이 미국 미네소타 대학에서 연수를 받았다. 의학 분야에서는 1961년까지 총 77명의 의학자가 연수를 받았다. 이들은 연수 후 한국 의학의 1세대가 되어 우리나라 의학 발전의 토대가 되었다.

이야기가 여기서 끝나면 그냥 '못 살았던 시절 회고담'이 되겠지만 이제부터 반전이 시작된다. 그 못 살던 나라가 1996년 29번째 OECD 가입국이 되었다. 이어 2000년에 OECD 산하 개발원조위원회(DAC)가 공인한 도와줘야 할 나라, 즉 원조 수원국(受援國) 명단에서 빠져 나왔다. 그리고 2010년 공여국(供與國) 명단에 들어가며 지위가 반전되었다. 자랑스럽다 해야 할지 부끄럽다 해야 할지 모르겠지만, 수원국이 공여국이 된 세계 첫 사례로 국제원조 사업의 대표적 성공 사례라고 한다.

OECD 개발원조위원회 공여국 가입조건은 국민총소득(GNI) 대비 0.2% 또는 연 1억 달러 이상 원조이다. 우리나라는 연 8억 달러 이상원조로 자격을 유지 하고 있지만, GNI 대비 원조액은 0.1%에서 조금 넘는 정도로 OECD 평균 0.24%에 비해 절반도 미치지 못한다. 우리는 한국전쟁 후 90년대까지 200억 달러 이상 원조를 받았는데, 2차대전 후 마샬플랜을 통해 유럽 18개 국에 지원된 액수는 다 합쳐 130억 달러 정도이다. 그래서 한국은 국제 원조를 가장 많이 받은 나라이면서 남들을 돕는 데는 인색하다는 평을 듣기도 했다.

중국은 7~8년 전부터 미국을 제치고 세계 1위 해외 원조국으로 부상하고 있다. 주로 아프리카 지역에서 인프라와 자금 지원에 집중을 하고 있다. 제3세계에서 리더로서 헤게모니를 가지려는 생각도 있고 장기적 차원에서 시장과 자원을 확보하려는 의도도 보인다. 신흥 공여국들도 저개발 국가 원조의 저변에 국가 이미지 제고, 기업의 현지 진출 등 부수적인 효과에 대한 기대를 깔고 있는 것이 사실이다. 그래서 뜻 있는 사람들은 자국의 안보나 경제적 실익을 연관 짓거나 결국 갚아내야 하는 유상공여보다는 기술 지원과 경험을 전수하여 수원국의 자생력을 키워주는 소위 '개발 원조'에 더 의미를 둔다. 의료의 경우는 더 그러하다. '물고기를 주는 것보다 잡는 것을 가르쳐 주는 것이 더 좋다'는 말이 있듯, 의료계에서는 'CT를 주는 것보다 읽을 수 있게 가르쳐 주는 것이 더 좋다'고 생각한다. 우리나라에는 이런 취지로 수원국의 의료인을 양성하는 프로그램으로 KOFIH 이종욱 펠로우십과 보건사업진흥원 Medical Korea Academy가 있다. 인하대병원은 11년 간 이들 프로그램을 통해 9개국 106명의 의료인들을 교육을 시켜 본국에서 헌신하도록 했다.

동남아나 아프리카의 저개발국에 가면 외국에서 지은 병원들이 항상 눈에 띄는데, 제대로 쓰이지 못하는 경우가 많다. 무상으로 증여된 병원도 아깝지만 차관으로 지은 병원은 고스란히 국민이 갚아야 할 부담이 될 것 같아 더욱 안타깝다. 그래서 해외에 나갈 때마다 전쟁 후 해외원조를 낭비하지 않고 성실히 우리나라 의료를 이만큼 끌어 올린 선배 의학자들의 노력과 근면에 숙연한 마음을 갖지 않을 수 없다. 결국 원조의 성공은 수원국 측 인재들의 근면성과 노력 그리고 청렴도가 관건인 것 같다.

최근 피부로 느끼는 긍정적인 신호는 개발도상국 중 피동적 원조를 탈피하고 스스로 의료체계를 개발하고 선진적 의료인 교육제도를 도입하려는 국가가 나타나기 시작했다는 점이다. 이들은 중국이나 일본 보다 정치적 경제적 이해관계가 적고 무엇보다 한때 같은 수원국이었던 한국에 더 호감을 갖고 손을 내미는 듯하다. 우리도 경제논리를 잊고 손을 잡을 때가 된 듯하다. 기업에 사회적 책임이 있다면 국가에는 국제적 책임이 있다. 우리나라 경제력이 세계 10위권 수준인데 국제원조 기여는 OECD 평균에 미치지 못한다는 말은 더 이상 들어서는 안 된다. 특히 국제원조를 받았던 나라로서 조금은 의무감을 느껴도 될 것이다.

【2018.05.23】

낯선 신세계

'4차 산업혁명'이라는 말은 세상에 나온 것은 생각보다 오래되지 않았다. 2016년 다보스포럼에서 클라우스 슈밥이 처음으로 이 단어를 소개했을 때 우리나라 사람들은 창조 경제, 녹색 혁명 등 공허한 신조어에 막 이력이 나기 시작하던 참이라 시큰둥한 한 반응을 보였었다. 그러던 것이 불과 2년이 채 되지 않아 사물인터넷, 빅데이터, 인공지능, 딥러닝, 자율제어 등 전문용어들이 일상어로 쓰이기 시작했고 그 실체가 조금씩 세상에 모습을 드러내고 있다. 사람들은 편리하고 스마트하지만 10명 중 4명의 일자리가 바뀐다는, 지금까지 한번도 경험하지 못한 낯선 세상을 기대 반 두려움 반으로 기다리고 있다.

의료분야는 4차 산업혁명에 의해 어떤 모습으로 나타날까? 가장 먼저 변화가 나타나는 것은 디지털 헬스케어 분야일 것이다. 지금은 의식하지 못하는 중에 습관과 활동에 대한 정보를 스마트폰과 앱을 통해 제공하고 있지만, 이 데이터들은 빅데이터 알고리즘 분석을 통해 건강관리 프로그램, 질병 예측 프로그램, 치료 정보 프로그램으로 만들어져

조만간 여러 가지 형태로 돌아 올 것이다.

환자들은 스마트폰과 결합된 간단한 착용형 측정기를 통해 혈압, 당 등의 생체 신호를 기록하고 주치의의 긴밀한 상담과 진료를 받을 수 있다. 조금 더 나아가 딥러닝 기술을 통해 만든 알고리즘이 간단한 조치나 처방에 대해 조언을 해 줄지도 모른다. 국민이 이런 것을 누리기 위해서 정부가 할 일은 이런 것들을 일상적인 진료 형태로 인정하고 정당한 수가를 책정하는 것이다. 집에서 진료를 볼 수 있다면 정말 편할 것이다. 하지만, 최근 보호자 대리방문 처방에 대해서도 법적 문제가 제기되는 것을 보면 이뤄지기에 요원한 문제다. 원격진료는 그 한계와 속성 상 의료 제반 시설이 낙후된 곳을 위주로 이루어질 것이다.

우리나라나 미국, 일본 같은 의료선진국보다는, IT에 비해 의료기술이 떨어지는 중국이나 인도에서 먼저 발달할 가능성이 높다. 선진국에서는 고령화 사회 대책으로 '원격케어' 모습으로 개념을 바꾸어서 자리를 잡을 가능성이 높다. 원격진료의 논란에 함께 묶여 서해5도와 같이 의료취약지역 주민들이나 재택 노인, 거동불가 환자들과 같은 취약계층 환자에 대한 원격지원이 지연되는 것은 안타까운 일이다.

안젤리나 졸리처럼 자신의 유전자를 알 수 있을까? 2003년 게놈 프로젝트에서 한 인간의 전체 유전자를 분석하는 데 든 비용은 3조원이었다. 그런데 차세대염기서열분석(NGS) 기술은 그 비용을 1인당 100만원대로 낮추었다.

이러한 비용 감소 덕에 모든 사람의 전체 유전정보를 모은 빅데이터를 기반으로 질병을 예측하고 치료할 수 있는 정보를 만드는 작업에 박차가 가해졌다. 2030년이면 10만원으로 자기 유전자 지도를 알 수 있고 어떤 질환에 취약한지, 무엇을 예방을 해야 하는지, 또 병에 걸리면 어떤 치료제가 자신에게 맞는지 맞춤 처방을 받을 수 있다.

가까운 미래에 당신이 만나는 의사들은 거의 비슷한 수준으로 상향

평준화되어 있는 의사들일 것이다. 빅데이터를 통해 질병에 대해 축적된 엄청난 정보와 지식이 온라인으로 실시간 의료전문가들에게 제공되기 시작했기 때문이다. 의사들은 알파고 같은 알고리즘 의사결정지원시스템(decision support system)과 로봇의 도움으로 편하고 안전하게 치료 결정과 수술을 할 수 있을 것이다. 이런 것들이 완전히 대중화가 되면 그때는 그 사용료를 누가 지불하게 될지 궁금하다.

의료분야 일자리에는 어떤 변화가 올까? 4차 산업혁명에 따른 직업별 위험도를 분석한 연구로 유명한 옥스퍼드 대학 프레이와 오스본의 논문에 의료분야 직업들은 사라질 염려가 적은 상위 직종에 랭크된다. 특히 사람을 직접 돌보고 정서를 담당하는 상담사나 치료사, 간호사 등은 영향을 거의 받지 않을 것으로 보이는 대표적인 직종이다. 인공지능이나 로봇이 독자적으로 진료를 하는 것은 요원한 이야기일 것이다. 진료가 알고리즘만으로 되는 것은 아니기 때문이다. 다만 인공지능이 인간보다 월등한 효율을 보이는 시각 처리 및 분석을 이용한 진단 분야에서는 변화가 나타날지 모른다.

멜더스는 인구 증가로 인류가 절멸할 것이라 예언했지만 인류는 폭발적인 1차 산업혁명 생산성으로 이를 쉽게 돌파했다. 4차 산업혁명도 당면한 초고령화, 저생산 사회의 위기를 돌파할 기회를 맞을지 모른다. 의료산업은 사용자(의사), 수혜자(환자), 지불자(정부), 공급자 (업체)가 서로 다른 복잡한 구조를 가지고 있어(보통 사용자, 수혜자, 지불자가 같다) 정부는 이를 잘 이해하여 사용자가 드라이브를 걸고 수혜자가 혜택을 볼 수 있는 인센티브와 수가 모델을 만들어내어야만 결실을 거둘 수 있다. 지금까지 아무도 경험하지 못한 낯선 신세계가 멋진 신세계로 그 모습을 드러내길 염원한다.

【2018.07.18】

당신의 마지막에 대한 이야기

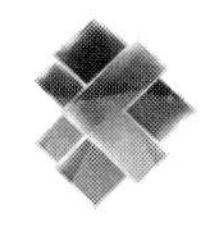

건강 수명이 옛날에 비해 길어졌다. 요즘 60세 환자들은 필자의 초임 의사 시절 60세 환자에 비해 10~15세는 젊어진 것 같다. 환경이 좋아지고 의료가 발달해서다. 그래서 요즘은 급성질환으로 인한 갑작스런 사망도 많지 않다. 대개 나이가 들어 암이나 노환으로 사망한다. 반면 임종 모습은 옛날보다 쓸쓸해졌다. 한해 사망의 75% 특히, 암 환자의 85% 이상이 병원에서 치료 중 사망한다고 한다. 많은 사람이 중환자실에서 의료진 외에는 가족을 못 보고 외롭게 죽어간다. 과거에는 '객사는 안 된다'는 인식으로 어떻게든 마지막에는 집으로 돌아와 가족 애도 속에 임종하는 게 전통이었는데, 이제 그런 일은 희귀한 일로 변했다.

90년대 초까지는 보호자 요청으로 임종이 임박한 환자들은 기도내관(氣管內管)만 유지한 채 퇴원해 집에 도착한 후 관을 제거하면서 가족과 임종을 맞기도 했었다. 그런 관행은 94년 '보라매 병원 사건'으로 자취를 감췄다. 인공호흡기를 하고 있는 외상 환자를 배우자 요청으로 퇴원시켜 사망하게 한 의사들이 처벌을 받은 사건이다. 이 판결의 충격으로 병원과 의사에게 연명치료 중단은 금기처럼 되었다. 많은 말기 환자도 마지막 순간까지 인공호흡기에 매달려 있어야 했고, 가족들은 그 고통을 나눠져야 했다.

그러던 중 15년 후 정반대 사건이 일어난다. 회복 불가능한 뇌 손상으로 1년 넘게 인공호흡기를 사용하고 있는 할머니의 보호자가 생전 할머니 뜻에 따라 병원에 인공호흡기 제거를 요구하였지만 병원이 받아들이지 않았다. 분쟁은 소송으로 진행되었고, 2009년 5월 인공호흡기 사용 중단은 '회복 불가능한 단계에 이른 환자가 인간으로서 존엄과 가치에 기초하여 자기결정권을 행사하는 것'이라는 대법원 판결로 종결되었다. 세칭 '세브란스 김 할머니 사건'이다. 이를 계기로 2016년 '호스피스 완화 의료 및 임종 과정에 있는 환자의 연명 의료 결정에 관한 법'(약칭 연명의료결정법)이 제정되었고, 올해 2월부터 '연명의료결정제도'가 시작되었다.

연명의료결정법은 회생 가능성이 없는 말기나 임종을 앞둔 환자가 자기 결정이나 가족 동의로 무의미한 연명치료를 받지 않을 수 있는 권리를 보장하기 위한 법이다. 연명의료중단결정에는 '회생이 불가능한지'와 '연명치료가 의미가 없는지'가 반드시 확인돼야 한다. 치료가 무의미하지 않고 말기가 아닌 환자들은 오히려 치료권을 보장하여야 한다. '보라매병원 사건'의 경우 환자에게는 회복 가능성이 있고 인공호흡기 치료가 꼭 필요한 상황이었다. 따라서 의료진은 배우자 요청보다 환자의 권리 보호를 우선 했어야 했다는 게 재판부 판단이었다.

'회생 불가능'과 '연명치료 무의미성'이 연명의료중단결정의 전제 조건이라면, '환자의 자발적 意思' 확인은 결정 조건이다. '사전연명의료의향서'를 써두었으면 자기 결정을 법적으로 존중받을 수 있다. 서류를 작성하지 않았더라도 적당한 때 자기 의사를 가족이나 의사에게 표현해 두었으면 나중에 가족 2인과 담당의사 확인 절차를 거쳐 그 결정을 존중받을 수 있다. 그런데 평소 의향을 밝힌 적이 없거나 들은 사람이 없으면 문제가 복잡해진다. 환자의 가족 전원이 모여 동의를 해야 하는데 그 과정이 여간 복잡하지 않다. 제도 도입 후 가장 큰 난제로 해결이 필요한 상황이다.

죽음은 누구에게나 두렵다. 우리나라에선 거기에 더해 '죽음은 억울하고 비참하다'는 정서까지 있어 분노와 슬픔의 강도를 높인다. 이러한 의식으로 죽음이 닥쳐 왔을 때 잘 다루지 못하고 두려움 속에서 마지막 시간을 허비한다. 죽음도 아름다울 수 있다는 것을 알지 못하면 죽음을 낭비하게 된다. 삶의 마지막 시간 가족에게 아름다운 모습을 남기고 자손들에게 지혜와 교훈을 주고 떠남은 아주 소중하다. 의사 생활 동안 그런 의연한 임종을 몇 번 볼 행운이 있었는데, 옆에서 지켜보는 것만으로도 그 감동은 말로 표현하기 힘들었다.

의식이 없는 상태에서 서류를 통해 수동적으로 생을 마침은 슬픈 일이다. 그런 일이 생기기 전, 삶의 여정이 여기까지라고 생각하는 순간부터 사랑하는 가족에게 남은 소중한 시간을 쓰기로 마음먹는 게 더 나은 결정일 수 있다. 그것을 도와주는 것이 완화(호스피스) 의료이지만 기회가 오지 않을 수도 있다. 이미 말기가 되었을 때 의사나 가족이 당신에게는 사실을 말해 주지 않는 경우도 많기 때문이다. 그래서 당신의 마지막을 계획할 수 있는 가장 좋은 때는 바로 지금이다. 사랑하는 가족에게 마지막 시간을 보내고 '안녕'을 고하면서 '원 없이' 헤어지는 것을 생각해 봐야 한다.

【2018.10.17】

국경도시 인천과 감염병 전문병원

3년 만에 메르스 (중동호흡기증후군) 확진 환자가 다시 발생해 전국이 긴장상태에 놓였었다. 다행히 추가 확산 없이 WHO(세계보건기구) 기준에 따라 종식이 선언되었다. WHO는 '21세기는 감염병의 시대'로 정의하고 인류에 위협을 주는 신종 감염병 방지에 전 역량을 쏟아붓겠다고 선언했었다.

금세기 의료전문가들은 밖으로는 사스, 메르스와 같은 신종 유행병들의 전파와 안으로는 항생제 내성으로 더욱 강력하게 진화된 세균들과 힘겨운 싸움을 벌이고 있다.

지난 10월23일자 인천일보 1면에는 메르스와 같은 신종 감염병에 신속하고 체계적으로 대응할 수 있는 전문병원이 인천지역에 설립돼야 한다는 보도가 있었다. 이번 사태에서는 발생 후 인천시 보건당국이 적절히 24시간 감시대응체계를 가동하고, 인천국제공항공사, 인천공항 검역소와 공조하여 외국인 항공사 직원을 포함한 밀접 접촉자와 70명에 가까운 일상 접촉자를 잘 관리하여 무사히 마무리하였다. 하지만 인천시의 경우 인천공항이 메르스 최초 발병자의 국내 유입 경로가 되고 있는 만큼 정부 차원의 권역 감염병 전문병원의 설립이 필요하다는 논조에 찬성한다.

인류 역사에 기록되는 대규모 유행병은 인류의 기동성 증가와 깊은 관계를 갖고 있다. 유럽의 역사를 바꾸어 놓았다는 14세기 페스트도 중앙 아시아 초원지대에서 내려온 처음 수 세기 동안은 산발적으로만 발생했지만, 12~13세기 도시가 커지고 항해술 발달로 교역과 이동이 확산되면서 전 유럽을 휩쓴 대유행으로 번졌다.

유럽 인구가 1억이 채 안 되는 것으로 추산되던 그 시대에 2600만 명을 희생시킨 이 참극은 설에 의하면 한 명의 제노바 선원에 의해 시작했다고 한다.

숫자로 역사상 가장 많은 사망자를 낸 유행병은 1918년 1차 세계대전 중 미군 병영에서 처음 발생한 스페인 독감이다. 이 유행병은 전후 미군들이 대거 귀환하면서 전 세계로 걷잡을 수 없이 퍼져 전사자보다 더 많은 2500만~5000만 명의 인명피해를 냈다. 인구 대국 인도가 이때 역사상 유일무이하게 인구 감소를 기록했다고 한다. 민간 항공 여행이 폭증한 1957년과 1968년에도 수백만 명이 사망한 유행성 독감이 있었다.

21세기에 들어서 2003년 중국과 동남아에서 사스가 700명 이상의 사망자를 기록했고, 2014~15년 서아프리카 에볼라 바이러스가 1만 명 이상 사망자를 냈다. 금세기 유행병들의 사망자 수가 20세기 이전보다 인명피해 수가 줄어든 것은 인류도 진화를 했기 때문이다. 바로 의학의 발전이다. 20세기 초 수천만 명의 인명피해를 낸 스페인 독감의 원인균이 지난 2005년 알래스카의 한 여성 시신에서 분리되어 인플루엔자 A형의 아형으로 밝혀졌는데, 오늘날 타미플루로 치료가 가능하다.

국제 이동의 증가에도 불구하고 신종 유행병이 과거에 비해 조기에 국지적으로 끝난 데에는 방역기술과 프로토콜의 발전도 기여했다.

중세에는 전염병 환자가 들어오면 저주하며 돌을 던져 쫓아냈지만 지금은 합리적인 시스템 구축과 차분한 대응으로 극복이 가능하다. 그 차이를 186명이 감염되고, 1만6752명이 격리되고, 38명이 사망하여 준전시 상황까지 치달은 2015년과 확진자 이후 한 명의 감염자와 사망자를 내지 않은 이번 사태가 보여준다. 우리 사회가 3년 간 국민의 의식도 진보하고 음압병실 확보, 병실문화 개선과 방역 시스템 정립 등 시스템도 잘 구축했다는 증거이다.

정부의 '감염병 전문병원 설립 방안' 연구 결과 전국 5개 권역 (인천 · 중부 · 호남 · 영남 · 제주)에 50병동 규모의 전문병원이 필요한 것으로 분석되었지만, 막상 인천은 수도권 옆에 있어서인지 가장 나중으로 생각하는 듯하다. 하지만 인천은 실질적으로 섬이라 할 수 있는, 우리나라에서 국제공항과 국제항이 있는 국경도시이다. 그것도 300만 명이 거주하고 있는 대도시이다. 두 번의 사태에서도 보듯 해외 유행병이 발생될 때마다 자유롭지 못한 경로도시임에도 지방정부와 사립대 병원이 매번 사태를 해결해 왔다고 봐도 무리가 없다.

2015년을 생각하면 역시 '보건은 국방에 준한다'는 생각이 든다. 유행병이 사회에 미치는 영향은 엄청나다. 올해 초 다보스 포럼에서는 치명적인 대규모 전염병에 대한 별도의 세션이 있었는데, 이 자리에서 빌 게이츠는 유행병 대비에는 연간 3조6000억 원이 소모되지만 아무 대비 없이 유행병에 부딪힐 경우 약 606조3000억 원의 손실이 날 것으로 전망했다.

실제로 2015년 우리나라 메르스 사태에서는 10조6000억여 원의 손실이 있었던 것으로 추정되고 있다. 이 정도 타격을 생각할 때 인구 300만 명의 최단 국경도시 인천에 수도에 준하는 규모의 보건 방역 조직, 신종 감염병과 생물 테러에 대한 방역, 치료와 교육을 담당할 권역 감염 전문병원이 없는 것은 우려스러운 일이다. 비용 중복이 문제라면 수도(首都)의 조직을 인천으로 이전하는 것도 대안일 수 있다.

【2019.01.16】

의대, '의사를 이타적 사람으로' 육성해야

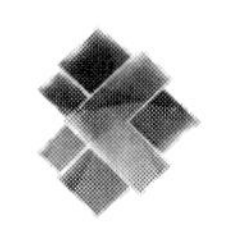

올해 대학입시가 마무리되고 있다. 입시철이 되면 다른 대학 교수들이 의대는 '상위 학생들이 지원하니 좋겠다'고 인사치레를 한다. 의사가 되는데 학교 성적이 최우선 조건인지, 머리 좋은 학생들이 의대에 몰리는 것이 바람직한지 확신할 수 없어 그냥 얼버무리고 만다.

사람들은 청십자의료보험조합을 만든 장기려 박사, 세계 결핵 퇴치에 생을 바친 전 세계보건기구(WHO) 사무총장 이종욱 박사, 아프리카 남수단의 성인 이태석 신부와 같이 소명 의식과 봉사로 평생을 바친 실천적 의사들을 존경한다. 의사의 본질적 직무가 이타적인 특성을 갖기 때문이다. 그래서 의대는 엘리트주의를 지양하고 졸업생들이 개인 영달보다 사회에 관심을 갖도록 가르쳐야 하고, 사회 소외층이나 뜻을 가진 젊은이에게 기회를 주는 것이 의미가 있다.

하버드대 최초 여성 총장인 파우스트(Drew Gilpin Faust) 박사는 취임사에서 '교육은 사람을 목수로 만드는 것이 아니라 목수를 사람으로 만드는 것'라고 말했다. 또 '하버드대가 흑인과 여성, 유태인, 이민자에게 시민권과 평등권 등 기회를 확대시켜온 상징이었으며, 소수 엘리트가 아니라 많은 사람들을 위해 봉사해야 한다'고 설파했다. 대학이 기능인력 양성을 뛰어 넘어 사회에 기여하는 인물을 길러내야 하며 소수자에게도 교육의 기회를 확대해야 한다는 말이다.

의대도 교육대학처럼 지역적 안배의 필요성이 있다. 인천에는 2개의 의과대학이 있는데 입시계에서는 수도권 의대로 분류되어 입학성적도 높고 서울의 우수한 학생들이 많이 입학한다. 문제는 이들 중 학업을 마치면 서울로 돌아가는 경우가 적지 않다는 것이다. 서울의 대형 병원에 수요가 넘치기 때문이다. 간호대학도 마찬가지다.

일반적으로 지방 의대들은 지역 학생 배려뿐 아니라 졸업 후 인재 확보 차원에서 지역학생을 특별전형으로 별도로 선발한다. 대구, 광주, 부산과 같이 원거리인 경우는 설득력도 있고 실효도 어느 정도 거두고 있으나, 수도권인지 지방인지 불분명한 인천에서는 효과가 모호하고 역차별 논쟁의 위험성도 크다.

직업 적합성 문제에 대해서도 고민할 부분이 많다. 의사에게 있어 정서적 균형감과 공감 능력은 필수적인데 이것들은 지적 능력과 비례하지 않는다. 각 대학에서 이를 보완하기 위해 다면심층면접 등과 같이 인성을 확인하기 위한 노력을 하지만, 서울에는 의대 면접대비 학원들이 기계적으로 연습을 시키는 현실에서 실효성이 있을지 의문스럽다. 국가적 이공계 침체 문제도 심각하다. 영재고나 과학고 학생들이 당초 취지대로 이공계에 진학하여 국가 발전에 기여하면 더없이 고맙겠지만, 취업 문제가 심각한 현실에서 젊은이들에게 대책 없이 일방적인 강요를 할 수가 없다. 우리나라가 각자 원하는 인생을 만족하게 살아가는 상호공존 사회가 아니라, 성적순으로 생계에 유리한 직업을 선점해나가는 강자선취의 사회이기 때문에 생기는 문제다.

이 같은 현실에서 대학의 의식 있는 교육만이 지역사회에 적합하고 바람직한 의사를 만들 유일한 희망이다. 존 롤스나 마이클 샌델과 같은 정의론(justice) 자들은 개인의 재능은 우연히 얻은 데 불과하기 때문에 개인의 것이 아닌 사회의 공유 재산이며, 타고 난 이는 그렇지 못한 사람에게 스스로 이익을 나누어 줘야 한다고 주장한다. 의대에 들어온 학생들은 어릴 때부터의 학습으로 인생을 경쟁과 획득의 산물로 보는 경향이 강하다. 이런 학생들에게 어릴 때부터 형성된 경쟁 강박을 풀어 주고 너그럽게 세상을 바라보게 하는 것이 교육의 첫 단계다. 타인의 삶을 사랑하게 하기 위해서 타인과 자신의 인생에 내재된 우연성과 불평등성을 이해하게 해야 하는데 이것이 해부학과 유전학을 가르치는 것보다 더 어렵다. 요컨대 사람을 의사로 만드는 것보다 의사를 사람으로 만드는 것이 더 어렵다.

올해도 각지에서 인천 의과대학으로 89명의 신입생들이 진학할 것이다. 모두 환영한다. 똑똑하고 재능 있는 학생들이니 자신의 재능을 필요한 사람들에게, 그리고 우리 지역에 나눌 줄 아는 의사로 성장하길 바란다. 이들을 위험한 환자나 감염의 위험이 있는 현장에 물불 가리지 않고 마치 소방관이 불을 피하지 않듯 뛰어드는 이타적인 의료인으로 변모시키는 것은 대학이 할 일이다. 특히 인천의 의과대학들은 각지에서 온 학생들을 인천에 적합한 의료인으로 육성하는 것을 중대한 교육 목표로 설정해야 할 것이다. 지역에 적합한 의료인이 세계에 적합한 의료진이다.

【2019.04.10】

‘태움’ 문화의 용인은 환자 안전을 저해한다

1년 전 서울 모 대형 병원의 간호사 자살 사건으로 의료계의 ‘태움’이란 말이 사회에 처음 알려졌다. 올해 초 또 한 명의 간호사가 유사한 상황으로 세상을 떠났다.

근로복지공단은 지난 달, 고 박모 간호사 사망을 산업재해로 인정했는데 ‘구조적 문제에서 야기된 과중한 업무로 인한 자살’로 결론을 내려 ‘직장 내 괴롭힘에 의한 자살’이라는 유족들의 주장과는 시각 차이를 보여준다.

세간에는 태움이란 단어가 ‘선배 간호사가 신임 간호사를 가르치는 과정에서 괴롭힘 등으로 길들이는 규율 문화를 지칭하는 용어’로 알려진다. 생명을 다루는 긴장된 의료현장에서 일하는 사람들에게 태움이란 단어는 ‘위계와 엄격한 훈련’이라는 느낌이 동전의 양면처럼 함께 붙게 된다. 이렇게 단어가 주는 양가적(兩價的) 느낌 때문에 현장에서는 인격 모독, 따돌림 등 폭력성이 ‘교육’이라는 이름으로 포장될 수도 있고 나태, 불성실, 비협조가 '피해자'라는 가림막 뒤로 숨을 수도 있다고 생각한다. 그래서 태움이란 단어만으로 이들 문제를 다룰 때는 쟁점의 늪에서 벗어나기 어렵다.

의료현장에서 필요한 위계 질서, 엄격한 교육과 모독, 따돌림, 괴롭힘의 행위는 구분되어야 한다. 앞서 두 사건들은 태움이란 이름으로 일어난 행위를 '파워 해러스먼트(power harassment, 힘에 의한 학대)'의 관점으로 다루어야 본질에 접근할 수 있다. 파워 해러스먼트는 직장 내에서 지위나 권력을 바탕으로 부당하게 권력을 행사하는 직장 내 괴롭힘을 뜻한다. 일본에서는 이미 '파와하라(パワハラ)'라는 말로 정착되었으며, 우리나라에서는 '힘희롱'이라는 단어로 점차 확산되고 있다.

교육 중 파워 해러스먼트는 현장에서의 교육 훈련이 관례나 개인의 성격과 습관에 의지하여 이루어질 때 발생할 여지가 많다. 한 설문 조사는 4~6년 선배 간호사로 이루어진 현장의 교육담당 간호사(프리셉터라 불린다)와 신규 간호사 간에 태움이 가장 흔히 일어난다고 한다.

혹자는 이 제도를 없애야 한다고 주장하지만, 그것은 '사고를 없애려면 차를 없애야 한다'는 논리와 같다. 중요한 것은 현장에서 교육과 훈련이 지침과 매뉴얼을 근거하여 이루어지고, 교육자 쪽도 평가 및 관리가 되느냐의 문제이다. 의료 현장에서 일어나는 간호 업무들은 매뉴얼에 따른 프로세스의 이행하는 과정들로, 상급 간호사, 교육 간호사, 신규 간호사 모두 그것을 충실히 따라야 한다. 그래서 극단적으로 표현하면, 현장에서 상급자가 교육해야 할 유일한 것은 시스템과 매뉴얼을 따르도록 하는 것이다.

최고와 최선을 고집하는 조직일수록 약한 개인을 조직의 약점으로 여겨 찾아내고 라벨을 붙여 집단에서 격리하려는 본능이 있다. 개인을 개조하거나 제거하면 조직이 강해질 것이라 믿는 것이다. 이런 생각이 군대에서는 '관심 사병' 문제를, 병원에서는 '태움'의 문제를 일으킨다.

그러나 개인을 다그치면 환자의 안전과 생명이 확보될 것이라 생각하는 것은 착각이다. 병원에서 의료사고를 예방하고 환자의 안전을 보장하는 것은 'Policy & Procedure' 즉, '매뉴얼'이다. 지난해 모 병원 신생아 사망 사건의 경우, 태움을 받아야 할 것은 주사제를 조제한 당사자가 아니라, 주사제 처리 프로세스에 대한 병원 정책이다. 병원은 시스템을 검토 분석해서 문제를 발견해내고 개선해야 한다. 만약 현장에 사람을 다그치고 책임을 지워 해결하려는 조짐이 발견된다면 제거하고 예방하여야 한다. 태움은 조직의 피로감과 분열 조장으로 환자의 안전을 위협하는 행위이기 때문이다.

정부도 생각해야 할 부분이 있다. 모든 전문가들은 태움 문화가 생기는 원인들의 가장 근본에는 '인력부족'이 있다고 지목하고 있다. 아무리 병원이 노력하여 교육제도, 인사관리제도, 고민 · 고충 상담프로그램의 시스템을 갖춰도, 현장에 인력이 부족하면 취지대로 가동할 수가 없다. 교육 프로그램에 대한 지원은 차치하고, 국민을 생각한다면 병원들이 간호인력을 안전하게 운영할 수 있는 현실적인 수가를 책정해 주어야 한다. 장기적으로 간호인력 수급에 대한 로드맵도 가지고 있길 바란다.

보건의료 분야는 새 성장 동력으로 떠오르는 분야이며, 많은 직업군이 사라지고 극단적으로 무용 계급 출현까지도 우려되는 4차 산업혁명 이후 사회에서 보건의료인력은 수요와 필요성이 늘어날 대표적 직업군이라는 것을 고려하여야 할 것이다.

【2019.06.26】

6 · 25전쟁 69주년, 그리고 레바논 동명부대

어제는 6 · 25전쟁 기념일이었다. 69년 전, 전쟁으로 초토화돼 세계 21개국의 파병과 민간 지원 그리고 41개국의 식량과 물자를 받았던 우리나라가 지금은 반대로 해외를 원조하고 분쟁 지역에 한국군을 파견하고 있다. 오늘은 지구 반대편 레바논에 유엔 레바논 평화유지군(UNIFIL)으로 파견되어 있는 동(東)쪽에서 온 빛(明)이란 이름의 동명부대 330명의 한국 군인들에 대해 이야기하고자 한다.

지난 연말 인하대병원은 대한항공을 통해 동명부대로부터 의료지원 요청을 받았다. 현지 군의관들이 해결하기 어렵고, 위험한 지역이라는 인식으로 국내 대학병원들도 도움에 난색을 표하고 있는 실정이다. 현지 환자에 대해 부대가 고민하던 차에, 그 사정을 들은 대한항공에서 발 벗고 나선 결과이다.

동명부대가 파견된 것은 2006년 레바논 남부에서 이스라엘과 레바논 수니파 헤즈볼라 간 군사 무력 충돌이 일어나 1000여명이 사망하게 된 2차 레바논 내전이 계기다. 유엔은 회원국 참여를 촉구했고, 노무현 정부가 국회 동의를 얻어 국제 사회에 동참하기로 했다. 2007년 결성된 동명부대는 그 해 7월, 1진을 시작으로 8개월 마다 교대 근무를 해왔다.

지난달 인하대병원 의료진이 방문했을 때는 얼마 전 인천 계양구 국제평화지원단에서 출발한 22진이 도착해 인수인계를 마친 후였다.

동명부대가 주둔하고 있는 레바논 남부 티르 지역은 성경에도 '두로'라는 이름으로 언급되는 고도(古都)이다. 알파벳을 발명한 페니키아인이 기원전 2700년 전에 세운 무역도시로 한때 카르타고를 식민지로 두었을 정도로 강력한 도시였다. 그런 곳이 지금 이스라엘과 헤즈볼라가 접경한 군사지역이 돼버렸다.

동명부대는 이곳에서 지역 내 감시정찰을 하루 8회 수행하면서 대민활동도 함께 한다. 부대장 주선으로 UNIFIL 서부여단을 방문했는데, 여단장 아바그나라(Abagnara) 사령관은 동명부대는 주민들의 사랑을 받는 유일한 부대라며 다른 부대들의 롤 모델이라고 일러주었다.

제21진부터 동명부대를 지휘해 온 구석모 대령은 6.25전쟁 때 레바논이 우리나라에 5만 달러 물자 지원을 했던 사실을 강조했다. 레바논 주민들은'우리는 도우러 온 것이 아니라 갚으러 온 것'이라고 이야기하면 마음을 연다고 했다.

동명부대는 주둔 지역 내에 태권도 교실을 운영하여 베이루트에서 독립한 사범도 배출했고, 재봉교실을 통해 현지 여성들의 자립에 도움을 주고 있다. 부대 의료진은 틈틈이 지역을 순회하면서 현지인들을 진료하고 응급 환자들도 24시간 돌봐 주고 있다. 우리 의료진이 진료를 하는 날에도 복도 건너편에서는 수의장교 류미선 중위가 주민들이 데려온 동물들을 돌보고 있었다. 티르 주민들에게 가장 사랑받는 장교 중 하나로 보였다. 시내에'코리안 로드'라 불리는 도로가 있는데 부대에서 태양열 가로등을 세워줘서 현지인들이 그렇게 부른다고 한다.

현재 해외 파병 한국군으로는 동명부대 외에 소말리아 청해부대, 남수단 한빛부대, 아랍에미리트의 아크부대가 있다. 혹자는 돈까지 들여서 위험하게 왜 우리나라 군인을 해외에 파병해야 하느냐고 할 수 있다. 우리는 한국전 후 최근까지 200억달러의 국제 원조를 받았다. 2차 대전 후 마샬플랜으로 유럽 총 18개국에 지원된 130억달러를 훌쩍 넘는 금액이다.

우리는 해외원조 수원국(受援國) 출신 국가로, OECD에 가입하고 원조 공여국(供與國)으로 공식 지위가 반전된 유일한 나라이다. 우리도 훌륭했지만 국제 사회의 도움이 없었다면 불가능했을 것이다. '돈까지 들여서 왜 남의 나라에'라고 말할 입장이 아닌 듯하다.

우연인지 요즘은 해외의료봉사를 나가면 중국의 일대일로(一帶一路) 전략 지역과 겹치는 곳이 많다. 중국은 7~8년 전부터 미국을 제치고 세계 1위 해외 원조국으로 부상하고 있다. 중앙 유라시아에서 멀리 아프리카까지 막대한 자금과 인프라 지원을 투입하고 있다. 의도를 예단할 수는 없지만 중국이 두려운 점은 중국 정부나 지도자들이 내다보는 사고나 전략의 범위가 공간적으로나 시간적으로 미국에 버금가게 원대하다는 점이다. 그에 비해 우리의 시야는 작은 반도, 사실상 섬이나 다름없는 국내에 붙들려 있다.

다른 나라에서 주둔지의 안전을 지키고 현지인들을 보호하는 일을 하고 있는 해외 파병 부대는 우리나라를 대표하는 외교관이다. 국제사회에 대한 보답의 의미도 있지만 이들의 경험을 통해 세계를 보는 시야가 넓고 길어진다.

방문 기간 의료진을 호위해 준 김상우 소령은 인천에서의 22진 환송식 때 아이들과 찍은 사진이 인천일보에 실렸다고 자랑하면서(4월16일자 19면), 동명부대 장병들은 해외 경험과 국제적 안목을 갖고자 하는 진취적인 동기로 높은 경쟁률을 뚫고 들어온 재원들이라 귀국 후에도 여러 분야에서 우리 나라에 도움이 될 것이라고 말했다. 한국전이 끝난 69년 후 우리나라가 이런 희망적 모습을 가질 수 있어 다행이다.

【2019.09.11】

100세 시대, 행복 하려면

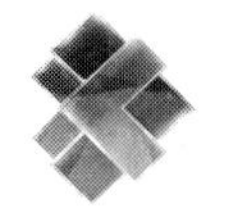

인류의 수명이 극적으로 길어 지고 있다. 지난 20세기 초에 태어난 아이가 100세까지 살 가능성은 1%도 안 되었지만, 올해 선진국에서 태어난 아이는 50%가 100세까지 살 것으로 예측되고 있다. 그 중 우리나라는 고령화의 선두를 달리고 있어 2017년 노령 인구가 14%를 넘는 고령사회에 이미 진입했고 2026년에는 20%가 넘는 초고령 사회가 될 것으로 내다보고 있다.

선진국에서는 노년의 질병압축(compression of morbidity) 현상도 뚜렷하게 나타나고 있다. 사망 전 아픈 기간이 짧아져, 수명만 길어 지는 것 아니라 건강하게 오래 사는 현상이 나타난다는 뜻이다. 실제 진료실에서 70~80대 환자 분들을 대하면 10년 전의 같은 연령대에 비해 체력 뿐 아니라 외모도 10년 더 젊어 보이는 것을 체감한다. 의학적 관점에서도 더 늦기 전에 은퇴 연령이나 60대에 대한 호칭 재정립에 대한 논의를 시작해야 한다고 생각한다.

멀지 않은 미래에는 인류 역사에서 보지 못한 건강한 노령인들이 나타날 것이다. 이들이 젊은 층과 조화를 이루면서 자립적이고 생산적인 삶을 살 수 있는 사회가 되려면 국가나 도시가 개인이 지식 자산을 만들고 건강 자산을 돌볼 수 있도록 체계를 만들어 놓아야 한다. 이를 위한 두 축이 교육과 공공의료이다. 런던 비즈니스 스쿨 린다 그래튼 교수는 세계적 저서 '100세 사회'에서 가까운 미래에 정보화와 4차 산업화로 고전적 직업 개념이 무너지고 대부분이 은퇴 후 20~30년을 더 살게 된다고 보았다. 따라서 지금의 산업 사회와 70세 남짓 수명에 맞춰진 '전업 교육-전업 직업-전업 은퇴'의 전통적 3단계의 삶은 사라질 것이라 예측한다. 탈산업화된 미래의 장수 사회에서 사람들은 평생에 걸쳐 2~3개의 다른 직업을 전환하면서 생애 여러 주기에서 새로운 일을 익히기 위한 재교육을 받는 '다단계' 삶을 살 것으로 보인다.

20대까지 배운 지식으로 평생 직업 활동을 할 수 있는 시대는 끝났다. 예상보다 긴 삶은 재산과 같은 유형 자산으로 충분치 않고 적응력이나 지식, 건강과 같은 무형 자산을 더 중요하게 할 것이다. 그런 면에서 미래의 인천은 '20대 이전 풀타임 교육'에서 삶의 단계 별 교육을 제공하는 '평생교육/재교육'의 패러다임으로 교육 인프라 구축의 방향이 바뀌어야 한다. 산업 생태계도 건강한 고령자들이 젊은 층과 시너지를 이루어 생산성을 끌어가는 환경을 목표로 변화해야 한다.

공공의료 분야는 취약지와 취약 계층을 지원하는 고전적 개념에서 한 걸음 더 나가야 한다. 만성 질환 노령층 요양과 도우미 지원 등 노령층 케어는 분명히 당면한 중요 현안이다. 그러나 미래를 보고 병적 노년 기간을 줄이는 것과 건강한 노령인들의 급성기 치료와 일상 복귀 지원 체계도 함께 준비해야 한다. 이런 맥락에서 지난 해 정부가 '공공보건의료 발전 종합대책'을 발표하면서 공공의료의 범위를 전체 국민의 삶의 질을 보장하는 필수 의료로 범위를 넓힌 것은 환영할 일이다.

아쉬운 것은 앞서 '종합대책'에서 시도별로 주요 대학병원을 '권역책임의료기관'으로 선정하여 지역 의료 전달체계의 축 역할을 하면서 개발, 연구, 교육, 인력 파견 등 지역에 맞도록 필수 의료를 끌어가는 씽크탱크의 역할을 하도록 하였는데, 국립대병원이 없다는 이유로 인천과 울산이 제외됐었던 점이다.

다행히 올해 예산이 배정되었다 하니 기회를 살려야 한다. 국립대병원이 없는 인천은 국가 사업에 핸디캡을 가질 때가 간혹 있다. 이를 극복하기 위해 인천 시민들은 관내 사립대 병원들이 시의 공공 분야에도 기여할 자세와 역량, 특히 높은 윤리성을 겸비하도록 요구하고 평가하여야 한다. 모든 의료는 공공성을 가지기 때문에 사립대 병원도 그렇게 하는 것이 마땅하다.

다가오는 미래는 긴 수명 사회이다. 장수가 선물이 될 수도 있고 저주가 될 수도 있다. 긴 여정을 행복하게 살려면 재산과 같은 유형 자산과 인간 관계도 중요하지만 인생 전반에 걸쳐 새롭게 지식을 습득하고 건강의 자산을 지키는 것이 중요하다. 이는 개인의 노력만으로 이루어지지 않는다. 시는 가까운 미래에 대비하여 시민들의 재교육과 건강한 노령인의 건강 자산 유지와 자립적인 삶을 위한 교육과 의료 인프라를 구축하여야 한다. 건강한 고령자들이 젊은 층과 조화를 이루어 행복하게 사는 도시, 인천을 꿈꿔본다.

【2020.01.21】

인천, 서울의 그늘은 이제 그만…

지난주 인천일보는 기획기사 '인천, 서울의 그늘 언제까지'를 연재하였다. 300만 인구의 우리나라 제3의 도시 위상에도 불구하고 수도권 위성 도시 취급 속에, 급기야 모 정치인의 한마디 말실수로 '이부망천' 이라는 근거 없는 라벨까지 붙어 웃음거리가 된 우리 도시에 대한 두 취재 기자의 고민 깊은 발제에 공감하였다.

기획기사에서 다루지 않았지만, 의료 부문도 인천은 소외되는 일이 많다. 예를 들어, 이번 보건복지부 2기 공공전문진료센터 선정에서도 어린이 전문진료센터는 전국에서 인천만 제외되었다. 시 당국의 노력과 역내 사립 대학병원의 희생을 감수한 지원에도 불구하고 선정되지 않는 것은 '인천은 필요하면 서울로 오면 된다'는 수도권 역차별과 인천에 국립대 병원이 없는 탓에 국립 기관과 정부끼리의 행정 편의주의에 피해를 본 건 아닌지 우려스럽다.

어린이 공공의료진료센터는 현 수가 체계에서 운영이 어려운 어린이 전용 중환자실을 대학병원급에서 운영할 수 있도록 보완해 주는 장치이다. 이번 지정 탈락은 전국에서 인천만 어린이 전용 중환자실 확보가 어렵게 되었음을 뜻한다. 서울 인구가 1000만이면 인천의 인구는 300만이다. 그런데 우리 인천 어린이들은 생명이 위급할 때 서울에는 5군데나 지정된 어린이 공공의료지원센터 설치 병원으로 이송되어 가야 한다. 우리나라 제3의 도시가 이런 차별을 받는 것이 온당한지 묻고 싶다.

그늘이 싫으면 수도에 버금가는 위상을 얻는 수밖에 없다. 기획기사에서 인천은 '벤처천억기업'이 30곳에 불과하고 그 중 소프트웨어/IT 같은 미래 산업 기업이 전혀 없는 것을 우려하고 있다. 그러나 우리에게는 남들에게 없는 장점이 있다. 경제특구가 있고, 그곳에 셀트리온과 삼성 바이오로직스와 같은 대표 바이오의약품제조사와 머크, 올림푸스 같은 의료기기/공정지원 기업에 유타-인하 DDS 연구소, 삼성 바이오에피스 같은 연구 기관이 들어서 있다. SCM생명과학과 같은 비상장 벤처기업들이 줄기세포치료 분야에서 미래의 잭팟을 노리며 이주해 오고 있다. 지금 싹 트고 있는 인천의 바이오-헬스 특화가 미래의 답일 수 있다.

과연 원하는 성과가 나올지 우려하는 시각도 있지만, 그것은 바이오벤처의 특성을 모르기 때문이다. 벤처 특성 상 일부 기업이 사라지는 것은 불가피하다. 우리는 마지막 남는 2~3개의 유니콘 기업 확보를 목표로 잡아야 한다. 가치 1조원 이상의 벤처기업을 말하는 유니콘 기업은 4차 산업 시대 혁신성장을 이끌 핵심 동력이다. 미국의 200개 이상 유니콘과 중국의 100개 이상 유니콘은 자국 뿐 아니라 세계 경제의 성장과 지속을 견인하고 있다. 우리나라에는 11개 유니콘 기업이 있는데, 차세대 유니콘은 헬스케어, 의료인공지능, 자율 주행, 애플리케이션

서비스 등에서 나와야 한다. 그 중 우리가 의료와 헬스 분야를 놓쳐서는 안된다.

세계 산업 트렌드를 주도하는 구글은 2015년 이후 총 58건의 바이오 헬스 분야 투자를 진행했다. 그 중 다수가 건강 관련 웨어러블과 의료 데이터 분석과 예측 사업이다. 바이오 헬스 산업의 핵심이 빅 데이터 분석과 예측 등으로 변화하고 있다는 반증이다. 정부에서도 의료정보구축사업 같은 의료 데이터 관련 사업들을 진행할 예정이다. 이 번 만큼은 시 당국과 역내 의료 기관들이 공조하여 기회를 놓치지 않아야 한다.

인구가 인천의 2.5배에 불과하지만 8000개의 4차 산업 스타트업 기업을 보유한 이스라엘은 나라 자체가 전세계의 '스타트업 국가'로 불린다. 인천 인구의 13%에 불과한 40만의 텔아비브는 스타트업 생태 가치만 서울의 3~5배이다. 미래에도 지금과 같이 서울의 그늘에 갇혀 있지 않으려면, 인천은 스타트업 시티로 거듭나고 한국의 유니콘 도시가 되어야 한다. 그것을 위해서 기존의 패러다임을 깨고 모든 지혜와 역량을 모아 새 판을 짜야 한다. 밥상이 마음에 안 들면 테이블보부터 다시 깔아야 하는 법이다.

【2019.10.30】

'내스티 효과'와 21세기 정치

2007년 인류에 소개된 스마트폰은 불, 석기, 철기를 잇는 인류의 기념비적 도구가 됐다. '호모 모빌리언스'라 불리는 신인류는 SNS로 관계를 맺고 걸어가면서 구매한다. 실시간으로 뉴스와 정보를 받고 그 자리에서 댓글을 달고, '좋아요', '싫어요'를 눌러 의견을 표현한다. 이를 고대 아테네 아고라광장의 구현이라 하고, 정보화 혁명으로 인류가 바라마지 않던 궁극적인 민주사회가 도래했다고 이야기하는 사람들도 있다. 그럴까?

아고라 광장 사람들은 얼굴을 맞대고 설득하고 나간 말을 책임져야 했다. 예의를 벗어나거나 나쁜 말을 쓰면 대화에서 축출됐다. 사이버 공간에서는 비대면성과 익명성이 그러한 제약을 풀어준다. SNS같은 사이버 활동은 뇌 속 도파민 회로의 보상 반응을 자극한다. 의학자들은 이곳을 중독 중추라 부른다. 익명성이 공개된 공간을 은밀한 공간으로 만들고, 언어를 대화에서 감정의 배설로 변질시킨다. 자기표현을 할 기회가 적고 억눌린 사람일수록 댓글에 매달리게 되고, 참여와 중독의 경계가 모호해진다.

인간의 뇌는 생존을 위해 긍정적 신호보다 부정적 신호에 민감하도록 진화해 왔다. 그래서 부정적 신호에 본능적으로 집중하는 '부정편향'을 가지고 있다. 악성 댓글에 더 몰리고 부정적 트위터들에게 더 열광하는 이유는 그것이 인간의 본성이기 때문이다. 위스콘신-매디슨 대학의 한 연구팀은 긍정성과 부정성이 대립되는 샘플 뉴스를 사람들에게 접하게 했다. 반은 예의를 지킨 댓글을, 반은 바보 · 멍청이 같은 단어를 사용한 저열한 댓글을 달았는데, 전자는 사람들의 관점에 영향을 미치지 않은 반면, 후자는 사람들을 양극화시키고 부정적인 방향으로 몰아간다는 것을 확인했다.

비난은 전염되고, 나쁜 글이 헤게모니를 잡는 이 현상을 '내스티 효과(Nasty effect)'라 부른다. 내스티 댓글 저널리스트들은 이 현상을 이용하여 혐오를 발굴해서 대세를 만든다. 필요하면 작위적인 군중의 형성이나 의도적인 알고리즘 증폭도 쉽게 하는 듯하다.

인터넷과 SNS의 '좋아요', '싫어요'는 감정의 결정을 강요하고 고착시켜 세상을 분극화로 동기화시킨다. 지난 두 달, 사람들은 전 법무장관 건으로 두 편으로 쪼개져 사이버 공간과 길거리에서 오로지 '싫어요', '좋아요'의 'O, X 룰' 만이 전부인 세겨루기 게임을 하고 있다. 누가 이기는지 결정하자는 것이다. 조정자도 없고 그 끝이 안 보인다.

민주주의에서 개인의 의견은 사회가 나갈 길을 찾고 결정하는 근본이다. 그것이 100% 이성적일 수는 없더라도 최소한 '개별적'인 판단이어야 한다. 개별 판단을 버리고 무리가 기준이 되어 세 겨루기로 나갈 바를 결정하는 세상은 실패할 수밖에 없다. 혐오를 팔고 부정적 피드백으로 힘을 얻으려 하는 시도는 어느 편이든 우리는 허락해서는 안된다.

민주주의는 참가자들이 철저히 '개인'으로 행동할 때 가장 타당한 결과를 낸다.

2010년 '아랍의 봄', 온라인 집단 이성이 북아프리카의 독재 세력들을 축출하고 전 세계의 갈채를 받았다. 하지만 지금도 시위는 끝나지 않고 튀니지를 제외하고는 아직 무정부 상태다. 그곳은 이제 '아랍의 겨울'이라 불리고 있고, 혁명의 영광은 트위터와 페이스북이 누리고 있다. 오프라인 혁명은 목표가 있고 오프라인 정치에는 결과에 순응하고 앞으로 나가는 장치가 있지만, 온라인에는 그런 장치가 없다.

고대 아고라광장에서 시작된 정치 구조가 20세기까지는 작동하였다 하더라도 금세기에도 계속 잘 맞아들지는 의문이다. 인터넷은 아고라광장보다 더 거대하고 강력하다. 지금의 세상은 인류가 처음 접하는 것이기 때문이다.

【2019.12.03】

3루에 선 사람들과 페어플레이를 하지 않는 자

'정의란 무엇인가'의 마이클 샌델은 자기 저서가 유독 한국에서 인기를 끌었던 것을 이상하게 생각했다고 한다. 정의를 손상하는 것을 살상이나 강탈만큼 질 나쁜 범죄로 생각하는 우리 국민들의 두뇌 속에는 '정의 중추(正義 中樞)'가 존재하는 듯하다. 그렇기에 딱딱한 정치철학자의 저서가 국민 필독서 반열에 올랐는지 모른다. 지금도 국민들의 머릿속을 사로잡고 있는 것은 정의의 문제이다. 그 단초를 제공한 입학 공정성 시비는 사회에 일파만파를 던져 아이들 교육의 미래는 오리무중에 빠졌고 '기회는 평등하고 과정은 공정하고 결과는 정의로운 사회' 실현의 약속은 시험대에 오르게 되었다.

평등은 인류가 수호해야 할 이념이다. 그런데 완벽하게 평등한 사회가 역사에 존재한 적 있었던가? 현실에 만연하는 불평등을 납득시키기 위해 만들어진 것이 '기회 균등'의 신화이다. 우리는 기회가 똑같이 개방되었다면 결과의 불평등은 받아들여야 한다고 배웠다. 기회의 개방만으로 정의는 보장되는 것일까? '스카이 캐슬'을 보라. 야심 찬 부모들은 재력과 인맥으로 자녀의 삶을 디자인한다. 가까운 미래에 그들의 후계자들은 유전자까지 디자인하려 들 것이다. 그들은 자유 경쟁주의자를 자처할 것이다. 누군가에게는 평등이 간절한 정의이지만 누군가에게는 자유가 중요한 정의이다.

우리가 게임의 결과에 승복할 때는 그것이 공정한 절차와 룰에 의해 치러졌을 때이다. 어떤 사람의 유전자에는 더 빨리 뛸 능력이 새겨져 있지만, 우리는 그들과 같은 조건의 시합을 받아들인다. 다른 선택이 없는 데다, 노력으로 역전할지 모른다는 희망이 있기 때문이다. 페어플레이의 약속을 지킨다면 타고난 자들이 먼저 결승점에 도달해도 우리는 불평하지 않는다. 최초의 불평등을 참고 결과에 승복하는 것은 절차와 형식의 공정성으로 최소의 정의는 지켜졌다고 믿기 때문이다. 그러나 룰을 어기고 10m 앞에서 먼저 출발하거나 중간에 새치기하는 것을 참을 수 없다. 우리에게 마지막 남은 유일한 것을 걷어 차버리는 행위이기 때문이다. 우리는 이긴 자가 아니라 페어플레이를 하지 않는 자에게 분노한다.

불평등은 태어나기 전부터 존재한다. 과학의 발전으로 유전자 편집까지 가능한 시대에 기회의 평등은 더욱 더 무지개 너머로 사라지고 있다. 피할 수 없는 불평등에 대한 해법을 이미 50년 전 존 롤스는 '차등(差等)의 원칙'으로 제시하였다. 불평등한 결과가 오더라도 사회적 약자에게 이익이 된다면, 더 나가 그 불평등을 없애면 오히려 약자의 이익이 감소한다면 그 불평등은 받아들일 수 있다는 이론이다. 승자가 약자에게 수확물을 나누고 타고 난 이가 그렇지 못한 사람을 위해 살 때 정의는 최소한의 모습은 유지할 수 있는 것이다.

'모두 용이 될 수 없으며, 그럴 필요도 없으니, 개천의 가재, 개구리,

붕어로 하늘의 구름 쳐다보며 출혈 경쟁하지 말고 따뜻한 개천 만드는 데 힘을 쏟자'라는 글이 한때 세간의 이야깃거리가 되었지만, 우위를 선점한 자가 붕어가 올라올 사다리를 걷어차고 불평등해소 책임을 가재에게 떠넘기는 것이 용인되어서는 안 된다. 하늘과 개천이 구분되어서도 안 되지만, 구분을 피하기 어렵다면 용이 내려와 따뜻한 개천 만들어야 하며, 개천의 동물들이 오르내릴 수 있는 사다리가 곳곳에 있어야 한다.

미국 노동 전문가 조언 윌리엄스는 '엘리트들은 자신들이 잘 해서가 아니라 그저 태어나면서 3루에 서 있었다는 것을 알아야 한다'고 했다. 세상에는 타석에 들어가지 않고도 3루에 선 사람들이 있는가 하면 1루에 진출조차 하지 못하는 사람들이 있다. 의학자가 볼 때 삶의 모든 것은 쟁취한 것이 아니라 우연히 얻은 데 불과하다. 건강과 수명이 그러한 것 같이 재능도 마찬가지이다. 처음부터 3루에 선 사람은 삶에 내재된 불평등성을 이해하고 자신은 그저 우연의 수혜자라는 것을 자각해야 한다. 사회에 무엇을 되돌려줄지 고민하고 핸디 갭을 달갑게 받아들여야 한다. 노력하는 자가 자기 힘으로 3루에 진출하는 것을 가로막아서는 안 된다. 그리고 페어플레이를 하지 않는 자는 게임에서 나가야 한다.

chapter 10

원혜욱

학력
・이화여대
・독일 프랑크푸르트대 석사/박사(형사법)
경력
*대학
・인하대 교수
・인하대 대외협력처장, 법학전문대학원장, 대외부총장
*학회
・한국피해자학회 회장
・한국보호관찰학회 회장
*사회활동
・대법원 양형위원회 양형위원
・인천시 공론화위원회 위원
・경찰청 인권위원회 위원
・법무부 범죄피해자구조금 심의위원

일상에서 바라본 범죄와 피해자

【2018.02.14】

우리 사회의 성폭력 범죄를 바라보며

최근 검찰에서 발생한 성추행 사건 폭로로 여성에 대한 성폭력의 심각성이 다시 주요한 사회이슈로 등장하였다. 지난 30년간 우리 사회는 형법 개정 및 다양한 특별법의 제정을 통하여 성폭력범죄에 대한 처벌을 강화하는 등 성폭력에 대처하기 위해서 많은 노력을 기울여 왔다. 법률적 측면에서만 평가한다면 성폭력 범죄에 대해서는 다른 어느 범죄보다도 적극적 · 신속한 대응이 이루어졌다. 이러한 현상은 정치에도 반영되어 대통령 선거에서 거의 빠지지 않고 성폭력에 대한 대처 방안이 핵심공약으로 제시됐다. 17대 대선에서는 강간죄 등에서의 친고죄 조항 폐지와 공소시효 연장, 검경 합동 성범죄 전담기구 설치, 강간죄 범위 확대 등이 제시되었다. 18대 대선에서는 성폭력을 4대 사회악 중의 하나로 선정하고 성폭력을 척결하기 위한 모든 필요한 조치를 강구하겠다는 공약이 제시되었다. 19대 대선에서도 이른바 디지털 성폭력을 3대 신종 젠더폭력 중 하나로 정하고 이에 대한 처벌을 강화하겠다고 공약하였다.

그러나 이러한 법률적 · 정치적 대응에도 불구하고 우리 사회에서 성폭력 범죄는 감소하지 않았다. '범죄백서'에 따르면 1985년과 1995년의 성폭력 범죄 발생 건수는 각각 5453건과 6174건이었지만, 2005년과 2015년에는 각각 1만1757건과 3만1063건으로 2000년대 이후 급증하는 추세를 보이고 있다. 전체 범죄 중 성폭력 범죄가 차지하는 비중도 2012년에는 2.1%였으나, 2013년 2.5%, 2014년 2.9%, 2015년 3.0%로 나타났다.

법률제도 혹은 정치적 구호만으로는 성폭력범죄에 효율적으로 대처할 수 없다는 점을 나타내는 것이다. 우리 사회에서 여성의 지위가 향상되고 사회적으로 많은 진출이 이루어졌다고 하지만, 실제 여성에 대한 인식이 크게 변하지 않는다는 것이 문제이다. 즉, 여성은 여전히 어리고 예쁘고 순종적인 존재로서 남성과 동일한 잣대로 평가될 수 없다는 인식과 성폭력 피해자가 되어도 자신이 속한 조직의 안위를 걱정하며 공론화하지 않아야 한다는 인식이 여전히 우리 사회를 지배하고 있다는 점이다. 이러한 인식에 대한 근본적인 변화 없이는 성폭력 범죄의 근절은 기대할 수 없다.

성폭력 범죄는 형법상으로는 '성적 자기결정권'을 침해하는 범죄이지만 피해자 입장에서는 장래의 삶을 무력하게 만드는 심각한 범죄이다. 실제로 성폭력을 당한 피해자들은 기분이 침체되고 우울증에 걸려 잠을 이루지 못할 뿐만 아니라 심한 경우에는 정실질환을 겪으면서 알코올이나 약물복용, 자살기도 등의 자해행위까지 하는 것으로 나타난다. 성폭력 범죄에서의 2차 피해는 성폭력 피해로 발생하는 직접적인 신체적 · 정신적 후유증 이외에 성폭력에 대한 잘못된 통념에 의해 피해자가 사회적으로 불이익을 당하거나 심리적 고통을 겪게 되고, 형사사법

시스템의 과정에서 피해자가 겪는 추가적인 고통 등을 의미한다.

검찰 내 성폭력을 폭로한 검사에 대해서도 우리 사회는 피해자 본인의 외모에 대한 평가 및 각종 루머를 쏟아내고 있다. 이는 2차 피해를 유발하는 전형적인 형태이다. 이러한 현상의 원인에는 언론이 사회의 '관심 과잉(moral panic)'을 부추기고 있는 측면도 간과할 수 없다.

언론은 이번 사건에서도 다른 사건과 견주어 성폭력 사건을 더 많은 분량으로 보도하고 있으며, 피해자에 과도하게 주목하고 있다. 피해자에게 2차 피해자를 유발하는 현상은 여성에 대한 잘못된 인식에서 출발하고 있으므로 성폭력 범죄 근절을 위해서는 여성에 대한 사회적 인식의 전환이 우선되어야 한다.

범죄 근절을 위해서는 가해행위에 대한 엄중한 처벌과 피해자 보호가 동시에 이루어져야 한다. 성폭력 범죄를 근절하기 위해서도 가해자에 대한 엄중한 처벌이 있어야 하는 것은 당연하다. 엄중한 처벌이란 단지 중한 처벌을 부과하는 것이 아니라 범죄를 행한 가해자는 반드시 밝혀내고 합당한 처벌을 부과한다는 의미이다.

서 검사 사건에서도 명명백백하게 사건을 규명함과 동시에 가해자에 대한 합당한 조치가 취해져야 할 것이다. 아울러 피해자에 대한 보호·지원도 함께 이루어져야 할 것이다. 즉, 피해자에 대한 법률적 지원뿐만 아니라 2차 피해를 방지하기 위한 노력과 피해회복을 위한 조치가 제대로 취해져야 할 것이다.

【2018.04.11】

미투운동 피해자를 명예훼손죄로 처벌할 수 있나

최근 SNS에 "도와주세요. 성희롱성 발언을 들은 뒤 그 사실을 알린 대가로 명예훼손 고소를 당하고 벌금 70만원 처분을 받았습니다. 저는 정식재판을 신청했고 여러분의 도움이 필요합니다"라는 글이 올라왔다. 미투운동에 동참하여 성폭력 사실을 폭로한 경우 명예훼손죄 혐의로 고소를 당할 수 있다는 점은 많은 여성이 미투운동 동참을 망설이게 하는 이유이기도 하다. 이에 진실한 사실적시에 대한 명예훼손죄를 폐지해야 한다는 목소리가 커지고 있다. 청와대 국민청원게시판에도 관련 청원이 올라오고 있으며, 정치권에서도 사실적시 명예훼손죄를 폐지하는 형법 개정안을 발의하고 있다.

우리나라 형법은 제307조 제1항에 사실을 적시한 경우에도 명예훼손죄로 처벌하는 내용을 규정하고 있다. 2010년 5월6일~17일 정부 초청으로 방한한 프랑크 라 뤼(Frank La Rue) UN 의사표현의 자유 특별

보고관은 2011년 3월21일 유엔인권이사회 17차 회기에 의제 제3호로 위 방문에 따른 한국보고서를 제출하면서 명예훼손죄를 형사처벌 대상에서 삭제할 것을 강조하기도 하였다. 이와 같이 진실한 사실적시에 대한 명예훼손죄는 형사처벌 대상에서 배제해야 한다는 논의가 지속적으로 확대되고 있다.

명예훼손죄는 민주사회에서 정부와 권력을 감시 · 비판하는 언론의 자유와 정면으로 충돌하면서 명예훼손죄가 사인(私人)보다는 주로 공직자(정치인)들에 의해 정부와 권력에 대한 비판을 조종 · 통제하기 위해 악용되어 왔다는 비판의 대상으로 떠올랐다. 또한 형법이 진실한 사실을 적시한 경우에도 명예훼손죄로 처벌하고 있어 오염된 과자, 비위생적 급식을 하는 학교, 뇌물을 주고받은 공무원 혹은 정치인 등에 대해 익명보도를 할 수밖에 없고, 이러한 사건이 보도될 때마다 국민들은 해당 업체, 기관, 사람의 실명을 알지 못해 지속적으로 피해를 보게 된다.

동일 업종에 종사하는 선량한 업체나 기관 혹은 특정 인물이 억울하게 피해를 보거나 의심을 받는 사례가 발생하는 등 그 부작용이 문제로 지적되어 왔다. 이처럼 명예훼손행위에 대해 다양한 비판이 제기되면서 우리나라뿐만 아니라 세계 각국은 명예훼손죄를 폐지하거나 민사적 손해배상책임으로 형사처벌을 대체하고 있다.

예를 들면, 영국의 경우는 언론과 출판의 발달과 더불어 형사법원인 성법원(Star Chamber)을 통해 1488년부터 명예훼손의 재판관할권을 행사하면서 정부와 정부의 법령, 공직자들에 대한 공공의 평가를 저하시키는 정치적 발언을 명예훼손죄로 처벌하는 데 총력을 기울여 왔지만 2010년 1월 명예훼손죄를 폐지하였다. 당시 영국의 법무장관은 "선동죄와 반정부 명예훼손죄, 형법상 명예훼손죄 등은 오늘날처럼 표현의 자유가 권리가 아니었던 지나간 시대의 이해할 수 없는 범죄"라고 폐지

이유를 밝혔다. 그러면서 그는 여전히 언론을 제한하고 있는 다른 나라들에게 영국의 형법상 명예훼손죄 등의 폐지는 본보기가 될 것이라고 강조하였다.

물론 진실한 사실적시의 명예훼손죄의 폐지에 대해서는 언론이나 표현의 자유도 중요하지만 개인의 명예권에 대한 존중도 우리 사회를 유지하는 하나의 축으로 작용하기 때문에 명예를 훼손하는 행위가 개인의 사생활, 인격권, 재산권적 명예 등을 침해한다면 형벌부과를 통한 제재가 필요하다는 반대의 주장도 제기되고 있다. 그러나 명예훼손죄는 사람의 명예가 현실적으로 침해되지 않고 단순히 침해의 위험성만 있어도 처벌할 수 있는 범죄로 규정되어 있어 진실한 사실을 불특정 또는 다수인이 알 수 있는 상태에 있게만 하여도 명예훼손죄가 성립하여 처벌을 받게 된다.

이러한 명예훼손적 행위는 진실한 사실로서 오로지 공공의 이익을 위한 것이라면 형법 제310조에 의해 정당하다고 인정된다. 그러나 실제로는 공익성에 대한 구체적 기준이 정립되어 있지 않기 때문에 상대방에 대한 '비방의 목적'이 인정되면 진실한 사실을 적시하여도 명예훼손죄로 처벌을 받는다. 더욱이 비방과 비판을 구별하는 것도 쉽지 않은 상황에서 상대방에 대해 '비방'할 목적이 인정되면 '공공의 이익을 위한 비판'이라는 개념은 인정되지 않는다. 따라서 진실한 사실을 적시한 경우 형법상의 명예훼손죄는 존치시키면서 제310조의 위법성조각사유를 적용하여 실질적으로는 명예훼손죄의 적용을 배제시키는 효과를 기대할 수 있다는 주장은 '공익성'을 판단할 구체적 기준이 정립되지 않은 상태에서는 적절하지 않다.

최근 우리사회의 주요 핵심과제로 부각된 미투운동이 진정한 민주사회를 향한 발걸음이 되기 위해서는 성폭력의 피해자가 진실한 피해사실을 적시한 경우에는 명예훼손죄로 처벌하지 말아야 한다. 이에 진실한 사실을 적시한 경우에 대해서는 명예훼손죄로 처벌하는 규정은 삭제해야 한다. 다만, 외국 사례에서와 같이 형사처벌을 대체할 수 있는 민사상 징벌적 손해배상제도 도입이 적극적으로 검토되어야 할 것이다.

【2018.06.06】

사법부 신뢰에 대한 단상

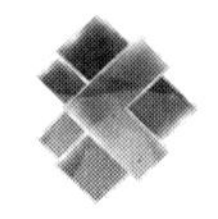

지난 5월25일 '사법행정권 남용의혹 특별조사단'(특조단)의 발표는 사법부에 대한 신뢰를 무너뜨리기에 충분한 사실이었다. 특조단이 공개한 문건들에 의하면 양승태 前대법원장과 당시의 법원행정처는 정권과 타협하기 위해 사회적 약자 보호와 정의 실현이라는 사법부의 기본 소임까지 저버렸다. 그 가운데 2015년 7월 작성된 '현안 관련 말씀 자료'에는 "사법부는 그동안 대통령의 국정운영을 뒷받침하기 위해 최대한 노력해 왔음", "왜곡된 과거사나 경시된 국가관과 관련된 사건의 방향을 바로 정립해 왔음" 등과 같이 사법부로서는 할 수 없는 표현들로 정치권과 타협하고 있음이 드러났다. 이러한 문건들이 사실이라면 우리나라 사법부의 역사에서 치욕적인 사건으로 남게 될 것이다.

현재 우리 사회는 소위 '적폐청산'을 위해 각 정부기관이 위원회를 구성하여 활동하고 있다. 경찰과 검찰 역시 과거사를 반성하고 정리하기 위해 위원회를 설치해 활동하고 있다.

과거 강압적 수사 혹은 정치적 외압에 의한 수사가 이루어졌고, 그로 인해 무고한 사람이 범죄자로 기소되었고, 재판과정에서도 제대로 항변하지 못하고 유죄가 확정되어 장시간 교도소에서 생활해야 했던 사건들에 대해 재조사가 이루어지고 있다. 그러나 이러한 사건들이 비단 수사기관만의 문제라고 할 수 있는지는 의문이다. 수사과정의 문제는 재판과정에서도 밝혀질 수 있었기 때문이다. 결국 최근 진행된 재심사건들은 수사기관과 법원 모두 책임을 져야 하는 과거사인 것이다.

우리나라 사법부는 과거 유신체제와 결합하면서 국가의 주요한 통치수단의 하나로 기능하였으며, 이는 사법부가 정치적으로 종속되는 양상으로 이어졌다. 이러한 사법부의 정치적 종속에 반대하며 1988년 당시 200여명의 소장판사들은 사법제도의 민주화, 법치주의의 철저화 등을 주장하는 '제2차 사법파동'을 주도하였다. 판사들은 소위 '정치판사'가 주도적인 역할을 하였던 사법부의 수뇌부를 개편하고 대법원의 개혁과 반성을 촉구하면서 사법부의 독립과 민주화를 주장하였다. 그 이후에도 사법부의 과거사 반성 및 청산, 법관회의의 상설화를 바탕으로 한 법원 내부적 민주화, 그리고 대법원장의 법관인사권을 견제함으로써 법관이 소신 있는 판결을 하도록 제도적 장치를 확보할 것을 요구하였던 제3차 사법파동이 있었다. 2003년 제4차 사법파동까지 이어지면서 사법부의 독립과 대법원의 개혁은 지속적으로 주장되어 왔다. 이제 다시 대법원의 정치권력과의 타협을 문제 삼아 사법부의 독립과 대법원의 개혁이 주요한 화두로 등장하였다.

민주주의 국가에서 사법부는 국민의, 국민에 의한, 국민을 위한 사법이어야 한다. 이를 위해서는 일반 국민이 배심제 등을 통하여 사법에 참여할 수 있는 방안이 보장되어야 함과 동시에 국민의 공정한 재판을 받을 권리를 보장하여야 한다. 우리 국민들은 사회적 강자로부터 또는 국가권력의 횡포로부터 사법부가 보호해 줄 것을 기대하고 있다. 그런데 사법부가 이와는 정 반대의 입장에 서 있다면 결국 법과 사법제도에 대한 국민의 불신만 커져갈 것이다. 사법부에 대한 국민의 신뢰는 두 가지 측면에서 논의될 수 있다. 하나는 재판을 하는 판사 개인의 자질을 신뢰하는 것이고, 다른 하나는 재판의 내용을 신뢰하는 것이다. 전자는 재판내용과 상관없이 누가 그 재판을 하는가에 대한 문제로 사법부의 신뢰에 대한 문제는 아니다. 후자가 사법부 신뢰의 문제인 것이다. 따라서 사법부가 국민의 신뢰를 회복하기 위해서는 어떠한 재판을 해야 하는가가 중요하다. 이를 위해 사법부는 권력의 남 · 오용을 바로잡고 견제하는 공정한 판결을 지속적으로 이어가야 할 것이다.

지금 이 시점이 사법제도를 국민 친화적 내지는 진정한 법률서비스의 관점에서 재구성하는 작업을 시작해야 할 때이다. 다시 사법부의 독립과 대법원의 개혁이 우리 사회의 화두가 되는 일은 없어야 한다. 1997년 독일 유학을 마치고 귀국하여 대학에서 형사소송법을 강의하던 즈음 윤관 대법원장이 강연했던 내용이 생각나서 옮겨본다. “사법부의 독립은 정치권력보다는 오히려 사회의 각종 이익집단이나 오도된 여론 등으로부터의 독립이 더 중요하다. 사법의 이념에 제대로 구현되기 위해서는 법관의 권위는 존중되고, 법관의 판단에 승복하는 풍토가 조성되어야 한다” 이 내용 중 사법부가 사회의 이익집단 및 오도된 여론뿐 아니라 정치권력으로부터도 독립하여 공정한 재판을 진행한다면 당연히 국민이 법관의 판단에 승복하는 풍토는 조성될 수 있을 것이다.

【2018.08.01】

아동학대 예방 중요성에 대한 단상

2018년 7월 인천 서구의 한 어린이집 보육교사들이 두 살 난 어린이들을 학대했다는 신고가 경찰에 접수돼 수사가 시작되었다. 최근에는 서울 소재 한 어린이집에서 보육교사의 아동학대로 인해 11개월 된 영유아가 사망하는 사건이 발생하였다. 우리 사회에 맞벌이 부부가 증가하면서 아동을 어린이집에 위탁하는 가정이 늘어나고 있는 추세이고, 지난 2015년 송도에 소재하는 어린이집 아동학대사건을 계기로 어린이집 CCTV설치가 의무화 되었지만 그 이후에도 보육교사에 의한 아동학대는 끊이지 않고 발생하고 있다. 지난 10년간 아동학대로 사망한 사례가 평균 매달 1건씩에 이를 정도로 우리사회에서 발생하고 있는 아동학대는 심각한 사회문제이며, 이러한 사건들이 언론을 통해 보도되면서 아동학대에 대한 사회적 관심이 증가하였다. 특히 2013년 11월 계모가 의붓딸의 머리, 가슴, 허리 등을 수차례 때리고 화상을 입혀 갈비뼈가 6개나 부러져 사망한 사건은 아동학대의 극단적인 결과를 보여주고 있다. 이 사건의 경우 2개의 아동보호전문기관이 22차례나 개입을 시도했으나 아동보호체계의 제도적 허점과 소극적 대처에 맞물려 피해아동의 사망을 제지하지 못하였다. 이에 당시 국무총리 주재로 수차례에 걸쳐 아동정책조정위원회를 열어 논의하였고, 그 결과 2014년 2월28일 아동학대 종합대책을 확정하였다. 그 과정에서 2013년 '아동학대범죄의 처벌 등에 관한 특례법'이 제정되어 2014년부터 시행되고 있다. 동법의 제정으로 아동학대범죄에 대하여 아동보호전문기관과 수사기관, 법원이 개입할 수 있는 근거가 명시적으로 마련되었다. 그러나 특별법이 제정 · 시행되고, 아동학대에 대한 법적 대응이 이루어지고 있음에도 아동학대뿐 아니라 피해아동이 사망에 이르는 사건도 지속적으로 발생하고 있다. 이에 아동학대의 조기발견과 아동보호를 위한 제도적 인프라 구축에 대한 문제의식이 다시금 부각되고 있다.

아동학대는 가정 내에서 발생한 사례가 전체 사건 중 85.9%에 해당하는 8610건으로 아동학대의 대부분을 차지하였고, 그 이외에 어린이집, 학교, 유치원의 경우에는 각각 300건(3.0%), 171건(1.7%), 96건(1.0%)으로 전체의 5.7%에 해당하는 것으로 나타났다. 이처럼 대부분의 아동학대는 외부의 눈길이 미치지 않는 곳에서 발생하고 있기 때문에 일반적인 폭력사건보다 그 피해가 더욱 크다. 특히 정신적 · 육체적 미성숙으로 인하여 아동은 폭력으로부터 스스로를 방어할 수 없기 때문에 피해가 더욱 커지는 것이다. 아동학대의 결과는 단순한 타박상, 골절 등에 그치지 않고 신체적, 행동적, 발달적 그리고 정신적 고통과 피해를 야기하고, 이러한 고통과 피해는 아동의 성장과정에서 장기간 지속될 수 있으며 쉽게 치료되기 어렵다는 점에서 그 심각성이 크다고 할 것이다. 최근에는 학대유형이 갈수록 다양화되고, 학대의 정도와 결과 또한 잔인할 정도로 심각해지고 있다. 학대의 빈번함과 관련해서는 거의 매일 학대가 발생한 경우는 전체의 30.6%인 3073건이었으며,

2~3일에 한 번 발생한 경우는 1371건(13.7%), 일주일에 한 번인 경우는 1253건(12.5%)으로 나타났다. 통계에 의하면 일주일에 최소 한 번의 학대를 겪는 아동이 전체 학대아동의 56.8%에 해당한다.

아동학대 피해의 심각성을 고려할 때 아동학대에 대해서는 사전예방이 중요하며, 이를 위해서는 지역 사회의 지속적인 관심과 체계적인 정책 수립 및 시행이 필요하다. 미국과 독일의 경우에는 아동학대행위자에 대한 처벌뿐만 아니라 아동학대가 발생하지 않도록 사전적 예방기능을 강화하기 위한 정책을 시행하고 있다. 특히 독일의 경우 자녀의 복지를 위협하는 위험성이 있다는 사실만으로도 아동보호기관이 가정에 개입할 수 있도록 사전개입 및 피학대아동보호를 법률에 규정함으로서 사전적 예방을 위한 정책을 중요시하고 있다. 이와 같이 아동학대 사건에서는 학대행위자를 엄중하게 처벌하는 것도 중요하지만 아동학대를 사전에 예방하는 것을 목적으로 하고 그에 상응하는 프로그램을 수립 · 시행하는데 더 초점을 맞추어야 할 것이다. 또한 피학대아동의 경우 아동학대의 후유증으로 여러 가지 심리적, 행동적 문제를 나타내기도 하기 때문에 상담치료가 적절하게 이루어져야 할 것이다. 그러나 현재 아동의 상담치료를 담당하고 있는 아동보호전문기관의 인력은 아동학대 사례를 조사하기에도 부족한 실정이기 때문에 실효적인 치료프로그램을 시행하기에는 전문성과 인원이 부족하다. 이에 전문인력을 확보하여 피해아동에 대한 치료적 개입뿐 아니라 사전에 아동학대사건에 투입할 수 있도록 하여 아동학대를 예방하고 학대아동을 보호하는 정책이 수립되어야 할 것이다. 아동학대가 발생한 이후 대책들을 수립하고 가해자를 처벌하는 것으로는 이미 학대로 피해를 입은 아동의 정신적 · 육체적 침해를 온전하게 회복할 수는 없다. 이제는 아동학대를 예방할 수 있는 제도적 장치를 마련하기 위해 정부뿐 아니라 지방자치단체가 지역사회와 연계하여 실효적인 대책을 강구해야 할 것이다.

【2018.11.14】

가정폭력의 실태와 대책

최근 서울 강서구 등촌동에서 발생한 가정폭력 피해자에 대한 살인 사건을 계기로 가정폭력 처벌을 강화해야 한다는 목소리가 커지면서 국회의원과 시민단체들이 가정폭력처벌법 개정을 촉구하고 있다. 가정폭력처벌법은 1997년 12월31일 제정하여 1998년 7월1일부터 시행되고 있다.

가정폭력처벌법 제정의 가장 큰 의미는 과거 부부싸움 정도의 사적인 문제로 간주되었던 가정폭력을 명백한 범죄행위로 인식하고 국가의 사법체계 및 사회공동체가 적극 개입하여야 할 공적인 문제로 선언하였다는 점이다. 그런데도 가정폭력처벌법은 그 시행과정에서 많은 문제점을 드러냄에 따라 현재까지 22차에 걸쳐 개정을 했다. 하지만 수차례 개정에도 불구하고 가정폭력은 여전히 우리 사회에서 심각한 폭력범죄로 자리하고 있다. 이에 가정폭력 가해자에 대한 적극적 대응을 통해 가정폭력을 방지하고자 가정폭력처벌법이 전면적으로 개정되어야 한다는 주장이 제기되고 있다.

가정폭력처벌법 시행에도 불구하고 가정폭력 발생 건수는 여전히 증가하고 있다. 이는 일반 국민뿐만 아니라 사법기관 역시 가정폭력을 '경미한 폭력사건'으로 치부해 버리는 인식에 근거한다고 할 수 있다. 사법기관의 가정폭력을 사적이고 경미한 문제로 바라보는 잘못된 인식은 가해자의 기소율이 10%에도 미치지 못하는 결과로 나타난다. 검찰이 기소여부를 결정할 때에 가정폭력상황에 대한 면밀한 검토를 할 수 있는 검사의 '결정전조사제도'가 수립되지 않은 상황에서 가해자에게 불기소처분을 하는 경우 가해자에게 면책권을 주는 결과로 인식될 수 있다.

경찰 수사과정에서도 가해자에 대한 구속률은 평균 1% 미만이다. 이와 같은 낮은 구속률에 대해서는 가정폭력사건에서 구속여부는 피해자와의 격리와 연관되기 때문에 구속률이 낮다는 것은 피해자의 신변 및 재발에 대한 위험성을 높일 수 있어 신중을 기해야 할 것이다.

이런 낮은 구속률과 기소율은 가정폭력 가해자들이 지속적 · 반복적으로 폭력을 행사하는 원인으로 작용하기도 한다. 실제로 가정폭력의 경우 다른 범죄에 비해 재범률이 높게 나타나고 있다.

가정폭력은 대부분 가정 내에서 발생하여 은폐 · 반복되는 특성상 그 초기 대응을 하기 어려우며, 폭력의 양상 또한 점차 심화하는 경우가 대부분이다. 이에 따라 최초 발생한 폭력에 대해 가해자에 대한 엄정한 대응 및 피해자의 사후관리가 가정폭력 정책의 주요 목표로 설정되어야 한다. 가정폭력의 재발 방지를 위해서는 가정폭력의 발생원인 및 가해자의 위험성, 폭력의 유형 등을 포함한 주요 요인들을 기준으로 가해자를 유형화하고, 그에 따라 처벌과 치료를 통한 성행의 교정을 위한 국가의 적극적인 개입을 병행하여 이루어야 한다.

그러나 가해자의 성행교정을 강조하는 것이 곧 '가정보호'는 아니다. 가정폭력처벌법이 형사특별법임에도 불구하고 보호처분을 그 처분유형으로 규정함으로써 '가정보호사건'이라는 용어를 사용하면서 가정폭력을 범죄로 인식하지 않는 문제점이 발생했다. 이에 가정폭력처벌법에 규정된 목적을 '가정보호'가 아닌 '가정폭력가해자'에 대한 '재범방지'로 변경해야 한다는 의견이 설득력을 가진다. 가정폭력도 심각한 범죄유형이라는 인식이 목적규정에 반영된다면 가정폭력처벌법에서 규정하고 있는 '가정폭력'에 대한 국민과 사법기관의 인식도 변화될 수 있을 것이다.

이와 같이 가정폭력을 예방하고 재범을 방지하기 위해서는 우선적으로 국민과 사법기관 모두 가정폭력에 대한 인식의 전환을 필요로 하며 가해자에 대한 엄중하고 적절한 처벌과 더불어 범죄피해자보호를 위한 정책의 수립 및 시행을 동시에 해야 한다.

피해자에 대한 지원은 단순히 국가가 피해자에 대해 물질적 · 경제적 지원을 하는 것에서 그치는 것이 아니라 피해자가 처해 있는 어려운 상황에서 신속하게 구제하여야 한다는 것을 의미한다. 이를 위해서는 가정폭력의 발생시점으로부터 신속한 국가의 개입을 요하며, 의료적 지원, 수사 · 법률지원 및 상담지원 등의 지원제도를 마련 · 시행해야 하고 이들 제도 간에 연계성을 확보해야 한다.

【2019.02.13】

직권남용에 대한 이해

지난달 24일 헌정사상 처음으로 사법부 수장이었던 전 대법원장이 사법농단 의혹과 관련된 40여개의 혐의로 구속됐다. 전 대법원장에게 적용되는 주요 범죄혐의는 직권남용죄이다. 온라인에서 '직권남용'을 검색하면 다수의 기사가 확인될 정도로 최근 우리 사회에서 '직권남용'에 대한 관심이 증가하고 있다. 실제로 '경기도지사의 직권남용에 대한 재판', '전 검찰국장의 직권남용에 대한 재판', '전 청와대 민정비서관의 직권남용에 대한 수사', '국회의원의 재판 민원과 관련된 직권남용 혐의 검토', '부동산 투기와 관련된 국회의원의 직권남용 의혹' 등 다수의 직권남용에 대한 기사를 확인할 수 있다.

이러한 직권남용은 새롭게 나타난 사회문제는 아니다. 우리 사회에서 직권남용은 과거에도 발생했고, 현재까지 지속되고 있는 문제이다. 공무원이 직무를 핑계로 자기 권한 밖의 행위를 함부로 하여 공정성을 잃어버림으로써 타인에게 피해를 입히는 일은 과거부터 있어온 비리행위인 것이다. 하지만 직권남용행위를 행한 공무원이 실제로 형사처벌을 받은 경우는 매우 드물었다.

공무원의 직권남용이 사법상 불법행위를 구성하거나 공법상 징계사유가 될 수 있는 것은 물론이다. 그러나 형법은 사회질서를 유지하기 위한 최후의 보충적 수단으로서 다양한 불법행위 중 형사처벌이 필요한 행위만을 처벌 대상으로 삼아야 하기 때문에 모든 직권남용행위가 형법상 직권남용죄로 처벌되는 것은 아니다. 또한 형사재판의 기본원칙인 '무죄추정의 원칙'에 의해 범죄의 혐의가 있다고 하여도 재판에 의해 최종적으로 유죄로 확정되기까지는 무죄로 추정되어야 한다. 따라서 의혹이 제기된 모든 공무원의 직권남용행위에 대해 형법상의 직권남용죄가 성립한다고 섣불리 단언할 수는 없다.

이러한 형법의 원칙들을 이해한다고 해도 사회적으로 이슈가 되는 직권남용행위의 발생빈도에 비해서 실제로 직권남용죄로 처벌받는 사례가 극히 미비하다는 것은 사법권에 대한 신뢰를 떨어뜨리는 이유가 되기도 한다. 형법 제123조는 직권남용죄를 "공무원이 직권을 남용하여 사람으로 하여금 의무 없는 일을 하게 하거나 사람의 권리행사를 방해한 때에는 5년 이하의 징역, 10년 이하의 자격정지 또는 1천만 원 이하의 벌금에 처한다"고 규정하고 있다. '공무원'이란 법령에 의해 국가 또는 공공단체의 사무에 종사하는 사람을 의미한다. 최근 직권남용의 의혹을 받고 있는 대통령, 국회의원, 대통령비서실장, 정무수석, 민정수석, 문체부장관, 대법원장, 도지사 등은 모두 공무원에 해당한다.

'직무권한'은 일반적 직무권한을 의미하며, 반드시 법률상의 강제력을 수반하는 것을 요하지는 않는다. 직권남용은 공무원이 그의 일반적 권한에 속하는 사항에 관하여 형식적, 외형적으로 직무집행으로 보일지라도 그 실질이 정당한 권한 이외의 행위를 하는 것을 의미한다. 실제로 형식 · 외형상 적법한 직권행사일지라도 공무원 개인의 실질적인 목적을 위한 행위가 직권남용에 해당할 수 있다. 따라서 직권남용죄로 처벌하기 위해서는 공무원의 직권의 범위에 대한 명확한 판단이 전제돼야 한다.

재판 개입과 관련하여 대법원장은 사법부의 수장으로서 광범위한 직무권한이 있기 때문에 직권남용 권리행사방해 혐의가 성립될 가능성이 비교적 높을 수도 있다. 검찰도 국가공무원법을 토대로 "법관은 사법행정권자의 직무감독권에 따른 정당한 직무상 명령에 대해 복종해야 할 의무가 존재한다"고 보고, 대법원장에 대한 직권남용이 성립한다고 판단했다. 그러나 이러한 판단에 대해 현직 부장판사는 "헌법과 법원조직법에 따르면 해당 사건을 담당하는 법관 이외에는 인사권을 가진 법관을 비롯한 누구도 해당 사건의 심판에 관여할 권한 자체가 없다"며 "대법원장이 자신의 지위를 이용해 부당한 청탁을 해도 법관은 헌법과 법률에 따라 그 양심에 따라 심판하는 것이므로 이를 따를 의무 자체가 없다"고 밝히고, 전 대법원장이 설사 재판에 대해 부당한 지시를 하였더라도 직권남용에 해당하지 않는다는 글을 게시했다. 이와 같이 형법상 직권남용죄가 인정되기 위해서는 치열한 법리 전개가 불가피하다.

여기서 주의해야 할 점은 범죄성립을 증명하기 위한 법리 전개가 권력의 논리에 의해서 좌우되어서는 안 될 것이며, 직권남용에 대한 의혹이 제기되었음에도 철저한 수사 및 공정한 재판이 이루어지지 않는다면 사법에 대한 불신은 더욱 커질 수 있다는 점이다. 제기된 의혹에 대해서는 일반 국민이라면 누구나 수긍할 수 있는 수사와 재판에 의해 범죄혐의가 밝혀져야 할 것이다. 이는 사법에 대한 신뢰를 회복하기 위한 길이기도 하다.

【2019.05.08】

범죄피해자의 인권과 언론보도

최근 경남 진주에서 발생한 방화 살인사건으로 조현병 환자에 의해 행해지는 범죄의 특성과 조현병 환자에 대한 강제적인 치료방법의 허용여부가 다시금 사회적 이슈가 됐다. 이는 우리 사회에서 조현병 환자가 범죄에는 이르지 않았지만 반사회적인 행위를 했을 때 국가가 적극적으로 개입해 대응할 수 있는가 그리고 조현병 환자가 범죄를 행하였을 때 어느 범위까지 그의 인권이 보장받아야 하는가의 문제로 연결됐다.

특히 이번 사건에서는 가해자의 신상이 공개되었는데, 가해자의 신상은 비공개가 원칙이다. 다만, 예외적으로 '특정강력범죄의 처벌에 관한 특례법' 제8조의2에 따라 ① 범행수단이 잔인하고 중대한 피해가 발생한 특정강력범죄사건이며 ② 피의자가 그 죄를 범하였다고 믿을 만한 충분한 증거가 있고 ③ 국민의 알 권리 보장, 피의자의 재범방지 및 범죄예방 등 오로지 공공의 이익을 위하여 필요해야 하며 ④ 피의자가 '청소년 보호법' 제2조 제1호의 청소년에 해당하지 아니하는 경우에 신상을 공개할 수 있다. 이와 같이 범죄자의 신상공개에 대해서는 인권 침해적 요소를 고려하여 신중하게 판단하고 있다. 우리 사회에서는 그동안 가해자인 피의자의 인권보호가 주요 논의의 대상이 되어 왔으며 다양한 통제장치를 통해 피의자의 인권이 보호되어 왔다.

이에 반해 범죄피해자에 대한 인권보호는 논의의 중심에서 벗어나 있었다. 형사사법제도에서도 피의자의 인권보장은 강조되어 왔으나 피해자의 인권에 대한 배려는 미흡했다. 진주사건에서도 피해자와 유족의 신상뿐만 아니라 피해사실, 피해장소에 대한 정보까지 상세하게 언론을 통해 공개됐다. 언론이 국민의 알 권리의 보장이라는 명목하에 피해자, 유족, 피해사실 및 피해장소에 대한 정보들을 상세하게 보도함으로써 피해자와 유족의 사생활 및 인격권이 침해당하는 상황이 발생한 것이다. 피해자와 유족은 언론의 취재와 보도로 인해 불쾌감뿐만 아니라 심각한 스트레스를 받는 등 2차 피해를 입게 됐다.

이러한 현상은 언론 환경이 과열되면서 특종경쟁으로 인해 피해자의 인권은 물론, 언론보도로 인한 피해자의 2차 피해의 문제를 경시하는 태도에서 비롯되었다고 할 수 있다. 더욱이 최근에는 인터넷 매체를 비롯한 다양한 방송 매체의 역할과 비중이 급속하게 커지면서 사건보도로 인한 인권침해의 형태가 더욱 복잡하고 다양해졌을 뿐만 아니라 그에 따른 피해도 매우 빠르게 확산되는 경향을 띠고 있다.

그러나 가해자와는 달리 피해자에 대한 보도에 대해서는 고소를 통하여 명예훼손죄 등으로 형사처벌을 구하기가 어려우며, 민사소송을 제기하여 손해배상을 청구하는 것도 어렵다. 또한 언론중재법을 통해 사후 구제를 받는 것도 현실적으로 쉽지 않다. 그럼에도 취재 현장에서 활동하는 언론종사자들은 피해자들이 언론보도로 인해 겪게 되는 2차 피해의 심각성에 대해 잘 알지 못하거나 이에 대해 알고 있는 경우에도 보도 경쟁에 몰두한 나머지 피해자 보호를 위한 원칙들을 간과하고 있다.

이에 국가인권위원회와 한국기자협회는 공동으로 '인권보도준칙'을 제정 · 시행하여 피해자의 인권이 침해되지 않도록 피해자의 정보공개를 제한하는 등 피해자의 2차 피해 방지를 위해 노력하고 있다. 또한 여성 · 아동 대상 폭력사건의 경우에는 관련법에서 특별규정을 두어 피해자의 신원공개 등을 금지함으로써 언론보도에 의한 여성 · 아동피해자의 2차 피해를 방지하고자 노력하고 있다. 언론중재위원회에서도 피해자보호를 위해 '시정권고심의기준'을 제정 · 시행하고 있다. 그러나 이러한 규제들은 피해자의 인적 사항의 보도만 금지하고 있을 뿐 피해사실 등에 대해서는 보도를 금지하거나 제한하고 있지 않다.

피해사실 등의 보도로 인해서 2차 피해의 우려가 큰 사건에 대해서는 피해자에 대한 인적 사항은 물론 피해사실 등에 대한 상세한 보도를 규제하는 내용을 관련법에 규정할 필요가 있다.

또한 언론기관이 피해자의 동의를 받아 보도하는 경우에도 피해자가 동의한 내용과 다른 내용 혹은 피해자의 동의를 구하기 위해 언론이 고지한 보도의 목적이나 방법을 벗어난 보도에 대해서는 법적 규제가 가능하도록 관련 법률을 개정하는 방안도 고려돼야 한다. 이러한 법적 규제와 병행하여 언론종사자들의 인식도 변화되어야 한다. 즉, 피해자 및 피해사실 등에 대한 정보의 공개가 피해자와 유족에게 큰 고통이 된다는 점을 인식해 보도의 내용과 범위를 조절해야 할 것이다.

【2019.07.24】

알 권리와 표현의 자유

최근 우리 사회에서는 국민의 '알 권리 보장'이 주요한 이슈로 제기됐다. 국가 혹은 지방자치단체의 행정 및 예산에 대한 정보공개, 수술실에서 발생하는 환자의 인권침해를 방지하기 위한 수술장면의 공개, 국회의원들의 정당한 의정활동을 감시하기 위한 의정자료의 공개 등 국민의 알 권리에 근거한 정보공개 요청이 증가하고 있다. 이번 7월에는 S대학교에서 '피해자의 알 권리'를 보장하는 규정이 만들어지기도 했다. 대학 내 성폭력범죄를 처리하는 과정에서 정작 피해자들은 그 징계 과정을 알지 못해 더 고통을 받고 있다는 지적을 받아들여 '교원징계규정'을 제정하여, 피해자의 요청에 의해 징계 심의 과정이나 결과를 징계위원회 의결을 거쳐 피해자에게 알려준다는 내용을 규정했다.

이처럼 우리 사회에서 주장되는 알 권리가 정당한 감시 혹은 약자의 권리로서 작용하는 측면도 있지만, 개인의 인권 혹은 사생활을 침해하는 사실이 알 권리라는 명목 하에 정당화되기도 한다. 특히 범죄와 관련해 가해자의 신상뿐만 아니라 그 가족 혹은 피해자의 신상까지도 언론을 통해 공개됨으로써 개인의 기본권이 침해되는데 이러한 침해가 국민의 알 권리로 정당화되기도 한다. 이처럼 알 권리가 개인의 기본권 침해로 이어지는 경우에는 기본적인 생활이 어려울 정도의 심각한 피해가 발생하기도 한다. 이에 알 권리라는 명목 하에 언론을 통해 보도되는 개인의 기본권 침해 행위가 일률적으로 정당화되는 관행은 개선돼야 한다.

알 권리는 일반 국민의 정보 습득에 대한 요구를 의미하는 용어로 언론에 의해 제도적으로 보장된 언론의 자유 혹은 표현의 자유를 구체적으로 함축하는 권리의 개념으로 사용된다. 알 권리가 기본권의 하나로 본격적으로 논의되고 법제화된 것은 20세기 중반부터이다.

UN은 1948년 세계인권선언을 채택하고 제19조에서 정보의 자유와 알 권리를 규정했다. 나치시대 언론 탄압 정책에 시달렸던 독일은 1949년 독일기본법(Grundgesetz) 제5조 제1항에 알 권리를 명문으로 규정하여 정보의 자유권을 보장했다. 우리나라는 알 권리에 대한 직접적인 근거조항을 두고 있지는 않다.

그러나 헌법재판소는 정보에의 접근 · 수집 · 처리의 자유를 알 권리로 정의하면서 알 권리를 헌법 제21조의 표현의 자유에 당연히 포함되는 권리로 인정했다. 헌법은 제21조 제1항에 "모든 국민은 언론 · 출판의 자유와 집회 · 결사의 자유를 가진다"고 규정해 표현의 자유를 헌법상 기본권으로 보장하면서 동조 제4항에서는 개인의 명예나 권리 또는 공중도덕이나 사회윤리를 표현의 자유의 한계로 설정하고 있다.

민주주의 사회에서 '자유로운 언론' 혹은 '표현의 자유'의 실현은 중요한 이슈이다. 그러나 언론이나 표현의 자유를 보장하기 위해 개인의 인격권에 대한 침해를 방치한다면 그 사회는 더 이상 민주사회가 아니라고 해야 할 것이다. 언론이나 표현의 자유도 중요하지만 개인의 인권과 사생활에 대한 존중 역시 우리 사회를 유지하는 하나의 축으로 작용하기 때문이다. 언론이 국민의 알 권리를 충족시킨다는 명목하에 개인의 신상에 대해 보도하고 이러한 보도가 결과적으로 개인의 명예와 권리를 침해하게 된다면 언론이나 표현의 자유만을 주장하기는 어렵다.

언론보도가 표현의 자유로서 정당화되기 위해서는 보도의 공익성, 공공성, 진실성, 성실성, 공정성 등의 요건이 충족되어야 한다. 대법원은 적시된 사실이 공공의 이익에 관한 것인지 여부는 당해 적시 사실의 내용과 성질, 당해 사실의 공표가 이루어진 상대방의 범위, 그 표현의 방법 등 그 표현 자체에 관한 제반 사정을 감안함과 동시에 그 표현에 의해 훼손되거나 훼손될 수 있는 명예나 권리의 침해 정도 등을 비교·고려해 결정해야 한다고 판시하고 있다.

이와 같이 개인의 기본권을 침해하는 언론의 보도가 알 권리의 충족만을 근거로 정당화될 수는 없다. 공공성, 공정성, 성실성, 공익성 등 다양한 요소들을 고려해 개인의 기본권을 침해하는 보도에 대한 정당성을 판단해야 할 것이다.

알 권리가 국가 혹은 지방자치단체의 행정이나 예산 등을 공정하게 감시하는 권리 혹은 약자에 대한 배려를 위한 권리로서 작용하는 경우에는 개인의 기본권 침해의 문제는 발생하지 않는다. 그러나 표현의 자유에 포함되는 권리로서 개인의 인권, 명예 등을 침해하는 근거로 작용하는 경우에는 다양한 요소를 고려해 그 정당성을 판단해야 한다. 정당성이 엄격하게 판단될수록 언론의 자유라는 미명하에 개인의 기본권이 침해되는 상황은 방지될 수 있을 것이다.

【2019.10.03】

피의사실공표와 무죄추정 원칙

사회적으로 주목받을만한 사건이 발생하면 수사기관은 피의사실을 발표하고, 언론이 이를 보도하는 형태로 피의사실이 공개된다. 특히 주요 대기업 총수, 정치인, 연예인에 대한 수사가 시작되면 기소되기 전까지 피의사실이 수많은 언론을 통해 보도된다. 피의사실은 수사기관이 자의적인 브리핑을 통해 발표하기도 하지만 대부분의 피의사실은 '(익명의) 검찰관계자에 따르면'이라는 문장이 포함돼 언론을 통해 공개된다. 이는 수사기관이 피의사실을 언론에 제공하고 언론은 이를 그대로 받아쓴다는 것을 의미한다.

그러나 이러한 피의사실공표 행위는 무죄추정의 원칙에 반한다. 헌법 제27조 제4항은 "형사피고인은 유죄의 판결이 확정될 때까지는 무죄로 추정된다"고 규정하고 있다. 무죄추정의 원칙은 형사절차와 관련해 피의자는 물론 피고인에 대해서도 유죄의 판결이 확정될 때까지는 원칙적으로 죄가 없는 자로 다뤄져야 하고 그 불이익은 필요최소한에 그쳐야 한다는 원칙이다.

이 원칙은 인간의 존엄성을 기본권질서의 중심으로 보장하고 있는 헌법질서 내에서 형벌작용의 필연적인 기속원리가 될 수밖에 없다. 이 원칙은 수사절차에서 공판절차에 이르기까지 형사절차의 전 과정을 지배하는 지도 원리이기 때문에 유죄판결이 확정되기 전에 피의자 또는 피고인을 죄 있는 자에 준해 취급하여 법률적 · 사실적 측면에서 유형 · 무형의 불이익을 주어서는 안 된다. 그러나 피의사실공표로 인해 피의자는 유죄판결이 확정되기도 전에 이미 여론에 의해 유죄의 심증을 받게 되는 불이익을 겪는다. 이후 피의자에게 무죄판결이 확정된다고 하더라도 여론을 통해 이미 유죄로 낙인찍혔기 때문에 피의사실공표로 인한 피해의 회복은 쉽지 않다. 이에 형법은 제126조에 수사기관의 '직무범죄'로 피의사실공표죄를 규정하고 있다. 즉, 검찰, 경찰 기타 범죄수사에 관한 직무를 행하는 자 또는 이를 감독하거나 보조하는 자가 그 직무를 행함에 당해 지득한 피의사실을 공판청구전에 공표한 경우를 처벌대상의 범죄로 규정하고 있다. 피의사실공표죄는 1953년 형법이 제정될 때부터 범죄로 규정되었다. 당시에도 피의사실공표죄의 입법취지로 "피의사건에 대한 유 · 무죄의 성립은 법원의 확정판결에 의하여 결정되며 확정판결 전에 피의자는 무죄의 추정을 받는다. 피의자는 유죄의 확정판결을 받음으로써 범죄행위에 대한 법적 책임을 지게 되므로 법원의 확정판결 전에 피의사실이 공표됨으로 인한 불이익은 방지되어야 한다"고 적시되었다. 당시 법제사법위원장 대리 엄상섭 의원도 "한번 신문이나 소문이 퍼진 뒤에는 엎질러진 물을 다시 주워 담지 못하는 결과가 나서 피해자의 처지는 대단히 곤란할 것입니다."라고 입법취지를 설명했다. 그러나 지금까지 수사기관이 피의사실공표죄로 기소되어 처벌받은 적은 없다. 매년 국정감사 때마다 국회의원들이 피의사실공표죄에 대한 자료를 제시하지만 이 죄로 기소된 검사는 없었다. 형법에 범죄로 규정되어 있지만 사실상 적용되지 않는 사문화된 법인 것이다.

사문화된 원인으로는 첫째, 범죄행위의 주체와 공소제기의 주체가 동일하기 때문에 스스로에 대한 기소를 기대하기 어렵다는 점과 둘째, 국민의 알 권리 보장이라는 명목하에 이루어지는 언론의 과열된 경쟁적 보도로 인해 피의사실공표를 범죄로 처벌하기 어렵다는 점 등이 제시된다. 수사기관 스스로에 대한 기소를 기대하기 어렵다는 점도 문제이지만 과열된 취재경쟁도 문제라는 것이다. 피의사실공표죄는 언론의 보도가 이루어져야 실질적인 효력이 발휘된다. 피의사실공표의 과정과 절차의 적정성 및 익명으로 흘려진 사실의 진정성 여부를 떠나 대중의 이목을 끌 수 있다면 일단 보도부터 하는 언론의 과열된 취재경쟁이 피의자실공표죄를 현실적으로 적용되지 않는 사문화된 법으로 만들었다는 것이다.

SNS까지 포함한 다양한 언론매체가 피의사실을 경쟁적으로 보도하고, 수사기관이 흘리는 피의사실정보를 원천적으로 막을 수 없는 상황에서 언론을 통한 피의자의 인권침해는 무한대로 확대될 수밖에 없다. 그렇다고 형법에 처벌대상으로 규정되어 있지 않은 언론기관을 피의사실공표죄로 처벌할 수는 없다. 이에 무죄추정의 원칙 및 피의자의 인권을 고려해 기소 전 단계에서는 피의사실의 비공개를 원칙으로 하고 예외적으로 이를 허용할 수 있는 기준을 마련하여, 확인되지 않은 피의사실을 '흘려주고' 언론이 이를 '확대 재생산'하는 것을 방지하는 방안이 마련되어야 할 것이다. 즉, 피의사실을 불가피하게 공개해야 하는 상황이라도 그 한계를 명확히 하여 피의자의 기본권 침해가 최소화될 수 있도록 엄격한 기준을 설정해야 한다. 이러한 기준을 위반해 피의사실을 공표하는 수사기관에 대한 엄중한 처벌에 대한 기준도 물론 함께 설정돼야 한다.

chapter 11

이기우

학력
・동국대
・독일 뮌스터대 박사(법학)
경력
*대학
・인하대 교수
・인하대 법학전문대학원원장, 학술정보관장 역임
*학회
・대한교육법학회 회장 (전)
*사회활동
・개헌아카데미 원장
・국민발안개헌연대 집행위원장
・지방분권개헌 국민행동 상임의장

번영과 행복을 위한 오뚝이형 국가

이게 연방제에 준하는 지방분권인가?

촛불집회는 '10월 혁명'으로 승화해야

시대정신 외면한 행안부 지방자치법 개정방안

선거제도 개편의 방향

실패한 주민자치회 실험, 읍 · 면 · 동 자치가 정답

주민투표가 없는 주민투표법

누구를 위한 누구의 자치경찰인가

지방소방관, 국가직 대신 재정 · 처우 개선을

번영과 행복을 위한 오뚝이형 국가

3기 신도시 정책의 몇 가지 치명적인 문제

최저임금 이대로는 안 된다

기초지방선거 정당공천제 폐지해야

광장정치와 직접민주주의

【2018.10.03】

이게 연방제에 준하는 지방분권인가?

대통령소속 자치분권위원회가 9월11일에 자치분권 종합계획을 발표했다. 32개 과제를 포함하고 있다. 자치분권 종합계획은 위원회가 출범한 이후 6개월간이나 준비하고 대통령의 서명을 받아 발표한 것으로 알고 있다. 하지만 이번에 발표한 자치분권종합계획은 문재인 정부가 약속한 수준의 지방분권과는 거리가 멀다. 핵심적인 요소가 빠져 있기 때문이다.

문재인 대통령은 후보자 시절은 물론 대통령에 취임한 이후에도 기회가 있을 때마다 "연방제에 준하는 지방분권"을 하겠다고 약속하였다. 각종 여론조사에 따르면 국민의 70%가 이러한 연방제에 수준의 지방분권을 지지하는 것으로 나타난다. 연방제에 준하는 지방분권이란 스위스나 미국, 독일과 같은 연방국가에 준하는 지방분권, 최소한 이탈리아나 스페인과 같은 지방분권을 의미한다. 연방제 수준의 지방분권국가에서 가장 큰 특징은 지방정부가 단순히 행정집행권뿐만 아니라 높은 수준의 입법권을 갖는다는 데 있다. 지방정부는 국가가 정한 법률과 명령을 집행하는 단순한 하급집행기관이 아니라, 스스로 주민 삶을 규정할 수 있는 정치주체다. 지방정부에 헌법과 법률수준의 입법권을 인정하고 지역발전에 대한 책임을 지도록 하는 것이 핵심이다.

연방제 수준의 지방분권국가는 시대적 요구이다. 미래학자인 토플러가 얘기한 것처럼 후발국가로서 압축성장을 추구하던 산업화시대에는 국가의 엘리트 관료가 선진국을 모방하여 발전방안을 제시하여 전국적으로 일사불란하게 추진하는 중앙집권적인 국가운영시스템이 효율적일 수도 있었다. 정답이 있는 시대였기 때문이다. 하지만 대한민국이 산업화시대를 넘어 지식정보시대로 접어들면서 따라 할 정답이 없는 시대로 되었다.

우리 스스로 정답을 찾아야 하는 시대가 된 것이다. 정답을 찾기 위해서는 시행착오를 겪게 마련이다. 국가가 나서서 정답을 찾다가 실패하면 전체 국민이 피해를 본다. 이에 위험을 분산시켜야 한다. 지방이 나서서 정답을 찾고 혁신의 실험실이 되어야 한다. 한 지방이 성공하면 다른 지방은 이를 수용하여 더 발전시키게 된다. 실패하더라도 피해는 그 지방주민에게만 미치고 다른 지방에는 반면교사가 된다. 이를 위해 지방분권적 국가경영체제가 요구된다. 국민소득 3만 달러를 넘어 5만 달러, 6만 달러로 가는 성장동력 내지 혁신동력은 이제는 국가로부터는 기대할 수 없다. 왜냐하면 국가는 지방을 어떻게 발전시킬지 정답을 갖고 있지 않기 때문이다. 지방정부끼리 치열한 경쟁을 하면서 아래로부터 혁신을 통해 정답을 찾아야 하는 시대가 되었다.

연방제국가나 연방제에 준하는 선진국가에서는 중앙국가와 지방정부 사이에 법률제정권을 어떻게 배분할 것인지를 헌법에 상세하게 규정하고 있으나, 우리 헌법은 지방정부의 입법권을 매우 제한적으로만 인정하고 있다. 법률의 위임이 있는 경우에, 법률의 범위안에서만 인정하고 있다. 지방정부는 국가가 법률로 시키는 것만 하고, 시키는 대로만 하라는 것이다. 헌법이 지방의 손발에 족쇄를 채워 일을 못하도록 하고 있다. 지방을 어떻게 발전시킬지 정답도 모르는 국가가 시키는 것만 하고, 시키는 대로만 해서 지방이 발전하기를 기대할 수 없다. 지방발전과 주민복리를 실현하기 위해서는 지방이 스스로 정답을 찾아서 입법을 하고 일을 할 수 있도록 손발을 풀어주어야 한다.

지난 3월26일 대통령이 국회에 제안하여 무산되었던 헌법개정안은 권리제한이나 의무부과를 법률의 위임이 있을 때에만 조례를 정할 수 있도록 했다. 지방은 국가가 시키는 것만 하도록 규정하여 지방정부가 채워 일을 할 수 없도록 했다. 전체주의국가를 제외하고는 세계에 유례가 없는 규정이다. 이에 대통령의 개헌안은 여론으로부터 비판의 십자포화를 맞았다.

이번 자치분권종합계획에도 지방분권의 핵심내용인 지방정부의 입법권을 강화시키는 방안이 없다. 대부분 집행기능의 지방이양과 지방통제를 위한 방안들이 나열되어 있다. 종합계획이 실현되더라도 지방정부는 국가의 하급집행기관으로 편입될 뿐이다. 실망을 금할 수 없다. 대통령이 누누이 강조한 연방제수준의 지방분권을 실현하기 위해서는 지방의 입법권을 대폭적으로 강화해야 한다. 이를 통해 지방의 주민이 자기 삶을 스스로 개척할 수 있도록 해야 한다. 문재인 정부와 민주당은 대선 핵심공약인 지방분권을 위한 헌법개정을 완료하여야 한다. 국회에서 대통령 개헌안이 무산되었다고 해서 대통령의 개헌공약이 이행된 것은 아니다.

【2018.10.31】

촛불집회는 '10월 혁명'으로 승화해야

2년 전 광화문을 비롯한 전국의 광장과 거리는 촛불로 넘쳤다. 거의 20차례나 수만, 수십만, 수백만의 사람이 모여 박근혜 대통령 퇴진과 갖가지 요구를 외쳤다. 이에 대응하여 대규모의 태극기집회가 20여 차례에 걸쳐 "박근혜 탄핵 반대"를 외치며 맞불을 놓았다. 일촉즉발의 위험한 상황이었음에도 불구하고 평화적인 집회를 유지하며 우리 국민의 성숙한 정치의식을 보여주었다. 놀라운 역사적 사건이다.

촛불집회는 2016년 12월8일 국회가 의원정수 300명에 299명이 출석하여 234명의 찬성으로 박근혜 대통령에 대한 탄핵소추안을 통과시키는 데 결정적인 역할을 하였다.

헌법재판소가 2017년 3월10일 만장일치로 탄핵소추를 인용하여 박근혜 대통령을 파면하는 결정을 하는 데에도 촛불집회는 사실상 영향을 미쳤다. 2017년 5월9일 실시된 대통령 선거에서 민주당의 문재인 후보가 당선되어 곧 바로 취임하였다. 촛불정신을 계승하겠다고 했다. 국민들도 요구하였다.

촛불집회 2주년을 맞이하며 무엇이 촛불정신인지를 묻지 않을 수 없다. 촛불집회가 단순히 박근혜 대통령 탄핵을 요구한 것이 목적이었다면 촛불집회의 목적은 달성되었다고 볼 수 있다. 그렇다면 박근혜 대통령 퇴진을 요구한 촛불집회는 박 대통령 퇴진을 반대한 태극기 집회와 동격으로 추락하고 만다. 촛불집회 의미를 이렇게 축소하고 왜곡시켜도 되는 것일까?

촛불집회에는 2300여개 단체가 참여했지만, 참여한 사람들은 이들 단체가 동원한 것이 전부가 아니다. 오히려 무능하고 부패하고 권위주의적인 정치체제하에서 축적된 분노를 안고 수십만, 수백만 사람들이 자발적으로 광화문을 비롯한 전국의 광장과 도로로 쏟아져 나왔다.

어린 학생들부터 노인에 이르기까지 거의 모든 연령층에서 참여하였을 뿐만 아니라 진보와 보수의 이념도 초월하여 촛불집회에 참여하였다. 요구사항도 매우 다양했다. 그럼에도 불구하고 촛불집회를 단순히 박근혜 대통령 퇴진운동으로 보는 것은 촛불집회 의미를 축소하고, 폄하하고 왜곡하는 것이다.

촛불집회에서 나온 여러 요구사항 중에서 "이게 나라냐?"라는 구호가 가장 함축적이다. 국민의 고통을 해결하지 못하는 무능한 국가, 부패한 국가, 갈등을 증폭시키는 국가에 대한 분노와 절망의 표현이다.

박근혜 대통령 개인의 퇴진을 넘어 박 대통령으로 상징되는 낡은 체제의 전환을 요구하는 것이다.

구체제, 즉 87체제를 청산하고 새로운 체제의 국가를 요구한 것이다. 그래야 촛불집회는 비로소 혁명의 성격을 가질 수 있으며 박근혜 대통령 퇴진을 반대했던 태극기집회를 포용하여 '10월 혁명'으로 승화할 수 있을 것이다.

프랑스 혁명에서도 다양한 사람들이 다양한 요구를 가지고 혁명에 참여했지만 수많은 혁명가와 이론가들이 치열한 논쟁을 통하여 혁명정신을 만들어 내고, 1793년의 혁명헌법을 통하여 구체제를 청산했다. 헌법개정은 혁명의 전리품이라고 할 수 있다. 새로운 헌법으로 혁명은 비로소 완성된다. 촛불집회는 그 정신에 대한 담론도 취약하고 체제의 전환을 위한 헌법개정도 달성하지 못하였다. 이 점에서 촛불집회는 실패한 혁명이거나 아직 끝나지 않은 혁명이라고 볼 수 있다.

촛불집회 2주년을 맞이하며 국가는 무엇을 해야 하고 국민은 무엇을 해야 할 것인지 국민적 담론이 필요하다.

문재인 정부와 민주당은 촛불집회를 주도하지는 않았지만 최대 수혜자다. 문재인 정부는 나라다운 나라를 만들어 국가의 무능과 부패, 권력 남용과 갈등을 해소해야 한다. 이를 위해 새로운 헌법을 제정하여 87체제로 상징되는 구체제를 청산하고 새로운 미래를 여는 기반을 구축하여야 한다.

만약 체제전환을 위한 헌법개정을 하지 않거나 못 한다면 문재인 정부는 '87체제 시즌 2'로 전락할 것이다. 87체제 하에서 모든 대통령은 화려하게 등장했다가 초라하게 퇴장하였다. 국민들은 내내 불행하였다.

새로운 헌법을 정치권에만 맡겨놓을 수는 없다. 새로운 헌법을 쟁취하기 위해 국민이 나서야 한다. 청나라 초기 대유학자인 고염무는

"천하의 흥망은 필부에게도 책임이 있다(天下興亡 匹夫有責)"고 했다. 촛불도 태극기도 '10월 혁명'의 완성을 위해 이제는 함께 타오르고 휘날려야 한다.

【2018.11.28】

시대정신 외면한 행안부 지방자치법 개정방안

정부의 지방분권 종합계획발표에 이어 행정안전부는 지난 10월30일 지방자치법 전부개정방안을 발표하였다. 각종 언론매체에서는 행안부의 보도자료를 여과없이 그대로 보도하여 획기적인 자치권 강화가 있는 것 같은 오해를 불러일으키고 있다.

행안부의 지방자치법 개정방안은 시대가 요구하는 핵심 개정사항이 빠진 외화내빈이라고 총평을 할 수 있다. 그동안 문재인 대통령과 행안부가 지방분권을 획기적으로 강화하겠다고 국민들에게 약속해왔다는 점에서 이번 발표는 매우 실망스럽다. 핵심적인 개정사항인 자치입법권의 강화는 실종되었다. 행안부는 10개 과제나 제시하면서 획기적인 주민주권의 구현을 내세우지만 정작 주민의 주권이 강화된 것은 거의 없다. 주민주권을 얘기하기 위해서는 그 지방에만 관계된 지방문제는 주민들이 직접 또는 주민 대표기관인 지방의회를 통해 스스로 결정할 수 있는 자결권이 있어야 한다. 행안부 개정방안에는 지방정책을 주민들이나 그 대표기관이 스스로 결정할 수 있는 주민자결권을 보장하는 내용이 빈약하다. 그나마 기관구성 다양화는 학계와 시민사회가 오래 전부터 요구해온 것을 반영한 것이라고 볼 수 있다. 하지만 이를 지방자치법에 규정하지 않고 별도의 법률로 규정하도록 함으로써 기관구성이 다시 획일화 · 경직화될 위험이 있다. 기관구성의 다양화를 위해서는 지방자치법에 근거를 두고 각 지방이 지방실정에 맞게 자치헌장으로 이를 정할 수 있도록 하는 것이 바람직하다.

행안부의 개정방안 중에는 현행의 법률을 개악된 내용도 포함되어 있다. 그동안 법률의 결함으로 인해 주민주권을 실현하기 위한 주민투표나 주민소환이 제대로 작동하지 못하였다.

특히 투표권자의 1/3미만이 투표를 한 경우에는 개표를 하지 못한다는 조항으로 인해 주민투표나 주민소환이 최소투표율 미달로 무산되는 사례가 많았다. 이에 필자와 학계에서는 최소투표율을 삭제할 것을 요구해왔다. 실제로 직접민주주의를 일상적인 정치과정으로 활용하고 있는 스위스에서는 최소투표율에 대한 제한 없이 투표자 과반수 찬성으로 주(국)민투표를 가결한다.

행안부는 학계와 시민사회의 요구를 받아들여 최소투표율을 없애겠다고 했으나, 대신에 주민투표와 주민소환투표가 가결되기 위해서는 최소한 투표권자의 1/4이상이 찬성해야 한다고 함으로써 최소투표율 대신에 최소찬성률을 도입하였다. 이에 따르면 주민투표와 주민소환을 더 어렵게 만드는 결과가 된다.

현행법에 따르면 투표율이 1/3인 경우에 투표자의 과반수찬성으로 가결할 수 있다. 행안부 방안에 의하면 투표자의 75%가 찬성을 해야 가결될 수 있게 된다. 만약 투표율이 25% 미만이면 투표자가 100% 찬성을 해도 안건이 부결되는 기이한 사태를 초래하게 된다. 이점에서 최소찬성률 도입은 제도의 개선이 아니라 개악이다.

주민투표와 관련하여 가장 심각한 점은 주민들이 가장 많은 관심을 가진 지방재정이나 공공시설에 관한 사항이 제외되거나 제한되어 있다는 점이다. 또한 현행 주민투표법에서 주민투표와 주민발안의 구별조차 불분명하여 주민들이 직접 안건을 발의하여 스스로 결정하는 것이 어렵고, 지방의회가 결정한 사항이 주민의사에 반하는 경우에도 주민투표를 통해 거부할 수 없도록 되어 있다. 이러한 본질적인 문제에 대해서 행안부는 아무런 개선방안도 제안하지 않고 있다. 또한 지방문제에 대한 주민자결권의 핵심인 조례제정권 강화에 관한 사항이 빠져 있다. 지방자치법 제22조 단서는 주민의 권리제한이나 의무부과, 벌칙을 규정하기 위해서는 법률의 근거가 있어야 한다고 규정한다. 권리제한 등을 위해서는 국가의 법률이 허용하는 경우에만 가능하고, 자발적인 조례는 허용되지 않는다는 것을 의미한다.

즉 지방은 국가가 시키지 않으면 아무것도 하지 말라는 것으로 자치를 근본적으로 부정하는 조항이다. 이에 학계와 시민사회에서는 오래 전부터 이를 폐지하라는 요구를 해왔다.

이 단서규정은 주민과 지방정부를 국가의 하부기관으로 전락시키고 있는 독소조항으로 세계 어느 나라에서도 유례를 찾을 수 없다. 진정으로 주민주권을 구현하기 위해서는 지방자치법 제22조 단서 조항의 삭제로부터 시작해야 한다.

【2018.12.26】

선거제도 개편의 방향

한 여론조사기관에서 11월 하순에 국민 1000여명에게 연동형 비례대표제에 대한 찬반의견을 물었다. 응답자중 42%가 찬성했고 좋다고 했고, 29%가 좋지 않다고 했으며, 29%는 의견을 유보했다고 한다. 강의시간에 48명의 사회과학대학 3학년 또는 4학년 학생들에게 연동형비례대표자가 무엇인지를 물었다. 모두 침묵하는 가운데 한 학생이 "지역구 당선비율로 국회의원의석을 배분하는 선거제"라고 답했다. 정반대다. 12월15일 여야5당은 "연동형비례대표제 도입을 위한 구체적 방안을 적극 검토한다"와 "선거제도 개혁관련 법안개정과 동시에 곧바로 권력구조 개편을 위한 원포인트 개헌논의를 시작한다"를 포함한 6개항에 합의했다.

대부분의 국민들은 연동형비례대표제가 무엇인지 모른다. 생소하다. 무엇과 무엇이 연동되어 있는지 알 수가 없다. 이 제도는 독일과 뉴질랜드 정도에서 시행되고 있다. 독일연방선거법 제1조는 '인물선거와 결부된 비례대표제'라고 규정하고 있다. 일반적으로는 인물중시 비례대표라고 한다. 여전히 이해가 쉽지 않다.

독일에서는 598명 연방하원 중에서 절반인 299명을 지역(선거)구마다 1명을 선출하고, 나머지 절반은 정당명부에 의해 선출한다. 유권자들은 2표 중에서 한 표는 지역구 후보에게 투표를 하고, 다른 한 표는 주별로 정당명부를 제출한 정당에 투표를 한다. 각 정당에 배정되는 총의석은 정당투표의 득표율에 의해서 배정된다. 각 당에 배정된 의석 범위 안에서 지역구당선자가 우선적으로 당선되고, 남는 의석은 정당명부의 순위에 따라 배정된다. 만약 지역구 당선자가 당에 배정된 의석보다 많으면 정당명부에 따른 당선자는 없으며 초과의석이 발생한다. 의원의 숫자가 정원보다 늘어난다. 이로 인하여 정당간 비례가 무너져 이를 시정하기 위해 추가적으로 보정의석이 필요하게 되어 또 의원은 늘어난다. 복잡하다.

연동형비례대표제를 주장하는 측에서는 민심대로 국회를 구성해야 한다고 한다. 국회를 정당별 득표율에 비례하여 구성하자는 것이다. 누구도 이에 대해 이의를 제기할 수는 없다. 문제는 선거의 비례성을 높이는 방법에는 여러 가지 방법이 있으며 대부분의 나라에서는 국회의원 전원을 정당명부로 선출하는 방식을 채택한다. 연동형비례대표제가 선거결과의 비례성을 높이는 획기적인 방법이지만 더 좋은 방법은 없는지도 함께 검토되어야 한다.

연동형비례대표제를 주장하는 측에서는 지역구선거를 현재 지역구 253개를 그대로 유지하는 것을 전제로 하면서 비례대표를 늘리기 위해 국회의원을 늘려야 한다고 한다. 현재의 지역구를 개편하면 국회의원 반발로 선거법개정이 불가능하다는 현실적 이유를 든다. 지역구의 사유화를 용인하는 반개혁적 발상이다. 소선거구제로 인한 폐단은 비례성의 왜곡만큼이나 심각하다. 국민전체의 대표자인 국회의원이 국정은 뒷전이고 지역구관리에 급급하다. 지역구 당선을 위해 국회의원이 국가예산에 빨대를 꼽아 지역구로 빼돌리기 위해 수단방법을 가리지 않는다. 심각한 부패다. 국회의원이 정책개발보다 경쟁자 흠집내기에 골몰한다. 건설적인 국정운영을 위해서는 국회의원을 소지역주의로부터 해방시켜야 한다. 시 · 도별 대선거구제가 검토될 수 있다. 스위스에서는 이를 통해 정치안정과 정치생산성을 높이고 있다. 이렇게 되면 대다수의 국민이 반대하는 국회의원 증원도 불필요하게 된다. 국회구성의 비례성을 높이면서도 국회의원의 증원을 막을 방법이 있음에도 불구하고 이를 검토하지 않고 증원을 고집하는 것은 국민을 무시하는 오만이다.

무엇보다도 중요한 것은 정당공천을 국민이 신뢰할 수 있어야 한다. 국민들이 두 표 중 한 표로 정당을 선택하는데 정당이 공천한 후보자를 믿을 수 없다면 차라리 비례대표를 폐지해야 한다는 주장도 있다. 이에 연동형 비례대표를 추진하기 위해서는 국민이 공천의 정당성을 신뢰할 수 있어야 한다.

선거제도는 실질적 의미의 헌법이다. 이에 선거제도를 직접 헌법에 규정하는 나라도 있다. 선거법개정에 착수한다는 것은 곧 헌법개정에 착수한다는 것을 의미한다. 특히 선거제도는 국가의 권력구조와 밀접한 관계에 있다. 선거제도와 권력구조가 정합성을 갖지 못하면 국정운영은 더 어려워지고 갈등은 증폭되고 소모적인 정치가 될 수도 있다. 대통령 권력집중을 그대로 두고 다당제 질서를 전제로 한 비례대표제의 강화는 최악의 정치상황을 초래할 수 있다. 이에 5당이 합의한 대로 선거제도를 개편하기 위해서는 상응하는 권력구조개편을 위한 헌법개정이 반드시 함께 논의되어야 한다.

【2019.01.23】

실패한 주민자치회 실험, 읍 · 면 · 동 자치가 정답

혁명과 반혁명을 되풀이하면서 살육과 무질서의 소용돌이 속에서 자란 젊은 학자인 토크빌은 미국여행을 통해 탈출구를 찾고자 했다. 수만 명의 반혁명분자를 처단해도 안정될 기미를 보이지 않는 프랑스를 위한 해답을 찾기 위한 학습여행이었다. 9개월간 미국을 여행하고 온 토크빌은 "마을자치를 갖지 못한 나라도 자유로운 정부를 세울 수는 있겠지만, 자유의 정신을 가질 수는 없다"라고 했다.

마을자치는 풀뿌리 자치이다. 풀뿌리 자치는 모태자치이다. 이때 토크빌이 보고 온 뉴잉글랜드의 자치단체인 타운은 주민이 2000~3000명 정도의 규모였다. 타운의 사람들이 직접 나서서 공공의 과제를 스스로 해결하면서 자유를 배우고 실천하는 모습을 보고 그는 "작은 일의 실천을 통해 자유를 배우지 못한 사람들이 어떻게 큰 자유를 누릴 수 있겠는가'라고 프랑스의 중앙집권체제를 비판했다.

대한민국에서는 지방자치를 부활해서 실시하고 있지만 풀뿌리 자치는 파괴되고 존재하지 않는다. 국민주권을 마을단위에서 주민이 직접 실천하는 자유의 공간이 없다. 주민이 지방자치단체장과 지방의원을 선거하는 것만으로는 주민의 자치공간이 열리는 것이 아니다. 주민이 지방의 삶을 스스로 규정하고, 생활문제를 직접 해결하는 것이 아니라 선출직에 의해 행정적으로 관리되고 있을 뿐이다. 또 다른 중앙집권이다. 주민으로서 자유와 책임은 실종되고 주민은 단순한 행정소비자로 전락했다.

한국에서 풀뿌리 자치의 실종은 오래됐다. 1952년 우여곡절을 겪어 어렵게 도입한 지방자치제도는 1961년 5 · 16군사쿠데타로 중단되고, 풀뿌리 자치인 읍 · 면자치는 폐지됐다. 대신에 군자치를 도입했다. 그 후 1989년 지방자치법 개정안은 군사정부가 도입한 군자치제를 그대로 계승했다. 풀뿌리 자치의 요구를 철저히 묵살했다.

지방자치가 부활된 이후에도 주민은 선거를 하는 것을 제외하고는 중앙집권적 생활양식은 달라진 것이 없다. 주민이 스스로의 삶을 결정하고 실천하고 책임을 지는 주체로서 지위는 찾지 못하고 있다. 풀뿌리 자치에 대한 요구가 커졌다. 그럼에도 불구하고 중앙정부의 주무부서인 행자부(행안부)는 시 · 군통합을 통해 자치단체의 규모를 더 확대하려고 했다. 풀뿌리 자치의 말살이라는 비판이 거세게 제기되자 행안부는 '주민자치위원회'라는 것을 급조해서 풀뿌리 자치로 위장하기 시작했다. 주민자치위원회는 노래나 탁구, 댄스 등을 교육하는 일종의 평생교육기관인 주민자치센터의 운영위원회의 성격을 가졌을 뿐 진정한 자치와는 거리가 멀었다.

주민자치위원회에는 주민도 없고 자치도 없다는 비판이 거세어지자 이번에는 '주민자치회'를 구성하겠다고 지방자치법 개정안을 발의해 놓았다. 최근에 발표된 행안부의 지방자치법 개정안을 보면 주민자치회의

사무를 규정하여 정작 마을의 구성원인 주민은 실종되고 없다. 의결기능도 없어 단순한 동장이나 읍장 또는 면장의 들러리에 불과하다. 허수아비 자치기관일 뿐이다. 이에 주민자치위원들의 불만이 걷잡을 수 없이 커지고 있다. 자치를 한다고 해서 주민자치위원으로 참여해 마을을 위해 헌신하려고 했는데, 막상 참여해 보니 할 수 있는 일이 아무것도 없어 느끼는 무력감과 좌절감이 분노로 표출되고 있다. 일반 주민들은 그것이 무엇인지도 모르고 있다. 이런 형태를 자치라고 강변하는 나라는 대한민국밖에 없다. 선진국에서는 아예 이런 기관을 설치하지도 않는다. 따라서 외국어로 번역도 할 수 없는 기형적인 조직이다. 지난 20년간 주민자치위원회 내지 주민자치회는 막대한 예산과 인력을 동원해 실시했지만 정작 마을단위에서 주민의 자치를 정착시키는 데는 실패했다. 그럼에도 불구하고 행안부는 자치권 없는 주민자치회를 지방자치법 개정안에 포함시켜 강행하려고 한다.

늦었지만, 이제라도 바른 길로 가야 한다. 자치도 없고 주민도 없는 주민자치회 대신에 읍면동 단위의 주민전체를 구성원으로 하는 읍·면·동자치를 부활해야 한다. 모든 선진국들이 그렇게 하고 있다. 오랜 기간 동안 풀뿌리 자치를 통해서 향토에 대한 사랑을 애국심으로 승화시키고, 국가가 생활문제를 해결해 줄 것을 요구하는 대신에 주민이 스스로 해결하는 능동적 자치의식을 키워온 선진국의 자치단위는 통상 그 규모가 2000~6000명에 이른다. 주민들이 직접 참여해서 공공의 문제를 토론하고 결정해 집행할 수 있는 수준이다.

풀뿌리 자치는 시민의 자유를 실천하고 책임지는 훈련장이다. 읍·면·동단위의 풀뿌리자치를 통해 작은 생활문제를 스스로 해결하는 강건한 시민을 육성함으로써 광역단위와 국가의 민주주의도 지키고 감당할 역량을 갖게 된다.

【2019.02.27】

주민투표가 없는 주민투표법

지방의회와 국회에 대한 국민신뢰가 바닥이다. 국회에 대한 신뢰는 모든 공공기관 중에서 꼴찌다. 국회를 조금이라도 신뢰를 한다는 국민은 15%에 불과하다. 국민의 85%는 국회를 조금이라도 신뢰하지 않는다는 것이 된다. 지방의회 신뢰도는 조사된 것이 없지만 지방의회를 폐지하라는 목소리도 적지 않다는 점에서 국회보다 높지는 않을 것이다. 대의민주주의에 대한 심각한 위기다. 지방의회나 국회가 해야 할 일은 하지 않고, 하지 말아야 할 일을 골라서 하기 때문이다.

주민대표기관을 주민이 통제하는 장치가 주민투표제이고 주민발안제이다. 주민투표는 지방의회가 잘못 의결한 조례나 결정을 주민이 주민표결로 폐기시키는 제도이다. 일종의 비상브레이크라고 할 수 있다. 이에 대해 주민발안은 지방의회가 주민이 요구하는 조례나 결정을 하지 않는 경우에 주민들이 직접 안건을 발안하여 주민표결로 결정하는 것을 의미한다. 주민에 의한 비상가동장치라고 할 수 있다.

이러한 제도를 도입한 스위스나 미국에서는 의회가 활동을 함에 있어서 주민의사가 최우선의 기준이 된다. 의회의 결정이 주민투표에 의해 폐기되지 않도록 신중을 기하고, 주민발안에 의해 의회가 주도권을 상실당하지 않도록 하기 위해 주민들의 의사를 의회의 결정에 반영하게 된다. 이런 제도 덕분에 스위스에서는 의회에 대한 신뢰도가 66%에 이른다.

우리나라에도 주민투표법이 2004년부터 실시됐다. 지난 15년간 전국 243개 지방자치단체에서 겨우 8건 실시됐다. 그나마 주민이 지방문제에 제기한 것은 3건에 불과하다. 어렵게 도입된 제도가 왜 이렇게 작동하지 않을까. 제도설계가 잘못되었기 때문이다. 주민투표법에는 주민투표가 없다. 주민표결을 주민투표로 오해하고 있다. 그래서 서울시 무상급식이나 경남진주의료원 폐지가 조례에 의해 결정되었지만 조례를 폐기하는 주민투표 대신에 무상급식 실시나 단계적 실시를 제안하는 편법적 주민발안이, 진주의료원 재개원을 요구하는 주민발안이 주민투표의 이름으로 제기됐다.

조례에 대한 주민투표가 제기되어 반대표가 많으면 조례는 소급하여 폐기되고, 주민이 원하지 않았던 결정은 없었던 것으로 되어 원상회복이 된다. 이에 대해 지방의회의 결정에 대해 주민발안이 제기되어 가결되더라도 주민투표와는 달리 지방의회의 결정은 새로운 주민결정이 효력을 발생할 때까지 유효한 것이 되고 정당화된다. 원상회복이 되지 않는다. 주민통제에 공백이 생기게 되고 시간도 많이 걸린다.

현행 주민투표법의 주민투표는 주민투표가 아니다. 주민투표의 이름으로 주민발안만을 규정하고 있다. 주민투표와 주민발안을 제대로 알지 못한 채 주민투표법을 제정한 것이다. 브레이크와 액셀레이터를 혼동한 것이다. 주민투표법을 전면적으로 개정하여 이러한 오류를 바로잡도록 해야 한다. 국회에 대한 국민발안이나 국민투표를 도입하는 경우에도 마찬가지 오류를 범하지 말아야 한다.

그럼에도 불구하고 행안부의 주민투표법 개정안은 이와 같은 근본적인 문제는 손도 대지 않고 오히려 개악시키고 있다. 특히, 주민투표개표를 위한 최소투표율 1/3을 폐지한 대신에 가결요건으로 유권자 전체의 1/4 찬성을 요구하고 있다. 이렇게 되면 주민투표의 경우 투표율이 1/3인 경우 투표자의 75% 이상이 찬성해야만 가결된다. 투표율이 25%가 되지 않으면 투표자 100%가 찬성해도 안건은 부결되는 결과가 된다. 주민발안의 경우는 반대결과가 생긴다. 어느 경우에나 불합리하다.

직접민주주의의 메카인 스위스에서는 주민표결의 결정요건을 투표자의 과반수로 규정하고 있다. 표결에 참여하지 않는 소극적 주민보다 적극적으로 참여한 주민의 의사를 존중한 것이다. 적극적 참여 인센티브를 부여하고 있는 스위스의 입법례가 훨씬 설득력이 있다.

주민투표법은 지방세를 비롯한 공과금이나 예산, 행정기구나 공공시설 등 가장 중요한 지방문제에 대해서는 주민투표나 주민발안을 할 수 없도록 규정하여 무용지물로 만들고 있다. 주민에 의한 통제를 위해서는 이러한 대상의 제한도 폐지해야 한다. 아예 주민투표법의 표제를 '주민발안과 주민투표에 관한 법률'로 개칭하고, 주민발안과 주민투표를 구분하여 각각 규정하고 대상제한도 철폐하고, 절차요건도 간소화해야 한다. 그래야 주민투표와 주민발안이 활성화되고, 지방의회는 모든 활동에 주민의사를 의정활동에 충실하게 반영시키려고 노력하게 될 것이다. 이에 따라 지방의회에 대한 신뢰도 높아질 것이다. 차제에 국민투표제와 국민발안제도 도입하여 국회도 국민의사를 살필 수밖에 없도록 해야 국회신뢰도가 높아지고 국민주권도 비로소 실현될 수 있다.

【2019.03.27】

누구를 위한 누구의 자치경찰인가

풀뿌리 공동체로서 마을의 가장 기본적인 기능은 주민들이 나서서 학교를 세워 자녀를 교육하고, 화재를 예방 · 진화하고, 각종 위험으로부터 주민들의 생명과 재산을 보호하는데 있다. 마을의 일을 주민들이 직접 결정하고 집행하면서 국민주권을 일상적으로 체험하고, 공동체의 일을 자신의 일로 받아들이고 책임감을 갖게 된다. 이를 통해 주민은 비로소 시민으로 탄생하게 된다.

지방자치에도 불구하고 우리나라에서 주민은 자신의 문제를 스스로 해결하고 책임지는 자치의식을 함양할 기회가 없다. 주민이 가만있어도 생활안전과 소방, 교육문제 등 마을문제를 먼 거리에 있는 국가나 시 · 도가 다 해결해 주기 때문이다. 최근 정부가 발표한 자치경찰도 역시 기초정부는 배제되고 광역정부 중심이다. 이로써 마을의 기본적인 기능이 모두 박탈되어 주민은 문제해결의 주체가 아니라 관리의 객체가 된다. 교육자 중심, 소방관 중심, 경찰관 중심의 행정으로 변질된다. 자치는 무늬만 남는다.

자치경찰은 지역치안 문제를 주민이 스스로 결정하고 책임지는 것을 의미한다. 누군가에게 의존하지 않고 주민들이 나서서 생활의 안전문제를 스스로 해결하려는 것이다. 주민에 의한 자치경찰이지 경찰관에 의한 경찰자치가 아니다. 이에 대부분의 선진국에서는 기초정부 중심을 자치경찰을 도입하고 있다. 노무현 정부도 2006년 기초중심의 자치경찰모델을 제주도에 도입했다. 지난 13년간의 시범실시에 대한 평가는 대체로 긍정적이다.

그럼에도 불구하고 일부에서 '무늬만 경찰'이라고 문제를 제기하면서 문재인 정부는 기초정부를 배제하고 시 · 도 중심의 자치경찰을 도입하려고 한다. 주민의 입장에서 보면 시 · 도 자치경찰은 또 하나의 국가경찰일 뿐이다. 주민이 체감할 수 있도록 달라지는 것이 별로 없기 때문이다. 정부가 발표한 자치경찰은 시 · 도에 자치경찰본부를 두고, 시 · 도 경찰위원회가 지휘 · 감독한다.

시 · 도 경찰위원회는 시 · 도지사가 지명한 1명, 시 · 도의회가 2명, 법원이 1명, 국가경찰위원회가 1명을 추천하여 시 · 도지사가 임명한다. 자치경찰본부장은 시 · 도 경찰위원회의 추천으로 시 · 도지사가 임명한다. 민주적 정당성에 치명적인 문제가 생긴다. 자치경찰은 주민과는 무관하게 구성된다. 주민에게 책임도 지지 않는다. 시 · 도지사의 경찰위원 임명은 형식적 절차에 불과하다.

자치경찰의 정치적 중립을 명분으로 시 · 도지사의 자치경찰본부장에 대한 지휘 · 감독권은 배제된다. 시 · 도 경찰위원회가 자치경찰을 지휘 · 감독을 하지만 시 · 도의 경찰위원회는 아무에게도 책임을 지지 않는다.

자치경찰은 누구의 간섭도 받지 않고 주민과 지방정치인을 통제하는 결과가 초래될 수 있다. 주민이 경찰을 통제하자는 것이 자치경찰의 본질인데, 경찰이 주민을 통제하는 결과가 된다. 이는 결국 '무늬만 자치'이지 실제로는 변형된 국가경찰이다. 주민의 자치경찰이 아니라 '경찰관 자치'로 변질된다.

더욱 우려되는 것은 자치경찰에 필요한 비용을 누가 어떻게 충당할 것인지에 대해 구체적인 언급이 없다는 점이다. 자칫하면 지방은 비용만 부담하고 자치권은 갖지 못하는 결과가 초래될 수도 있다. 열악한 지방재정이 더욱 악화될 우려가 있다. 또한, 자치경찰에 관한 법률적 근거도 없이 서울, 제주, 세종 등 5개 시 · 도에서 시범실시하려고 한다. 법치국가의 원칙상 가능한 것인지 법리적 검토가 필요하다.

자치경찰의 법적 근거를 국가경찰과 묶어서 '국가경찰과 자치경찰의 조직과 운영에 관한 법률'로 제정하려는 것으로 알려져 있다. 그렇게 되면 자치경찰은 국가경찰의 하부기관이 되고, '무늬만 자치'라는 것을 법률적으로 뒷받침하는 결과가 된다. 진정한 자치경찰을 위해서는 지방자치법에 자치경찰을 규정하고 세부적인 사항은 조례로 정하거나, 지방자치법에 근거를 두고 '지방자치경찰법'을 별도로 제정하여야 한다. 그 내용도 일상적인 생활치안사무는 기초정부가 책임지도록 하여 주민이 국민주권을 직접 실현하도록 해야 한다. 시 · 도의 자치경찰은 기초지방정부가 할 수 없는 수사를 비롯한 보충적인 경찰사무만 수행하도록 해야 한다. 또한 자치경찰은 궁극적으로 주민의 통제하에 두어야 하고, 주민의 치안역량을 결집하고, 주민의 치안책임을 강화하는데 중점을 두어야 한다.

【2019.04.24】

지방소방관, 국가직 대신 재정 · 처우 개선을

행정안전부는 지난 1월부터 약 4만5000명에 이르는 지방소방관을 국가직으로 전환한다고 지난 2017년 10월 발표했다. 반 분권적 발상이라는 비판이 제기됐다. 정부는 관련 법률을 개정하지 못해 지방소방관의 국가직 전환은 실패했다. 지난 4월 강원도 산불을 계기로 소방직의 국가직 전환이 다시 거론되고 있다. 하지만 국회에서는 관련 법률개정을 두고 지방소방관의 국가직 전환에 대해 논란이 심하다.

이미 1990년 지방자치의 부활을 앞두고 소방사무를 누가 처리해야 하는지에 대한 논쟁이 있었다. 당시 국책연구기관 한국지방행정연구원의 이승종 박사(현재 서울대 행정대학원 교수)가 관련연구를 수행했다. 심도 있는 연구 결과, 주민에 가까운 시 · 군 · 자치구가 소방사무를 담당하여야 하고, 소방공무원도 관할지역의 지방 공무원으로 해야 한다는 결론이 나왔다. 현장성이 강한 소방사무의 성격상 신속한 대처와 주민

협력이 중요하다고 보았기 때문이다. 하지만 소방관들의 적극적인 로비로 소방사무는 시 · 도 사무로 되고, 소방공무원은 시 · 도 지방공무원이 되어 오늘에 이른다.

소방의 핵심은 화재의 예방과 조기 진화다. 불이 나지 않도록 지방소방관은 물론 전체 지방공무원이 서로 협력해 세심한 주의를 기울여야 한다. 뿐만 아니라 전체 주민이 화재안전망을 구축하고 신속한 대처를 위해 참여와 협력이 필요하다. 소방은 건축이나 영업허가뿐만 아니라 도시계획, 산림관리 등과 같이 다른 지방행정과도 밀접한 관계가 있다. 화재예방과 조기진화는 일차적으로 현장 행정의 최전방에 있는 시 · 군 · 자치구가 대응해야 효과적이고 효율적이다. 미국과 독일을 비롯한 거의 대부분의 국가에서도 그렇게 하고 있다. 화재 위험이 있는 현장에서 주민과 공무원이 혼연일체가 되어 신속하게 대응을 해야 하기 때문이다.

현장의 소방사무는 구태여 고가장비가 아니라도 일반적인 소방기구로도 충분히 대응이 가능하다. 소방을 담당하는 공무원도 당연히 시 · 군 · 자치구 소속이어야 한다.

기초지방자치단체가 화재의 신속한 진압에 실패해 화재가 걷잡을 수 없이 커진 경우에 비로소 특수한 장비와 대규모 진압 인력을 갖춘 시 · 도의 개입이 필요하게 된다. 시 · 도도 감당할 수 없을 때 국가차원의 개입이 필요하다. 현장에서 신속하게 진압할 수 있는 화재를 키워서 시 · 도나 국가가 감당할 일이 아니다. 즉, 시 · 도나 국가는 시 · 군 · 자치구가 대처할 수 없을 경우만 보충적으로 소방사무를 담당해야 한다.

소방관의 열악한 처우와 장비를 개선해야 한다는 데는 논란의 여지가 없다. 하지만 이를 위해 지방소방관을 국가직으로 전환해야 한다는 주장은 설득력이 없다. 소방관의 처우와 장비의 개선은 국가가 지방정부에게 재정을 지원하면 해결되는 문제이다. 소방관의 처우와 장비가 낙후된 것은 국가의 편파적 재정정책으로 지방의 재정이 열악하기 때문이다. 지방재정을 확충하면 소방관이나 소방장비의 지역격차 문제도 자연적으로 해결된다.

국가가 지방소방관의 처우와 장비를 개선하기 위한 재정 지원을 할 수 없다면, 지방소방관을 국가직으로 전환한다고 해도 문제가 해결될 것으로 기대할 수가 없다.

지방소방관을 국가직으로 전환하는 경우에 소방 지휘 체계의 혼란과 화재 예방과 조기 진압에 심각한 손상을 가져온다. 호미로 막을 수 있는 것을 삽으로도 막지 못하는 결과를 초래할 수 있다. 소방사무와 관련된 지방사무를 처리함에 있어서 국가직 소방관과 일반 지방공무원 간의 협력이 어려워질 수 있다. 더구나 국가직 전환은 소방문제를 주민의 문제가 아니라는 국가사무라는 오해를 불러일으켜 소방사무에 주민들이 참여와 책임을 흐리게 할 우려가 있다. 발등에 불이 나도 주민들이 직접 나서서 끄기보다는 국가가 와서 꺼 주기를 요구하고 기다리기만 한다면 심각한 도덕적 해이가 된다.

열악한 환경 속에서 고생하는 소방관을 예우하기 위해서 국가직으로 전환해야 한다는 발상이 나왔다면 매우 심각한 문제가 발생한다. 지방직을 국가직보다 천하고 격이 낮아 부끄럽게 여기는 생각에 기초하기 때문이다. 주민복리를 위해 자부심과 긍지를 가지고 헌신하는 40만 지방공무원을 욕보이는 결과가 된다.

지방소방관의 국가직 전환 정책은 지금이라도 철회돼야 한다. 대신 국가는 지방소방관의 처우와 소방장비를 개선하기 위해 지방 재정을 확충하기 위한 방안을 모색하는 것이 순리다. 차제에 시 · 도의 소방사무를 시 · 군 · 자치구의 사무로 재배분하는 방안도 검토해야 한다.

【2019.05.22】

번영과 행복을 위한 오뚝이형 국가

누구나 어린 시절 오뚝이를 갖고 놀던 추억이 있다. 옆으로 밀어도 거꾸로 뒤집어도 다시 똑바로 일어서는 오뚝이를 보면서 어린아이들은 꿈을 키웠을 것이다. 어른들에게도 오뚝이는 용기를 준다. 아무리 노력해도 실패만 거듭하던 한 사업가는 모든 것을 포기하려고 했는데 아내가 선물한 오뚝이를 보고 다시 한 번 도전하여 크게 성공했다는 이야기도 있다. 그래서 우리는 불요불굴의 의지로 모든 난관에도 좌절하지 않고 우뚝 일어서는 사람을 '오뚝이 같은 사람'이라고 칭찬한다.

오뚝이의 비밀은 모두가 알고 있는 것처럼 무게의 중심에 있다. 오뚝이의 무게 중심은 아래에 있다. 만약 무게의 중심이 머리에 있다면 오뚝이는 똑바로 일어서지 못할 것이다. 필자가 평생 연구한 결과에 의하면 한 나라를 오뚝이처럼 만들 수 있다면 그러한 나라가 번영하고, 그러한 나라에서 국민이 행복하다. 심오한 이론을 동원할 것도 없이 번영하는 나라, 국민이 행복한 나라들을 보면 대체로 오뚝이 같은 나라들이다. 예컨대 스위스나 미국, 캐나다 같은 나라들이다. 오뚝이형 국가에서 무게의 중심은 아래에 있다. 한 국가에서 무게의 중심은 권력이다.

권력은 공동체 문제에 대한 결정권이다. 세금을 결정하고, 법률을 결정하고, 각종의 처분을 내릴 수 있는 권한이다. 오뚝이형 국가는 권력이 아래에 있다. 아래란 국민(주민)과 지방을 의미한다.

유럽공동체의 지역위원회는 지방분권이 1인당 국민소득에 어떤 영향을 미치는지 연구했다. 지방분권을 많이 한 나라일수록 국민소득이 높고, 반대로 지방분권이 안 된 나라일수록 국민소득이 낮다는 연구결과가 나왔다. 즉, 지방분권과 국민소득은 정비례 관계에 있다는 것이다. 미국과 스위스, 캐나다, 독일 등과 같은 나라가 이에 속한다. 오뚝이형 국가가 번영한다. 룩셈부르크나 리히텐슈타인 같은 작은 나라에서 국민소득이 특히 높은 것은 국내적으로 보면 상당한 수준의 지방자치를 하고 있을 뿐만 아니라 다른 나라와 비교해 보면 그 국가자체로서 거의 100%에 가까운 분권이 실현된 지역단위를 이룬다.

세계적인 행복연구가인 스위스의 브루노 프라이 교수는 그의 저서 <행복, 경제학의 혁명>에서 행복에 영향을 미치는 요인들을 경제학적인 관점에서 연구했다. 스위스의 여러 지역을 비교한 결과 다른 여건이 동일하다면 지방분권이 많이 된 지방일수록, 직접민주주의를 많이 실시하는 지방일수록 국민의 행복지수가 높아진다는 것을 발견했다. 예를 들어 직접민주주의를 많이 실시하지 않는 제네바에서 직접민주주의를 많이 실시하는 바젤 지역으로 이사를 가는 것만으로도 삶의 만족도는 상당할 정도로 증가한다. 또한 그는 지방분권이 많이 된 지역일수록 국민의 행복지수가 증가한다는 것을 밝혔다. 지방분권은 지역문제를 각 지방정부가 결정하는 것을 의미한다. 권력의 중심이 아래에 있는 오뚝이 같은 나라일수록 국민의 행복지수는 증가한다는 것이다. 세계에서 가장 지방분권이 많이 된 나라, 직접민주주의를 세계에서 가장 많이 실시하는 스위스가 경제적으로 번영하고, 삶에 대한 만족도 즉, 행복지수가 높다. 스위스는 전형적인 오뚝이형 국가이다.

대한민국은 오랜 정체의 터널을 지나 어렵게 국민소득 3만 달러를 달성하였지만 경제는 활력을 잃고 국민들의 일상은 불안하고 불행하다. 문재인 정부가 연방제 수준의 지방분권을 국정의 주요과제로 설정하고 국민에게 획기적인 지방분권을 약속했을 때 돌파구를 찾을 것으로 기대했다. 하지만 문 대통령은 2018년 3월 반분권적인 헌법개정안을 제안하면서 지방분권 정책을 사실상 후퇴시켰다. 지방분권에서 가장 큰 비중을 차지하는 자치입법권을 헌법개정안에서 축소시켰을 뿐만 아니라 지방자치법 개정안에서도 자치입법권을 극도로 제한하는 족쇄를 풀지 않고 있다. 야당에서는 지방분권을 민주당 정책이라고 챙기지 않는다. 정치권이 지방분권을 후퇴시키고 방치하는 사이에 경제는 활력을 잃고 국민의 절망감은 깊어간다.

대한민국이 3만 달러 소득수준을 넘어 6만 내지 8만 달러의 경제적 번영을 달성하고, 국민행복을 실현하기 위해서는 지방분권을 강화하고 직접민주주의를 도입하여 오뚝이형 국가를 만들어야 한다. 정치권에만 맡겨놓고 마냥 기다릴 수는 없다. 지방의 주민과 지방정치인이 스스로 나서서 지역을 발전시킬 수 있도록 헌법을 개정해야 한다. 내년 총선이 적기다. 정치인이 잘못된 결정을 하는 경우에는 국민이 바로 잡고(국민투표), 국가가 해야 할 일을 하지 않는 경우에는 국민이 해야 할 일을 제안하고 직접 결정(국민발안)할 수 있도록 헌법체제를 고쳐야 한다.

【2019.06.19】

3기 신도시 정책의 몇 가지 치명적인 문제

국토교통부는 지난달 7일에 지난해 12월에 발표한 남양주 왕숙, 하남 교산, 인천 계양에 고양 창릉과 부천 대장을 추가해 다섯 곳을 3기 신도시로 확정했다. 2022년부터 30만 가구의 주택이 공급되도록 하겠다는 계획이다. 지난해 9월21일 수도권 주택공급 확대 방안을 발표한 후 8개월 만에 신도시 계획을 마무리했다. 전격적이고 기습적이다. 서울에 집중된 주택수요를 분산시켜 서울의 집값 급등에 대비하려는 것이다.

노태우 정부와 노무현 정부에 의해 조성된 1 · 2기 신도시 주민들은 집값 하락과 교통 악화를 우려하며 집단으로 반발하고 있다. 급격한 인구 팽창과 도시 집중으로 인한 주택문제를 해결하려는 신도시 정책이 저출산 · 고령화시대에도 통할 지 의문도 제기된다. 신도시 정책의 모델이 되었던 일본의 '다마'신도시가 유령도시로 전락한 사례가 타산

지석으로 거론된다. 보다 근본적인 문제를 몇 가지 짚어본다.

먼저 주택정책을 누가 담당해야 하는 지에 관련된 문제이다. 영국의 한 경제학자는 집값을 좌우하는 가장 중요한 세 가지 요인을 말해보라고 했다. 필자가 머뭇거리다 되물었다. 그는 서슴없이 "첫째는 주택의 위치이고, 둘째도 그 위치이고, 셋째도 그 위치"라고 했다. 그만큼 주택가격은 지역적인 문제라는 점을 강조했다.

주택문제는 지역에 따라 사정이 다르다. 어떤 지역은 주택이 남아돌고 가격이 떨어진다. 다른 지역은 주택이 부족해서 주택가격이 상승한다. 전국을 관할하는 중앙정부는 지역의 다양성과 특수성을 반영하기 어렵다. 이에 중앙정부가 탁상 위에서 펼치는 주택정책은 어느 지역에도 맞지 않게 된다. 역대 주택정책이 모두 실패했던 주요 원인 중의 하나는 국지적인 주택문제를 전국을 관할하는 중앙정부가 주도했기 때문이다. 대부분의 선진국에서 주택정책은 해당 지방자치단체의 사무에 속한다. 서울의 주택문제는 서울의 관점에서 서울이 해결해야 한다. 인천과 고양시와 부천시의 주택문제는 각각 그 지역의 입장에서 해당 지방정부가 해결해야 한다. 서울의 주택문제를 해결하기 위해 다른 도시를 희생양으로 삼아서는 안 된다.

둘째로, 정부가 집값을 잡는 것이 바람직한지, 가능한지 의문을 제기하지 않을 수 없다. 국토교통부는 서울 집값을 잡는 것이 지상목표인 것처럼 신도시 정책뿐만 아니라 대출 규제, 양도세, 보유세 등 동원할 수 있는 모든 정책 수단을 다 동원하고 있다.

정부가 서울의 집값을 잡는다고 한다면 정부가 먼저 적정한 집값을 제시할 수 있어야 하고, 그에 대한 사회적 합의 내지 수용이 가능해야 한다. 시장경제하에서 집값은 근본적으로 시장의 수요와 공급에 의해서 결정된다. 시장의 가격은 현장에 분산된 지식을 수렴하는 과정에서 형성된다. 특출한 정책결정자라고 할지라도 분산된 현장의 지식과 정보를 모두 알 수는 없다. 아무리 지식을 모으려고 해도 그것은 단편적인 것에 불과하다. 왜냐하면 말로 표현되고 집적할 수 있는 지식과 정보는 극히 일부에 지나지 않기 때문이다. 중앙정부가 적정한 주택가격을 기획할 수 있다는 착각은 하이에크의 표현을 빌리면 '치명적인 자만'이 된다.

셋째로, 급조된 신도시가 수도권 인구 집중에 미치는 영향이다. 주택가격이 상승하면 인구의 집중이 완화된다. 선호 지역에 주택가격이 낮으면 인구는 더 집중될 것이다. 이 점에서 집값은 인구 집중을 조절하는 자동조절장치가 된다. 주택가격을 정부가 개입해서 강제로 낮추면 인구 유입은 늘어날 것이다.

인구 유입으로 주택수요가 증가하면 다시 집값이 상승하는 악순환이 된다. 서울의 집값을 잡기 위한 신도시 건설은 결국 서울의 집값을 잡지도 못하고 수도권 인구 집중은 증가할 것이다. 이는 정부가 추구하는 균형발전정책과 정면으로 충돌한다.

주택의 수급과 주택가격의 문제는 원칙적으로 주택시장에 맡겨야 한다. 정부 개입은 시장의 실패를 보완하기 위한 사회적 주택문제에 한정해야 한다. 그것도 해당 지방정부가 주관하고 책임을 져야 한다.

국토교통부의 탑다운(Top-down) 방식은 문제를 해결하기보다는 문제를 키우는 경향이 있다. 대도시의 경우에는 하나의 도시안에서도 자치구에 따라 주택 사정이 다르다. 이런 경우에는 자치구별로 주택정책의 권한을 부여해서 책임을 지도록 해야 한다. 어느 경우이든 반 시장적 정책으로는 성과를 거두기 어렵다. 일시적인 성과가 있는 것처럼 보여도 장기적으로 보면 문제를 증폭시키는 것이 된다.

【2019.07.17】

최저임금 이대로는 안 된다

최저임금위원회는 2020년의 최저임금을 8590원으로 결정했다. 2.87% 인상됐다. 최저임금위원회는 집단 퇴장과 회의 중단 등 우여곡절을 겪었다. 해마다 갈등과 파행이 반복되면서 국민들은 불안하다. 산업평화와 안정된 노사관계를 위해서 최저임금을 누가 결정할 것인지, 어떻게 결정할 것인지에 대한 근본적인 재검토가 필요하다.

헌법 제31조는"국가는 사회적 · 경제적 방법으로 근로자의 고용 증진과 적정 임금의 보장에 노력해야 하며 법률이 정하는 바에 의해 최저임금제를 시행해야 한다"고 규정하고 있다. 최저임금법에 따라 고용노동부장관은 매년 8월5일까지 최저임금을 결정해야 한다. 고용노동부장관은 최저임금위원회가 의결한 대로 최저임금을 결정해야 한다. 최저임금위원회는 근로자위원, 사용자위원, 공익위원 각각 9명씩 구성된다.

많은 국가에서 최저임금제를 채택하고 있지만 모든 선진국에서 실시하는 것은 아니다. 2015년 독일은 최저임금제를 도입했지만, 스위스에서는 2014년 5월18일 실시된 국민투표에서 부결됐다. 최저임금을 시간당 22프랑으로 하자는 국민발안에 대해 투표자의 76.3%가 반대했다. 강제적인 최저임금제가 경제에 악영향을 미치고, 일자리를 파괴해 근로자에게 오히려 불리하다는 생각이 지배적이었다. 다만 스위스는 일부의 칸톤(노엔부르그와 유라)에서 2011년과 2013년에 최저임금제를 도입했다. 오스트리아, 덴마크, 핀란드, 이탈리아, 스웨덴 같은 선진국에서도 최저임금제를 실시하지 않는다. 이들 선진국에서 최저임금제를 실시하지 않는 이유를 고려하면 우리의 최저임금제를 운용함에 있어서 많은 시사점을 얻을 수 있다.

지방마다 경제사정이나 생활비가 다른데 똑같은 최저임금을 전국적으로 적용하는 것은 문제다. 미국, 일본, 캐나다 등 많은 나라에서 지역별 최저임금을 별도로 실시하고 있다.

미국의 경우 연방 최저임금과는 별도로 주 최저임금이 있다. 주 최저임금이 연방 최저임금보다 높은 경우가 많다. 지역간 경제와 생활수준의 편차가 큰 경우에 최저임금을 획일적으로 결정하면 경제적으로 취약한 농촌지역이나 저개발지역의 근로자들이 보다 더 큰 피해를 본다. 개발 편차가 큰 중국이나 인도네시아, 베트남, 필리핀 등에서 최저임금은 지역별로 차등 적용된다.

우리나라에서 지역간 불균형이 항상 문제가 되고 있는 만큼 최저임금을 지역별로 분권적으로 실시하는 것을 적극적으로 검토할 필요가 있다. 지역별로 최저임금을 정할 수 있으면 국가의 최저임금을 결정함에 있어서 대립과 갈등을 상당히 줄일 수 있고 위험도 분산시킬 수 있다. 경제적으로 발전된 지역에서는 국가최저임금보다 높은 지방최저임금을 결정할 수도 있기 때문이다. 마찬가지로 산업분야별로 노동생산성에 큰 차이가 있다. 이에 많은 국가에서 최저임금을 산업분야별로 달리 정하도록 하고 있다. 우리나라도 적극적으로 검토할 필요가 있다.

특히 중요한 문제는 최저임금의 결정 주체에 관한 것이다. 현행법은 사실상 최저임금위원회가 최저임금의 결정 주체이다. 고용부장관이 최저임금위원회 위원을 제청하고 대통령이 임명하여 민주적 정당성이 전혀 없는 것은 아니지만 매우 약하다. 또한 근로위원과 사용자위원은 동수이므로 실제 의결에 결정적인 영향을 미치는 것은 공익위원이다. 정부가 공익위원의 인선을 통해 사실상 최저임금을 좌우할 수 있다. 결국 행정부의 뜻대로 최저임금이 결정될 수 있다는 의미이다. 국가의 산업과 경제에 중요한 영향을 미치고 국민의 일상생활에도 큰 영향을 미치는 최저임금을 국회를 배제하고 행정부에 속하는 최저임금위원회가 일방적으로 결정하는 것이 타당하고 바람직한 지가 문제다.

헌법재판소는 텔레비전 시청료를 한국방송공사가 정하도록 규정한 한국방송공사법이 위헌이라고 결정했다. 중요한 사항을 국회가 직접 결정하지 않고 행정부에게 위임하는 것은 법률 유보의 원칙 특히 의회 유보의 원칙에 위반된다고 보았다. 텔레비전 시청료보다 훨씬 더 중요한 최저임금을 민주적 정당성이 취약한 최저임금위원회가 결정하는 것은 헌법상 문제가 있다. 미국이나 캐나다, 브라질, 러시아 등에서 국회가 법률 또는 의결로 최저임금을 결정하고 있다. 마침 2016년 민주당 측에서, 2018년 야당 측에서 최저임금을 국회가 결정하도록 하는 법률 개정을 추진한 적이 있다.

최저임금과 같이 중대한 문제는 국민의 대표기관인 국회가 전문가와 각계각층의 의견을 수렴해 여야 간에 협상과 타협으로 결정해야 한다.

【2019.08.14】

기초지방선거 정당공천제 폐지해야

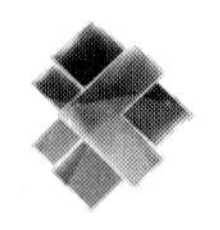

취임 100일을 맞이한 진영 행안부장관은 기초지방선거에서 정당공천제를 폐지해야 한다는 입장을 밝혔다.

"앞으로 기초자치단체는 중앙정치로부터 연결을 끊고 지역주민과 고민하면서 스스로 꾸려가야 한다. 국회의원들이 지방의회까지 장악하려는 것은 지방분권시대에 맞지 않다"는 것이다. 그동안 지방자치의 주무부처인 행안부가 지방선거 정당공천 문제에 대해서 적극적인 입장을 낸 적은 없었다. 이 점에서 진 장관의 발언은 매우 돋보인다. 행안부는 중앙정부 내에서 지방정부를 대변하고, 지방정부에 대해서는 중앙정부를 대변하는 이중적인 지위를 가지고 있다. 그동안 행안부는 전자보다는 후자에 치중하여 왔다. 행안부의 존재 이유가 의문시되고 있다. 행안부를 폐지해야 한다는 주장이 나오는 이유다. 지방정부가 주민의 생활문제를 해결하는 주체가 되지 못하고 중앙정부의 하청기관으로 전락한 데에는 행안부의 책임이 크다. 마침 지방자치법 전부개정안이 국회에 상정되어 심의를 앞두고 있다. 핵심적인 내용은 빠져 있고, 방향도 잘못되어 있어 별로 건질 것이 없는 '맹탕'이라는 비판이 제기되고 있다. 진 장관이 정당공천제의 폐지라도 실현시키면 지방정치 발전에 획기적인 전기가 될 것이다. 행안부도 존재 이유를 어느 정도 회복할 수 있다. 지역구 국회의원들은 지방의원이나 기초단체장의 후보자 공천을 통해 지방정치를 장악하고 있다. 국회의원은 갑이 되고 지방정치인은 을이 된다. 정당공천제가 국회의원 '갑질'의 발판이 된다. 지방정치의 자율성은 훼손되고 지방정치는 철저하게 중앙정치에 종속되는 결과를 가져왔다. 정당공천을 둘러싼 부패문제도 심각하다. 더욱 심각한 것은 지방정치 생태계의 파괴이다. 지역발전과 주민을 위해 열심히 일한 지방정치인은 공천에서 배제되고, 지역구 국회의원에게 개인적 충성을 다해야 공천을 받을 수 있게 된다. 주민의 복리와 지역발전은 뒷전이 된다. 지역구 국회의원은 공천 제도를 통해서 지방의 영주가 된다. 지역구 국회의원은 국가전체를 위한 의정활동은 뒷전이고, 지방정치인을 장악해서 지방정치에 치중한다. 이로 인해 지방정치는 파괴되고, 중앙정치도 망가진다. 각종 여론조사에서 60% 내지 70%에 달하는 국민이 기초지방선거에서 정당공천을 폐지해야한다는 주장을 지지하고 있다.

2012년 대통령선거에서는 주요 정당의 대통령후보자들이 모두 기초지방선거 정당공천 폐지를 공약했다. 선거가 끝나자 정당들은 뚜렷한 근거나 이유도 없이 정당공천폐지 공약을 지키지 않았다. 중앙 정치권은 지방선거 정당공천을 통해 지방을 식민지화하고 있다. 지방정치의 자율성과 책임성은 거의 실종되고, 중앙의 정쟁이 지방으로 확산되고 있다. 지역구 국회의원들은 개인적인 이익을 위해 공천권을 사유화하고 있다. 주민과 지역발전을 위한 지방정치가 본래의 기능을 회복하기 위해서는 기초지방선거에서 정당공천을 반드시 폐기해야 한다. 문제는 국회의원들이 공천 특권을 포기하지 않으려는 데 있다. 마침 국회의원선거가 임박해 있다. 4년에 단 한번 국민이 주권자로 지위를 회복하는 시점이다. 국회의원 선거전에 국회의원이 스스로 특권을 포기하는 정당공천을 폐지하는 법률을 통과시키고 국민의 심판을 받도록 해야 한다. 이를 위해 진영 행정안전부 장관은 정당공천 폐지를 주장만 할 것이 아니라 정당공천 폐지를 위한 법률개정안을 정부 입법으로 발의하고 국회 통과를 위해 부처의 사활을 걸어야 한다. 국민들은 지방도 망치고 국가도 망치는 정당공천제 폐지를 위해 현역 국회의원이 어떤 노력을 했는지를 감시하고, 그 결과를 국회의원 선거에 반영해야 한다. 국회의원과 국회에 대한 국민의 불신은 위험수위를 넘었다. 다른 나라와 비교가 되지 않을 정도이다. 한국행정연구원은 국회에 대한 신뢰도가 15%에 불과하다고 한다. 심지어 어떤 여론조사기관에서는 국민의 1.8%만이 국회와 국회의원을 신뢰한다고 발표하기도 했다. 국회의원이 각종 특권에 취해 할 일을 하지 않은 결과다. 이번 총선에서 대폭적인 물갈이가 예상된다. 국민들은 국회의원의 특권 폐지를 요구하고 있다. 국회의원의 특권 폐지는 지방선거 공천특권의 폐지부터 시작해야 한다. 지방선거 정당공천제 폐지를 선거에서 공약하는 것만으로는 안 된다. 국민들은 더 이상 속지 않는다. 그동안 수많은 정치인들이 정당공천 폐지를 공약하고도 지키지 않았기 때문이다. 현역 국회의원들은 지방선거 정당공천을 금지하도록 법률을 먼저 개정하고 그 실적에 따라 국민의 심판을 받아야 한다.

【2019.10.16】

광장정치와 직접민주주의

최근 광화문과 서초동에서 '조국퇴진'을 요구하는 집회와 '조국수호'를 외치는 집회가 번갈아 열렸다. 촛불집회를 비롯하여 국민들이 대규모로 집회를 열어 시위하는 것을 가리켜 이른바 '광장정치' 또는 '거리정치'라고 한다. 이를 두고 심각한 국론분열이라고 우려하는 목소리가 작지 않다. 문재인 대통령은 이를 국론분열이 아니라고 하면서 "대의정치가 충분히 민의를 반영하지 못한다고 생각할 때 국민들이 직접 정치적 의사표시를 하는 것은 대의민주주의를 보완하는 '직접민주주의 행위'로서 긍정적인 측면도 있다고 본다"고 말했다. 비판적인 입장에서는 광장정치가 국회를 무력화시키고 대의정치를 파괴하며 온 나라를 아수라장으로 만든다고 한다.

직접민주주의는 국민의 대표기관이 국민의 뜻에 반하여 결정을 하거나 결정을 하지 못하는 경우에 주권자인 국민이 직접 최종 결정을 하는 제도이다. 직접민주주의에는 집회민주주의와 표결민주주의가 있다. 집회민주주의는 아테네처럼 시민들이 광장에 모여 충분한 토론을 하고 다수결로 의사를 결정하는 방식이다. 도시 규모나 국가 규모가 커지면서 집회민주주의는 대의민주주의로 발전하고, 미국의 타운미팅이나 스위스의 주민총회 등 일부 지역에서만 직접민주주의로 잔존한다.

표결민주주의는 특정한 안건에 대해서 충분한 토론을 한 후에 국민들이 투표소에서 찬반투표로 최종적으로 결정하는 제도이다. 표결민주주의는 1793년 프랑스 혁명헌법에 처음 등장하였으나 1860년을 전후하여 스위스에서 발전되고 확산됐다. 광장에 모일 필요가 없으므로 인구나 지역의 규모와 상관없이 대도시나 큰 국가에서도 직접민주주의를 실현할 수 있게 됐다. 즉, 표결민주주의는 규모의 한계를 극복한 정치적 발명품이다. 오늘날 직접민주주의는 일반적으로 표결민주주의를 의미한다.

직접민주주의는 대의민주주의가 제대로 작동하지 못하는 경우에 국민이 직접 결정하는 제도이다. 대의기관이 국민의 의견을 수렴하여 잘 작동한다면 직접민주주의는 불필요하다. 이 점에서 직접민주주의는 대의민주주의를 보충적으로 보완한다. 대의기관의 잘못된 결정은 국민이 직접 찬반투표로 효력을 상실할 수 있다. 이에 국회는 항상 국민의 의사를 의식하고 반영하려는 노력을 하게 된다. 즉, 대의기관이 국민의 의사를 존중하게 되고, 국회에 대한 국민의 신뢰는 높아진다. 따라서 직접민주주의는 대의민주주의를 강화하는 데 기여한다.

우리나라에서는 청와대 국민청원이나, 공론화조사 등이 직접민주주의로 둔갑하기도 한다. 청와대 국민청원은 다른 청원과 마찬가지로 개인으로서 국민이 국가기관에 의견을 말하는 것에 불과하고, 국민이 국가기관으로서 국가문제를 결정하는 직접민주주의와는 거리가 멀다. 공론화조사는 의사결정에 참여하는 주체를 추첨 등 선거 이외의 방법으로 결정한다는 점에서 국회의 결정과 차이가 있지만 여전히 대의민주주의 방식일 뿐이다.

국민들이 광장으로 달려 나와 구호를 외치는 것은 국회가 국민의 의사를 충분히 반영하는 의사결정을 못하기 때문이다. 그렇다고 광장에서 합리적인 토론이나 민주적 결정이 이루어지는 것도 아니다. 이 점에서 광장정치는 표현의 자유를 실현하는 수단이 될 수는 있지만 직접민주주의가 아니다. 국회의 기능 마비가 초래하는 병리 현상이 광장정치이다.

광장정치로 문제가 해결되는 것은 아니다. 국회나 그 밖의 국가기관이 국민의결을 수렴하여 반영하는 경우에 비로소 문제가 해결되고 광장정치는 사라진다. 국회나 대통령이 국민의 의사에 반하는 경우에는 주권자인 국민이 직접 최종적인 결정을 통해 문제를 해결해야 한다. 대의기관이 제대로 작동하지 못할 때 직접민주주의는 광장정치를 사전적으로는 예방하고 사후적으로는 해소한다.

조국 장관의 사퇴로 조국사태는 일단락되었지만 광장정치의 불씨는 여전히 남아 있다. 분노하고 절망한 국민들이 광장으로 쏟아져 나오지 않도록 국회와 대통령은 사회적 갈등문제를 정치적으로 해결해야 한다. 광장정치로는 갈등을 해소할 수 없다. 오히려 갈등을 증폭시키고, 사회적 불안과 비용을 유발한다. 국회와 정치권에서 협상을 통해서 문제를 해결하지 못해 국민들이 광장으로 달려가도록 방치하는 대신에 투표소에서 안건을 직접 결정할 수 있도록 직접민주주의를 정비하는 것이 필요하다. 19세기와 20세기의 민주주의가 선거권 확대의 역사였다면 21세기는 직접민주주의 확대의 역사가 될 것이다. 실제로 1990년대 이후 직접민주주의는 세계적으로 확산되고 있다.

chapter 12

이병찬

학력
・서울대
・서울대 석사(물리학)
・미국 일리노이대 박사(물리학)
경력
*대학
・인하대학교 물리학과 교수(1997~현재)
・인하대학교 정석학술정보관장(2018~2020)
・미국 워싱턴대 방문교수
・미국 카네기멜론대 방문교수
・미국 노스캐롤라이나 주립대 연구원
*학회
・한국물리학회 평의원
・한국자기학회 평의원
*사회활동
・한성과학상 자문위원(2017~현재)
・한성노벨영수재 장학생 면접심사위원장(2018~2020)

과학으로 본 세상

【2018.11.01】

다시 한 번 노벨상 시즌을 보내며

올해 노벨상 시즌도 예년과 비슷하게 많은 관련기사가 쏟아져 나왔지만, 정작 과학계 현장의 목소리를 담은 내용은 드문 편이다. 해마다 노벨상 시즌이 다가오면, 논문 피인용지수 등을 근거로 노벨과학상 수상 가능성이 있는 한국인 후보에 대한 기사가 눈에 띄지만, 여기 저기 물어보아도 당분간 우리나라에서 노벨물리학상을 받을 가능성은 없어 보인다. 그리고 정도의 차이는 있지만, 다른 분야도 물리와 상황이 비슷한 듯하다. 이런 현실을 두고 우리는 춤과 노래를 즐기던 민족이라 과학을 잘하는 유전자를 물려받지 못한 것 같다고 농담처럼 이야기하던 친구 물리학자가 생각난다.

그러나 우리도 풍토를 개선한다면, 방탄소년단 못지않게 세계적으로 뛰어난 과학자를 배출할 수 있다. 필자의 견해로는 그동안 노벨물리학상에 근접했던 물리학자로 이휘소 박사와 김필립 교수가 있다. 이휘소 박사가 살아 있었다면 노벨상을 받았을 가능성이 높았다는 것이 그 분야 사람들의 중론이고, 2010년 그래핀에 대한 성과로 노벨물리학상이 수여되었을 때에는 김필립 교수가 제외된 것을 아쉬워한 사람이 많았다. 다만 두 물리학자의 업적은 미국에서 활동하는 동안 쌓아 올려졌다는 공통점이 있는데, 이보다는 한국인이 국내에서 한 일로 노벨상을 수상해야 더 큰 의미가 있다고 생각한다.

독창성이 필요하다는 점에서 기초과학은 예술과 비슷한 점이 많고, 사회 전반의 문화 수준과도 깊이 연관된다. 과거 올림픽 금메달에 목마르던 시절, 유망 종목에 집중으로 투자하여 일부 목표를 달성할 수 있었지만, 노벨과학상 수상은 그런 식으로 이루어질 가능성이 낮다. 노벨상 수상자를 많이 배출한 나라가 주로 문화선진국인 것은 우연의 일치가 아니다. 단적으로 미국이나 영국의 과학 기사를 읽으면 정확도나 깊이에 감탄을 금할 수 없고, 그 나라 과학에 대한 국민적 관심을 엿볼 수 있다. 거기에 비하면 우리나라는 과학 뉴스의 비중부터 낮은 편이다.

과학 문화의 발전을 위해서는 언론의 역할이 대단히 중요하므로, 언론이 노벨상에 대한 관심을 넘어 평소에 기초과학 관련 기사를 많이 다루면 좋겠다. 노벨과학상과 관련하여 늘 비교되는 나라가 이웃 일본이다. 일본의 어떤 국립대학 물리학과 교수 연구실을 찾아갔을 때, 연구실 안 책꽂이를 보고 놀란 적이 있다. 책꽂이에 꽂혀 있는 많은 물리학 책의 대부분이 일본어로 쓰여 있는 것이 아닌가. 참고로 그 교수는 국제적으로 알려진 학자이고, 지도 학생과 연구원 상당수가 외국인이다. 그런가 하면 2008년 노벨물리학상을 받은 일본의 마스카와 도시히데 교수는 영어로 말도 못하고 외국에 나간 적도 없었기에, 노벨상 발표가 난 후에야 여권을 만들고, 노벨상 수상연설도 관례를 깨고 일본어로 했다.

이 두 사례는 일본이 영어에 서툴러도 자국어로 과학을 할 수 있는 나라임을 보여준다. 이에 비하면 우리나라에서는 대학교 학부에서도 우리말로 번역된 책이 없어서 외국어 서적을 교재로 사용하는 경우가 많다. 그런데 우리나라에서는 번역에 앞서 전체적으로 물리 또는 과학용어부터 통일해야 할 필요가 있다. 한국물리학회에서 그동안 열심히 노력하여 정리한 물리 용어는 여전히 공학에서 사용하는 물리 용어와 통일이 안 된 상황이다. 물리 용어뿐만 아니라 일반 과학용어를 확립하는 일부터 시작해야 하지 않을까.

기초과학 연구에 가장 직접적으로 영향을 줄 수 있는 것이 국가 연구비 정책이다. 일선 과학자들은 과학계의 여론이 과학정책에 제대로 반영되지 않는다고 느낀다. 그 중 하나가 연구 저변을 넓힐 수 있는 '풀뿌리' 연구비의 필요성이다. 당장 노벨과학상에 근접한 학자가 없다면, 20년 이상을 내다보면서 인재를 키워 나가야 한다. 이를 위해서는 시류나 유행에 휩쓸리지 않고, 장기간 꾸준한 연구가 다양한 분야에서 가능해지도록 과학의 저변을 넓혀야 한다. 제대로 된 연구가 이루어지려면 시간이 오래 걸리기 마련이고, 독창적인 연구결과는 특정한 유망 분야에서만 나오는 것이 아니다. 선택과 집중만으로는 한계가 있으므로, 작은 액수라도 폭 넓게 지원하는 '풀뿌리' 연구비 정책은 선택사항이 아닌 필수이다. 기초과학 정책의 변화가 노벨상을 향한 우리 연구환경 개선의 출발점이 될 것이다.

적절한 투자도 없이 노벨과학상을 부러워만 하는 풍토에 대해 비판하는 말은 항상 있어 왔지만, 실질적인 변화를 위한 노력의 시작은 언제쯤 볼 수 있을까. 불행히도 내년에도 또 후년에도 노벨상 시즌이 될 때마다 작년 그리고 또 올해와 같은 상황이 반복될 것 같은 슬픈 예감이 드는 것은 필자만의 기우일까.

【2019.01.23】

사주와 팔자

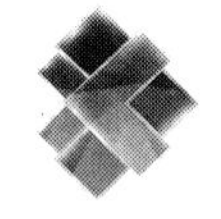

설날이 다가오면 신년운세를 보는 사람들이 많아진다. 인공지능이 개발되고 4차 산업혁명이 진행되는 요즈음에 누가 사주팔자를 볼까하는 생각이 든다. 하지만 1년 전 영국 이코노미스트지에 따르면 한국 역술시장의 규모가 연 4조원 정도라고 한다. 2017년 한국의 영화시장 규모가 약 2조4000억 원이었다고 하니, 우리는 영화보다 점을 더 많이 보는 나라에 살고 있다.

과거 면접 때마다 관상가를 대동했다는 재벌 회장의 이야기로부터 근래 역술인의 조언을 받아 투자했다는 기업가에 이르기까지, 역술은 개인의 일상생활을 넘어서 회사의 경영에까지 영향을 미치고 있다. 몇 해 전 모 방송에서 설 특집으로 용하다는 무속인을 찾아가서 그의 신통력을 시험한 적이 있다. 이들은 무속인에게 연쇄 살인범과 유괴되어 살해된 아이의 사주를 보여주었다. 여러 무속인 중에 몇 명이 사주를 근거로 두 사람의 운명을 근접하게 맞췄다. 신원이 밝혀지지 않았음에도 불구하고, 사주만 가지고 사람의 운명을 상당히 현실에 가깝게 기술해낸 무속인의 점집은 문전성시를 이루었다고 한다.

사주팔자란 알다시피 우리가 태어난 해, 월, 일, 시 네 가지를 바탕으로 미래를 예측하는 것이다. 그렇다면, 우리나라에서 나와 사주가 같은 사람은 몇 명이나 될까? 이를 계산하는 한 가지 방법은 내가 태어난 해의 출생아 수가 몇 명인지 살펴보는 것이다. 예를 들어 작년 우리나라 출생아수는 대략 33만 명 정도이므로 하루 평균 약 900명이 태어났다. 사주의 시는 하루를 12로 나누어 따지므로, 다시 900을 12로 나누면 작년에 태어난 아이들 중 사주팔자가 같은 사람은 평균 70명이 넘는다. 남녀를 구분해도 평균 35명 이상이 사주팔자가 같다는 결론에 도달한다. 과거 출산율이 더 높았던 사실을 고려하면 나하고 사주팔자가 같은 사람은 성별을 구분하더라도 50명은 족히 넘을 것이고, 이 사람들은 말 그대로 나와 '운명공동체'가 되는 셈이다.

유괴되어 살해되었던 아이와 사주가 같았던 많은 사람들이, 살해당하는 것까지는 아니더라도 죽음의 문턱까지 가는 비슷한 운명을 겪었을까. 알려진 유괴사건이 드문 것으로 미루어 짐작컨대 그럴 가능성이 별로 없다. 따라서 유괴된 아이의 사주로 그 운명을 맞췄다면, 그 아이와 사주가 같지만 유괴되지 않은 더 많은 사람들에 대한 사주풀이는 틀렸음을 의미한다.

실제로 사주팔자처럼 태어난 시각과 사람 운명의 연관성을 과학적으로 연구하는 학자들도 있다. 우리의 사주와는 다르지만 서양의 점성술사들은 같은 때와 같은 장소에서 태어난 사람들은 그 당시 행성의 위치에 영향을 받아서 성격과 삶이 비슷하다고 주장한다. 영국의 학자 제프리 딘은 런던에서 몇 분 간격으로 태어난 사주팔자가 같은 사람들을 조사한 후, 그들 사이에 성격이나 삶에서 아무 연관성이 없음을 밝혔다.

여러 연구 중에서 가끔 별자리와 성격 사이에 약한 상관관계가 발견되기도 하지만 이는 별자리를 믿는 사람들이 성격을 별자리 운세에 끼워 맞추어 원인과 결과가 뒤바뀌었기 때문이다.

점술이 근거가 없음을 보여주는 숱한 연구 결과에도 불구하고 점술에 대한 관심과 열기는 가라앉을 기미가 없다. 길거리에서는 사주팔자에다가 서양에서 들어온 타로 카드점까지 인기를 더해가는 듯하다. 게다가 점술과 기술이 결합하여 만들어진 인터넷 토정비결까지 등장하여 점술에 대한 접근이 더 쉬워졌다. 신문에서조차 띠에 따른 운세에 더하여 서양의 별자리 운세까지 보여준다. 둘 중 더 좋은 점괘를 받아가라는 배려인지는 모르겠으나 양복 위에 두루마리를 걸친 모양새다.

원시사회나 문명사회나 불안이 커질수록 미신을 더 찾게 된다는 연구 결과가 있다. 염려스럽게도 여러 조사에 따르면 젊은이들의 점술에 대한 관심 또한 식지 않고 있다. 이는 현재 우리 젊은이들이 취업이나 결혼 등 미래의 불확실성에 대해서 느끼는 불안을 간접적으로 알려준다. 터놓고 상담할 곳을 찾기 어려운 젊은이들에게 점집은 비밀보장이 되면서 쉽게 접근할 수 있는 장소다. 점술이 심리적 위안을 준다고 말하는 젊은이들에게 정작 필요한 것은 따뜻한 관심과 위로가 아닐까. 설날을 맞이하여 주위 젊은이에게 따뜻한 격려의 말 한마디라도 건네야겠다.

【2019.04.24】

인류 최초의 블랙홀 사진

망원경의 성능은 렌즈의 크기에 따라서 크게 좌우된다. 렌즈가 클수록 맺히는 상의 선명도가 높아지기 때문에, 관측하고자 하는 물체가 작고 멀수록 더 큰 렌즈를 가진 망원경이 필요하다. 우주가 팽창하고 있다는 사실을 관측한 20세기 최고의 천문학자 허블의 업적도 그 당시 세계 최고의 성능을 자랑하는 망원경이 있었기에 가능했다. 허블이 사용했던 미국 캘리포니아 윌슨 산의 후커 망원경은 반사거울의 지름이 2.5m로 평생을 망원경 제작에 매달렸던 해일이 후커와 카네기의 후원을 받아 만들어낸 역작이다. 만약 지구만한 렌즈가 있어야만 볼 수 있는 물체가 있다면 우리는 어떻게 해야 할까. 바로 최근에 발표된 블랙홀 관측에 대한 이야기이다.

블랙홀은 물질이 엄청나게 높은 밀도로 압축되어 있는 천체로서, 지구를 반지름 1cm 이하의 공으로 수축시킨 정도의 밀도를 가지고 있다.

블랙홀은 강력한 중력으로 주위의 모든 것을 빨아들인다. 블랙홀 근처의 일정 거리에서, 빛조차도 빠져나올 수 없는 경계선을 '사건의 지평선'이라고 부른다. 이번 관측으로 '사건의 지평선' 주위에 생기는 밝은 고리의 형태를 밝혀냈다. 이 블랙홀은 지구로부터 5500만 광년 떨어져있는 M87 은하의 중심에 있다. 다른 블랙홀에 비해서 엄청나게 큰 규모로서, 질량이 태양의 65억배 정도이고 크기는 우리 태양계와 견줄만하다. 하지만 이 블랙홀은 우리로부터 워낙 멀리 떨어져있기에 관측을 위해서는 지구만한 크기의 망원경이 필요하다. 비유를 들자면, 달 표면 위에 놓여있는 사과를 지구에서 관측하는 정도이다.

이번 관측을 위해 100개가 넘는 기관에서 200명 이상의 사람들이 참여했다. 많은 사람들의 집단 노력으로 가능한 일이었지만 그 중심에 네덜란드 라드바우드대학의 팔케 교수가 있다. 팔케 교수가 이번 관측의 가능성을 처음 생각한 것은 1993년이지만, 다른 학자들을 설득하는데 10년, 관측 가능한 기술을 개발하는데 또 다시 10년이 걸렸다. 2006년 '사건의 지평선 망원경' 프로젝트가 드디어 결성됐다. 지구만한 크기의 망원경은, 남북으로는 남극으로부터 미국 애리조나까지, 동서로는 스페인의 시에라네바다에서 미국 하와이까지, 전 세계 6군데 관측소의 8개 전파망원경을 하나의 네트워크로 묶어 실현됐다. 세계에 널리 퍼져있는 이 망원경들은 초정밀 원자시계로 시간을 맞춘 뒤 동시에 같은 점을 향해, 2017년 처음으로 블랙홀에 대한 데이터를 수집했다.

팔케 교수의 꿈이 20년 넘어서 마침내 실현됐다. 기존에 설치되어 있던 전 세계의 망원경들이 하나로 연결되고, 서로 경쟁하던 여러 나라 천문학자들이 협력해 한마음 한뜻으로 하나의 목표를 위해 일하는 모습이야말로 진정한 인류 공동체의 모습이 아니겠는가. 2013년 유럽 연구위원회는 팔케 교수에게 약 200억 원의 연구비를 지원하였으며, 우리나라를 비롯한 다른 참여 국가들도 400억 원 이상의 연구비를 보탰다.

연구 결과 발표도 전 세계적으로 동시에 이루어졌다. 논문 출판 시기에 맞춰서 벨기에, 미국, 칠레, 일본, 중국, 타이완 6개국에서 동시에 기자회견이 이루어졌고, 유튜브를 통해 전 세계에 생중계 됐다. 200명이 넘는 연구자가 있는 상황에서 블랙홀 사진의 사전 유출을 막는 일도 쉽지 않았다. 팔케 교수는 벨기에 브뤼셀에 있는 유럽 집행기관 본부에서 기자회견을 주도했다. 기자회견 전날 그는 일찌감치 브뤼셀로 가서 다른 사람들과 리허설을 하면서, 기자회견 때 나올 수 있는 예상 질문에 대해서도 논의했다. 그 중에는 막대한 세금이 들어간 이번 연구가 납세자들에게 무엇을 돌려주는지에 대한 예상 질문도 포함되어 있었지만, 실제로 이런 질문은 나오지 않았다. 대신, 기자회견 후 기자들은 팔케 교수에게 악수를 청하였으며, 이는 이번 연구를 통하여 인류가 과학에서 또 한 발자국의 전진을 이루어냈음에 대한 찬사와 성원이다.

'사건의 지평선 망원경' 프로젝트는 완성이 아니라 또 다른 시작이다. 그린란드와 프랑스 알프스의 전파망원경을 더하고, 아프리카의 나미비아에 전파망원경을 이전 설치하면 선명도가 더 높은 관측이 가능해진다. 아인슈타인의 일반상대성이론이나 블랙홀의 관측이 인류 실생활에 무슨 도움이 되냐며 반문하는 사람도 있겠지만, 우주의 근원을 탐구하는 거대 기초과학연구는 전 세계적으로 활발하게 진행되고 있다.

【2019.07.10】

창백한 푸른 점

다가오는 7월20일(한국시간 21일)은 아폴로 11호가 달에 착륙한지 50주년이 되는 날이다. 닐 암스트롱이 달 표면에 첫 발을 내디디는 장면은 우리나라에서도 텔레비전을 통해 실시간으로 생중계됐으니 인류사에 한 획을 그은 큰 사건이다. 그 당시 우주 개발은 냉전 체제 아래에서 미국과 소련의 경쟁이 원동력이 된 측면이 크다. 1957년 소련이 먼저 최초의 인공위성 스푸트니크 1호를 쏘아 올리고 뒤이어 유인 우주비행을 성공시켰다.

이에 충격을 받은 미국은 본격적으로 우주 개발에 뛰어들었다. 1961년 1월 취임한 존 F 케네디 대통령은 그해 5월 의회에서 인간이 달에 간다는 아폴로 계획을 선포했다. 초강대국들의 대결 구도 속에서 정부의 전폭적인 지원을 받은 미국 항공우주국은 오랜 준비 기간 끝에 1967년부터 1975년까지 아폴로라는 이름으로 총 16대의 우주선을 발사했다.

아폴로 우주선 중에서 최초로 달에 착륙한 아폴로 11호가 제일 유명하지만 개인적으로는 1968년 12월에 발사된 아폴로 8호가 가슴에 와 닿는다. 아폴로 8호에 탑승한 우주인은 달 궤도 진입 후 달 주위를 돌면서 크리스마스이브에 인류 최초로 지구가 달 표면 위로 떠오르는 장면을 목도하게 된다. 여기에 큰 감동을 받은 우주인 윌리엄 앤더스는 이 장면을 카메라에 담게 된다. 인류사에 기념비적인 상징이 되는 이른바 달 표면 위에서의 '지구돋이'(earthrise) 사진이다. 갈릴레오나 케플러 같이 망원경으로 밤하늘을 오랫동안 관측했던 천문학자들이 이 사진을 봤다면 가슴 벅차오르는 감동으로 감격의 눈물을 흘렸을 것이다.

1977년 미국 나사에서는 태양계를 탐사하기 위해 무인탐사선 보이저1호를 쏘아 올렸다. 1979년에 목성 근처를 지나며 목성의 위성에도 화산이 존재함을 관측했다. 1981년에는 토성에 접근하여 수소와 헬륨으로 이루어진 대기층을 분석하고 적도 근처에서 엄청나게 빠른 속도로 바람이 분다는 사실을 알아냈다.

이후 천왕성과 해왕성 궤도를 통과하고 1990년 명왕성 궤도 부근인 지구로부터 61억㎞ 떨어진 지점에 다다른다. 이때 '코스모스'의 저자로 잘 알려진 물리학자 칼 세이건의 요청에 따라서 보이저1호는 카메라의 방향을 지구 쪽으로 돌려 마지막 사진을 찍었다. 빛으로도 지구까지 도달하는 데에 무려 6시간 정도 걸리는 거리에서 찍힌 사진에서 지구는 하나의 화소에도 미치지 못하는 '창백한 푸른 점'으로 보였다. 칼 세이건은 "저 희미하게 빛나는 점은, 우리의 만용이나 자만심 또는 우리가 우주 속의 특별한 존재라는 믿음에 이의를 제기하고 있다"라며 "인류가 느끼는 자만이 얼마나 어리석은 것인지를 가장 잘 보여주는 것"이라고 말했다. 광활한 우주 안에서 우리가 얼마나 작은 존재이고 그 속에서 싸우며 살아가는 인간 모습이 얼마나 부질없는지를... 보이저1호는 원자력 전지로 작동하고 있는데 예상 수명을 훨씬 지난 오늘도 여전히 지구와 교신하고 있다. 2012년 10월 태양계의 경계를 지났으며 발사된 지 41년이 지난 현재 지구로부터 216억㎞ 떨어진 곳에서 시속 6만㎞의 속력으로 날아가고 있다.

지구에서 가장 가까운 별까지의 거리가 4.2광년이니 보이저 1호가 40년 이상을 날아간 거리의 1800배가 넘는다. 광활한 우주에서 멈추지 않는 보이저의 항해는 한없이 작은 존재이지만 끝없이 도전하는 인류의 모습을 대변하는 듯하다. 우주 탐험은 체제 경쟁과 군사 대립의 시대에 크게 발전했고, 거기에 따르는 산업적인 가치 덕분에 지속되고 있을 터이다. 현실적인 이유에서 비롯되었다 하더라도 바라보는 시각이 달라지면 생각도 바뀌게 마련이다.

달 위로 떠오르는 지구를 목도하며, 또 태양계 끝자락에서 티끌만한 지구를 바라보면서 인류는 사고의 지평을 한 차원 더 높일 수 있었을 것이다. 웅장한 자연경관을 보면 누구나 저절로 감탄하듯이 우주 탐험을 소재로 하는 공상과학 영화를 보다가 우주선에서 바라본 지구 모습이 나올 때면 나도 모르게 마음이 설렌다.

G20과 같은 세계 각국 정상들 모임을 우주 정거장에서 하면 어떨까 상상해 본다. 창밖으로 멀리 보이는 지구를 바라보며 회의를 하다 보면 인류의 평화와 더불어 후손에게 좀 더 살만한 세상을 물려주게 되지 않을까.

【2019.09.25】

일본 넘어서는 과학 인재 양성

한국의 반도체 산업을 겨냥한 일본의 수출규제는 우리 사회에 큰 충격을 던지며, 우리 산업구조의 취약점을 적나라하게 드러냈다. 당장 반도체 생산 현장에서 필요한 장비나 소재 개발뿐만 아니라, 선진국으로 도약하기 위해서도 과학기술의 발전이 필수임을 온 국민에게 일깨워 주었다. 이는 과학기술을 담당할 고급인력 없이는 불가능하므로 지속적인 이공계 전문인력 양성을 위해서 정부의 종합적이고 치밀한 정책이 요구된다. 이공계 경제활동인구 1000명당 박사학위 소지자의 수를 보면, 우리나라는 8명 정도로 OECD 평균인 10명에도 못 미치는 실정이다. 18명인 미국이나 14명인 독일과도 큰 차이가 난다. 그동안의 고속성장에도 불구하고 고급인력이 아직 부족한 상태이다.

국가총생산량 대비 연구개발비는 세계 상위권이나, 이 중 대학연구비 비율은 9%이다. 영국의 25%, 독일의 18%에 비해 현저히 낮다. 대학에 근무하는 연구원 수도 다른 나라에 비해 절대적으로 부족하다. 두말할 필요도 없이 박사를 배출하는 중심 기관인 대학의 상황은 열악하다.

사회에서 필요한 고급인력을 양성하기 위해서 정부는 연구비 정책을 우선 개선해야 한다. 박사과정 학생의 연구 주제는 지도 교수가 수주하는 연구비의 주제에 좌우되고, 대학연구비의 상당 부분은 국가 재정에서 나오므로, 결국 국가 차원의 연구비가 인력 배출의 방향을 결정짓는다고 볼 수 있다. 그동안 정부가 지속적으로 지원하여 실효를 거두기 시작한 논문실적 위주의 연구비 예산을 그대로 유지한 채, 이제 우리 산업에 필요한 과학기술 분야의 대학연구비를 과감히 증액해야 한다.

최첨단 실험장비를 갖추고 턱없이 낮은 대학 연구 인건비를 현실적으로 증액하여 밤낮으로 일하는 박사과정 학생들의 처우를 현실적으로 개선하면, 우수한 인재를 과학기술 분야로 끌어들일 수 있다. 더불어 반값 등록금 정책 이후 악화일로에 놓인 대학의 열악한 재정 상황이 개선되어 대학의 대외 경쟁력이 높아질 수 있다. 산 · 학이 선순환 관계로 연계되는 연구생태계가 조성되도록 정부의 대학 평가제도가 개선되어야 한다. 우리나라 대학에서 시행되고 있는 논문실적 위주의 교수선발 및 업적 평가제도의 방향 전환도 필요하다. 오로지 논문 실적을 중심으로 교수 선발이 이루어지고, 교수들이 논문을 위한 연구에 매달리게 되는 시스템으로는 지금의 반도체와 같이 산업과 밀접한 분야에서 필요한 고급 인력을 길러내기 어렵다.

산업체에서 연구개발로 뛰어난 능력을 발휘하는 사람도 교수가 될 수 있어야 하고, 산학협동 연구에서 성공적인 연구자도 인정받는 풍토가 조성되어야 한다. 대학이 학문을 위한 학문을 넘어서, 시대적 요구에 맞추어 다양한 연구 생태계를 주도하고, 사회와 자유롭게 소통하는 장이 되도록 정부는 각 분야의 다양한 특성을 고려한 종합적인 대학 평가

제도를 마련해야 한다.

박사학위 소지자를 위한 일자리 정책도 병행되어야 한다. 중소기업은 고급인력이 부족하다고 하소연하고, 박사학위 소지자들은 연구환경이 갖추어지고 현실적인 임금을 받을 수 있는 직장이 많지 않다고 호소한다. 첨단 소재와 장비를 개발하는 중소기업으로 박사급 인력이 공급되도록 군 대체복무를 첨단 과학기술 관련 중소기업으로 확대하고, 이 고급인력에 대하여 재정을 파격적으로 지원하는 정책이 필요하다. 박사학위 소지자를 위한 일자리 창출이 제대로 이루어져서 이들이 남들이 부러워할 만큼 대우를 받아야 우수한 인재들이 고생을 무릅쓰고 다시 이공계 대학원으로 오는 선순환이 이루어진다.

온 세계는 지금 고급인력을 유치하기 위해 전쟁 중이다. 오늘도 애써 키운 우리 고급인력이 중국, 유럽, 미국으로 떠났다는 소식이 전해진다. 산업화 시대와 같이 배고픔을 참고 애국심만으로 연구하던 시절은 지났다. 고급인력을 키우고 지키기 위한 정부의 역할이 그 어느 때보다 중요한 시점이다. 정부는 때를 놓치지 말고 과감히 투자해야 한다. 모든 정부 부서들이 유기적으로 협조하여 정책을 재정비하고, 연구 친화적이며 현실적인 정책을 장기간 일관되게 펼쳐야 한다. 일본을 넘어서는 선진국 진입은 과감한 투자 없이 구호나 열망만으로 이루어지지 않는다.

【2019.12.27】

우주배경복사

올해 노벨위원회는 노벨물리학상 수상자의 한 명으로 프린스턴 대학의 제임스 피블스 명예교수를 선정하였다. '빅뱅' 이후 우주가 어떻게 진화했는지 알아내려고, 평생을 노력한 그의 성과가 마침내 인정받았다.

우주가 '빅뱅'으로 시작되었다는 것은 이제 천체물리학자들 사이에서는 정설로 받아들여진다. 그렇다면 과학자들은 어떻게 '빅뱅'이 있었음을 입증할 수 있었을까? 그 중 아주 중요한 증거가 우주배경복사(cosmic background radiation)이다.

공간도 시간도 없던 상태에서 우주가 빅뱅으로 시작된 이후 38만년이 지났을 때, 원자 안에 갇혀 있던 빛이 밖으로 일시에 방출되었다. 우주 최초의 빛인 셈이다. 가정이나 사무실의 전구에서 나온 빛은 주변의 물체에 도달하면, 그 물체에 흡수되어 사라진다. 그런데 이중 하늘로 방출된 빛은 어떻게 될까? 하늘을 향해 진행하면서 일부 빛은 공기나

먼지 등에 흡수되겠지만, 대기층을 통과한 빛은 우주로 향하게 되고, 우주에서 어떤 물체에 부딪치기 전까지는 빈 공간을 한없이 진행하게 된다. 태양에서 제일 가까운 별까지의 거리가 4.2광년 정도이니, 우주의 거의 대부분은 텅 빈 진공이고, 물체가 차지하는 공간은 극히 일부분이다. 따라서 지구를 벗어난 빛은 대부분 끊임없이 우주를 떠돌게 된다. '빅뱅' 이후 38만년이 지나서 원자 안에 갇혀 있다가 동시에 방출된 태초의 빛을 우주배경복사라고 부른다. 대부분의 우주배경복사는 138억년이 지난 지금까지 우주의 전 공간을 여기저기 떠돌고 있으며, 오늘날에도 계속해서 지구로 쏟아져 내리고 있다. 1940년대에 최초로 두 학자 앨퍼와 허먼이 이론적으로 우주배경복사를 예견하였으나, 당시에는 주목받지 못하고 잊혀졌다.

천체 관측을 생각하면, 보통 우리 눈으로 망원경을 통해 별을 보는 것을 떠올린다. 우리 눈으로 볼 수 있는 빛은 가시광선이라 불리는 특정 파장대역에 속한다. 천체에서는 우리 눈에 보이는 가시광선뿐만 아니라 방송이나 휴대폰에 사용되는 전파와 같은 다양한 파장의 전자기파도 방출된다. 2차 세계대전이 끝난 후, 전쟁에 사용되었던 레이더가 천체 관측을 위한 장비로 활용되면서, 가시광선보다 긴 파장의 전자기파를 이용한 전파천문학이 각광받기 시작했다. 1963년 벨 연구소의 펜지어스와 윌슨은 하늘에서 오는 다양한 전파원을 분석하기 위한 관측에 착수했다. 정확한 관측을 위해, 자신들의 전파망원경에 잡히는 잡음부터 확인하고 제거하기로 마음먹었다. 1년 동안 장비를 닦고 다시 배선하는 등 모든 노력을 기울였으나, 전파망원경의 방향과 관계없이 늘 검출되는 한 종류의 잡음을 제거할 수도 없었고, 그 원인도 알 수 없었다.

한편 이즈음 프린스턴 대학의 디케와 피블스 두 물리학자는 우주배경복사의 존재를 계산해 냈고, 이것이 빅뱅의 결정적 증거임을 깨달았다. 앨퍼와 허먼이 이전에 했던 일을 모른 채, 그들의 결과를 재현한 것이다. 펜지어스와 윌슨은 학회에서 우연히 만난 다른 교수를 통해 디케와 피블스의 계산 결과를 듣게 되었고, 그들이 제거하려고 그토록 애썼던 잡음의 정체가 바로 우주배경복사임을 알게 되었다. 펜지어스는 프린스턴의 디케에게 전화를 걸어, 그들의 관측 결과를 알려주었다. 그 당시 본인들이 계산해 낸 우주배경복사를 관측하기 위한 전파망원경을 설계 중이었던 디케와 피블스는 펜지어스와 윌슨의 결과를 전해 듣고, 다 잡은 노벨상을 놓쳤다고 탄식했다고 전해진다. 1978년 펜지어스와 윌슨은 우주배경복사를 관측한 공로로 노벨상을 받았다.

올해의 노벨물리학상 수상자 피블스가 그 당시 노벨상을 놓쳤다고 아쉬워했던 바로 그 피블스이다. 그의 노벨상 수상을 축하하며, 실망감에 굴하지 않고 지속적인 연구 성과를 이루어낸 그의 열정에 박수를 보낸다.

chapter 13

이상윤

학력
· 한국외국어대
· 벨기에 앤트워프대 석사(해운 교통학)
· 영국 카디프대 박사(물류경영학)
경력
*대학
· 인하대 교수
· 미국 애리조나주립대 방문교수
· 한국해양수산개발원 부연구위원
*학회
· 한국항만경제학회 상임이사, 한국무역학회 이사(역임)
· IAME(International Association Maritime Economist)
*사회활동
· 서울중앙지방법원 관리위원회 자문위원
· 해양수산부 중계망사업 심의위원
· 인천시 인천경제수도 자문위원

한국 물류의 새로운 도전

21세기 해상실크로드 5년을 맞아
수출 6000억 달러와 인천의 역할
서둘러 대비해야 할 디지털 무역 시대
새벽배송 시장의 성장과 이면
한국경제, 새 선택지 서둘러야
한국해운, 2020년을 맞이하다

【2018.10.24.】

21세기 해상실크로드 5년을 맞아

1405년 7월11일 명나라 3대 황제인 영락제(永樂帝)는 환관 정화(鄭和)를 남해 원정함대의 총사령관에 임명하고 출항을 명령한다. 그로부터 28년 동안 7차례에 걸쳐 이어질 대항해의 시작이었다. 정화는 본래 '색목인'이라 불리던 중동계통의 이슬람교도로서 어린 시절 원나라 잔당을 토벌한다는 명분으로 행해진 학살과정에서 거세된 것으로 알려져 있다. 비록 환관의 신분이었으나 정화는 기골이 장대하고 통솔력이 뛰어난 장수였으며, 그가 개척한 해로는 동남아시아를 거쳐 아라비아와 페르시아만과 아프리카 동부해안에 이른다. 정화의 원정에 동원된 함대는 200척이 넘었으며 가장 큰 선박은 길이가 122m, 폭 46m로서 1492년 콜럼버스의 항해에 사용된 산타마리아호보다 4배나 큰 것으로 전해진다.

실제로 이처럼 거대한 함선을 건조하고 운항할 수 있었는지에 대해서는 많은 논란이 있지만 당시 중국의 조선과 항해 기술이 세계 최고 수준이었던 것만은 분명하다. 중국은 당시 한 선박에 여러 개의 돛을 장착하는 기술을 보유하고 있었는데, 서양에서는 이러한 기술이 포르투갈에 의해 막 개발되려던 참이었다. 또한 중국의 외항선은 9세기부터 선체와 평행한 종범(從帆)의 돛을 사용한 것으로 전해지는데, 이는 역풍에서도 선박을 전진시킬 수 있는 혁신적인 기술이었다.

그러나 이처럼 찬란했던 중국의 조선과 항해 기술은 하루 아침에 사라지고 만다. 영락제 사망 후 환관세력을 누르고 정치의 중앙에 서게 된 유학자들은 서방원정이 국력을 낭비시키는 일이라는 명분으로 항해의 금지를 주장하였다. 그 결과 시행된 해금(海禁)정책에 따라 함선과 조선소가 폐기되었으며, 조선과 항해에 관한 기술 역시 소멸되었다.

이 무렵 서양에서는 또 다른 대항해의 시대가 열리고 있었다. 동방항로를 개척한 서구 열강들은 제국주의 국가로 변모해 아시아에 식민지를 경영했으며, 19세기 후반 중국은 영국과의 아편전쟁에서 참패하면서 서구 열강에 본토를 유린당하는 상황에 이른다. 1차 아편 전쟁에서 중국은 26척의 군함이 영국군 2척의 함선에 의해 격침되는 수모를 겪게 된다. 중국이 정화의 원정 이후에도 해양에 대한 지식과 기술을 축적할 수 있었다면 우리가 알고 있는 세계사는 크게 달라졌을 것이다.

2013년 10월 중국 시진핑 주석은 인도네시아 국회연설에서 아세안 국가들과의 상호연결을 통한 21세기 해상실크로드의 구축을 제안하였다. 중국의 꿈(中國夢)이라는 일대일로(一帶一路) 사업의 한 축인 해상실크로드 사업이 시작된 지 만 5년이 지난 현재 해상실크로드의 성공을 마뜩잖게 여기는 국가들이 여기저기서 제동을 걸고 나오고 있다. 해상실크로드의 건설이 교통 인프라 개발을 통한 국제 교역의 증진을 위한 것이 아니라 아프리카와 중동으로부터 수입하는 에너지의 보급로를 확보하고 남중국해에서 해상권을 장악하기 위한 정치적 · 군사적 목적을 숨기고 있다는 것이다. 중국 자본에 의해 건설된 스리랑카와 파키스탄 항만들이 부채에 시달리다가 중국의 군사기지로 사용된다는 보도도 나온다.

600년의 침묵을 깨고 해양으로 진출하고자 하는 중국의 꿈은 이루어질 것인가? 필자 주변 중국 전문가들의 견해는 엇갈린다. 중화사상은 결국 다른 문화를 포용하지 못할 것이기 때문에 일대일로는 실패할 것이라는 견해로부터 중국인 특유의 유연성으로 종국에는 무엇인가를 만들어 낼 것이라는 의견까지 다양하다. 필자가 20년 전 중국 상하이 항만청을 방문했을 때 상하이에서 30㎞ 떨어진 섬에 대규모의 컨테이너 부두를 개발하는 계획을 세우고 있다는 말을 듣고 반신반의했던 기억이 있다. 동행했던 해운업계 관계자들은 "말도 안 되는 발상"이라고 폄하했고, 부두가 개발되더라도 태풍 등 자연재해 때문에 정상적 운영이 어려울 것이라는 시기어린 전망이 줄을 이었다. 그러나 오늘날 상하이항은 세계 제1의 컨테이너항만으로 별 문제 없이 잘 운영되고 있다. 중국 공산당 당장(黨章)에도 포함되어 시진핑 집권 이후에도 추진된다는 일대일로 사업은 어떤 식으로든 그 길을 찾아갈 것이다. 그에 따라 상당 기간 동시아의 해상질서는 변화의 소용돌이에 휩싸이게 될 것으로 보인다. 중국이 세계를 상대로 거대한 꿈을 꾸는 지금, 우리는 어떤 꿈을 꾸고 있는가?

【2019.01.09】

수출 6000억달러와 인천의 역할

2018년 우리나라 수출액이 6000억달러를 돌파했다. 어수선한 국내 경제 상황과 한미자유무역협정 개정, 미 · 중 통상마찰 등 대외적으로 많은 악재가 있었지만 세계에서 7번째로 수출액 6000억달러를 넘어서는 쾌거를 올린 것이다. 우리나라의 수출은 1948년 처음 1900만 달러를 기록한 이후 2018년까지 70년 간 3만배 증가하는 믿기 어려운 성과를 이뤄냈다. 전체 교역규모를 살펴보면 6055억달러의 수출과 5350억달러의 수입 실적을 기록함으로써 총 무역액 1조1405억달러, 무역수지 705억달러를 달성했다. 이에 따라 세계에서 차지하는 우리나라의 무역비중은 3.1%로서 세계 9위, 수출비중은 3.4%로서 세계 6위의 자리를 2년 연속 지켰다.

우리나라 수출과 관련하여 인천은 어떠한 역할을 수행하고 있을까? 인천이라는 행정구역 자체에서 발생하는 수출량은 많지 않다. 그러나 국제무역은 필연적으로 국제물류활동을 수반한다. 그중 가장 눈에 띄는 것이 국제운송부문이다. 많은 국민들이 우리나라의 수출 관문을 부산항이라고 생각할 것이다. 산업통상자원부 장관이 올해 첫 현장 방문 장소로 부산신항을 선택한 이유도 이러한 상징성 때문일 것이다. 부산항은 해상물동량 기준으로 우리나라 최대의 수출항임에는 틀림없다. 그러나 수출액을 기준으로 할 때 우리나라 수출의 41%는 인천공항과 인천항을 통해 이루어지고 있다. 관세청 자료에 따르면 인천공항은 우리나라 수출액의 33%를, 인천항은 8%를 책임지고 있다.

부산항의 비중이 29% 정도임을 감안할 때 우리나라의 실질적인 수출 관문 도시는 부산이 아닌 인천이다. 인천공항은 IT, 바이오, 의약 등 첨단 산업이 위치한 수도권을 배후지로 삼고 있으며 인천항은 중국과 동남아지역에 대한 우수한 접근성을 보유하고 있다. 이처럼 우리나라 수출과 교역의 성장을 인천이 떠받치고 있는 것이다. 그러나 우리나라 수출에는 몇 가지 불안요소가 존재한다. 먼저 수출상대국이 편중되어 있다. 우리나라 5대 수출국인 중국, 미국, 베트남, 홍콩, 일본의 비중이 57%에 이른다. 국내총생산(GDP) 대비 69%에 달하는 무역의존도를 감안할 때 이들 국가와의 교역에서 문제가 발생한다면 우리경제에 타격으로 작용할 가능성이 크다. 또한 특정 제품군에 대한 수출 의존도가 높다. 2018년 우리나라의 반도체 수출은 1267억달러, 일반기계는 536억달러, 석유화학은 501억달러로서 전체 수출액에서 3개 제품군이 차지하는 비중이 38%를 초과한다.

글로벌 IT 기업들의 빅 데이터 저장시설 투자가 조정에 들어섰고 유가하락과 주요국 건설 · 제조업 경기의 하강국면이 겹치고 있는 현 상황을 감안한다면 올해 이들 제품의 수출전선은 녹록지 않을 것으로 보인다. 이와 함께 대외적인 무역환경에도 변화가 감지된다. 예를 들어 환태평양지역 11개국이 참여하는 자유무역 지대인 포괄적 · 점진적 환태평양경제동반자협정(CPTPP)이 작년 12월 발효된데 이어 유럽연합(EU)과 일본의 경제연대협정(EPA)이 금년 2월 발효될 예정이다. 이에 따라 유럽 등 세계시장에서 일본제품에 대한 우리제품의 가격 경쟁력이 약화될 것이라는 우려의 목소리가 나오고 있다. 또한 4차 산업혁명으로 대변되는 기술 · 산업구조 개편이 선진국을 중심으로 급속하게 진행되고 있다. 인공지능, 자율주행, 음성인식 플랫폼, 블록체인, 5G 통신 등 이미 우리에게 익숙해진 새로운 기술과 제품이 속속 출시되고 있다.

그렇다면 인천은 어떤 준비를 해야 할 것인가. 인천공항과 인천항에 대한 투자 확대, 서비스 노선의 증설, 수도권 접근성의 향상이 필요하다는 것은 더 이상 말할 필요가 없을 것이다. 그보다 중요한 것은 인천이 수도권 관문으로서의 기능은 물론 새로운 형태의 무역을 창출하는 첨단산업도시로 변모할 기회를 포착해야 한다는 것이다. 이것이 어떻게 가능할까? 그 방법 중 하나는 세계 최고의 기술 및 개념설계 선진국으로 부상하고 있는 중국과 최단거리에 위치한 지리적 이점을 극대화하여 중국의 유력 대학, 연구소, 산업계와의 다각적 협력을 적극적으로 이끌어내는 것이다. 마침 3기 신도시로 지정된 계양에 또 하나의 '테크노밸리'가 들어선다고 한다. 2017년 판교 테크노밸리 입주기업의 매출액은 79조원으로서 부산과 인천의 지역내 총생산(GRDP)과 맞먹는다. 인천이 우리나라 경제와 국제교역을 위해 더 큰 역할을 수행할 수 있도록 창의와 지혜를 모아야 할 시점이다.

【2019.04.17】

서둘러 대비해야 할 디지털 무역 시대

우려하던 일이 현실화되었다. 작년 6000억 달러를 넘어섰던 우리나라의 상품수출은 지난해 12월 이후 4개월 연속 감소세를 나타내고 있다. 산업통상자원부에 따르면 지난해 12월 우리 상품수출이 전년 대비 1.2% 감소한 이후 올해 1월에는 5.8%, 2월에는 11.1%, 3월에는 8.2% 감소한 것으로 집계되었다. 이는 작년 호황을 기록하였던 반도체 경기의 하락과 대중국 수출 감소에 따른 것으로서 특정 제품, 특정 국가에 대한 의존도가 높은 우리나라 무역구조의 취약성을 대변하는 자료다.

상품무역에 있어서 무역상대국의 다변화와 교역제품의 다양화가 시급한 만큼 디지털 무역(digital trade)에 대한 준비 역시 매우 긴요한 시점이다. 4차 산업혁명의 급속한 진전은 우리나라 산업과 통상환경에 거대한 영향력을 발휘하고 있다. 디지털 무역은 크게 두 개의 범주로 구분할 수 있다. 하나는 교역대상이 디지털 상품인 경우이다. 예를 들어서적이나 음원, 소프트웨어 등 과거 인쇄물이나 CD 등의 상품에 담겨 있던 지적 콘텐츠가 디지털화(digitalization)되어 교역되는 것을 의미한다. 때로는 서비스의 영역에 있던 상품들도 디지털화되어 국경을 오간다. 예를 들어 교육, 법률, 의료 서비스 등이 그것이다. 미국에서 촬영된 MRI 영상이 인도의 방사선 전문의에 의해 해독되는 형태의 의료서비스의 디지털화는 이미 10년도 넘은 이야기이다. 또 하나는 무역 프로세스의 디지털 전환을 의미한다. 일반적인 상품이라도 아마존이나 알리바바와 같은 글로벌 전자상거래 플랫폼을 통해 국경 간 매매와 결제가 이루어진다면 이 역시 디지털 무역이라고 할 수 있다.

디지털 무역은 교역 상대방에 대한 탐색비용과 무역관련 거래비용을 줄여줌으로써 그동안 국제거래에 참여하지 못하였던 중소기업 및 스타트업, 개발도상국에게 세계시장으로 진출할 수 있는 기회를 제공한다. 또한 전술한 바와 같이 전통적으로 국경 간 교역이 어렵다고 여겨졌던 의료나 교육 등 서비스가 무역의 대상에 포함될 수도 있다. 실제로 이러한 기회요인은 세계 무역규모를 증대시키는 것으로 나타난다. 2018년 세계무역기구(WTO) 보고서에 따르면 전 세계 국내 및 국경 간 전자상거래 규모는 2016년 총 27.7조 달러로서 2012년의 19.3조 달러에 비해 큰 증가세를 나타내었다.

그러나 우리나라 디지털 무역의 현주소는 아직 초라하기만 하다. 한국무역협회에 따르면 2015년 세계 국경 간 전자상거래는 3000억 달러 규모이며 이 중, 중국이 739억 달러를 차지하는 데 비해 한국은 27억 달러에 불과한 것으로 추산되었다. 컨설팅 업체인 맥킨지(McKinsey)에 따르면 2016년 한국은 상품 교역에 있어서는 세계 8위를 기록했으나 디지털 교역은 44위에 그쳐 상품무역에 치우친 불균형적 무역구조를 노출하였다. 최근 스위스 소재 국제경영개발대학원(IMD)은 세계 디지털 경쟁력 순위를 발표하였다. 디지털 관련 지식, 기술, 미래준비정도 등 3가지 항목에 의해 평가된 국가별 디지털 경쟁력에서 우리나라는 2017년 세계 19위에서 2018년 14위로 5계단 상승하였다. 1위부터 10위까지는 미국, 싱가포르, 스웨덴, 덴마크, 스위스, 노르웨이, 핀란드, 캐나다, 네덜란드, 영국이 차지했으며 일본은 22위, 중국은 30위로 나타났다.

특히 우리나라는 인구 2000만 명 이상 국가 중 세계 5위로 평가되어 IT 강국이라는 말이 허명은 아님을 알 수 있다. 그러나 이러한 디지털 경쟁력이 유독 국제무역의 범주에서는 충분히 발휘되지 못하고 있다. 미국과 중국을 위시한 많은 국가들이 디지털 무역의 주도권을 선점하기 위한 새로운 통상전쟁을 벌이고 있다. 기술적 문제 외에도 국경 간 정보 이동의 자유화, 과세, 개인정보보호, 소비자보호, 컴퓨팅 설비 및 서버의 물리적 위치 등 규범적 난제가 존재한다. 국가들 간 이익 셈법이 다르지만 디지털 무역의 중요성과 규모는 데이터 혁명의 거대한 조류 속에서 지속적으로 확대될 것임은 분명하다. 현재 진행 중인 미 · 중 무역협상에서 디지털 거래분야 규제문제가 막판 걸림돌로 작용하고 있다는 보도는 디지털 무역의 중요성을 대변한다.

지난 8일 기획재정부 장관은 우리나라가 세계무역기구의 디지털 통상 관련 국제규범 제정 논의에 참여할 계획이라고 밝혔다. 세계 6위의 상품수출 대국이자 IT 강국인 우리나라에게 디지털 무역은 선택사항이 될 수 없다.

【2019.07.03】

새벽배송 시장의 성장과 이면

새벽배송 시장에서의 경쟁이 뜨겁다. 워킹 맘과 1인 가구의 적극적 지지를 받고 있는 새벽배송 서비스가 최근 수도권을 중심으로 크게 성장하면서 블루오션에 목마른 유통업체들이 새벽배송 시장에 속속 진입하고 있는 것이다. 2015년 스타트업인 마켓컬리로부터 시작된 새벽배송 시장에 쿠팡, 이마트, 롯데쇼핑, CJ제일제당 등 대형 유통기업이 가세하고 있다. 새벽배송 서비스의 주요 품목은 신선식품이다. 밤 11시 이전에 스마트폰으로 주문하면 다음날 아침 7시 전에 문 앞으로 배송이 완료되는 편리한 서비스가 마트 등 오프라인에서 장 볼 시간적 여유가 없는 맞벌이 가정과 싱글족의 니즈를 채우고 있는 것이다. 최근에는 모바일 기기에 익숙해진 50대 이상 장년층에서도 인기가 높아지고 있다.

이 서비스가 더욱 매력적인 것은 차별적인 상품구색을 제공한다는 것이다. 식재료나 음식을 구입하는 기존의 경로는 마트, 백화점, 재래시장, 외식업체 등 다양하지만 경로별로 상품의 구성이나 품질 차이가 존재한다. 그에 비해 신선식품 배송업체들은 전문 머천다이저(MD)의 선별과정을 통해 다양한 구색의 상품을 기획하고, 산지의 검증된 공급자를 연결함으로써 소비자들에게 이채로운 쇼핑 경험과 즐거움을 선사한다.

이러한 특성에 힘입어 새벽배송 시장의 규모는 2015년 100억 원에서 2018년 4000억 원으로 3년 사이 40배 성장하였으며, 올해 매출액은 8000억 원으로 증가 할 것으로 예상된다. 이처럼 새벽배송은 하나의 트렌드가 되어가고 있다. 다소 가격적인 부담이 있지만 늘 분주하고 스트레스가 많으면서도 건강에 관심이 많은 우리 국민들이 이처럼 편리한 서비스를 마다할 이유는 없어 보인다.

그러나 새벽배송 시장의 성장을 지켜보면서 불편한 마음도 든다. 그 이유 중 하나는 새벽배송 서비스가 '피로사회'의 단면을 대변한다는 생각 때문이다. 새벽배송이 가능하기 위해서는 많은 택배기사들의 밤을 새워서 일을 해야 한다. 특히 새벽배송 업체들은 일반인들을 택배원으로 활용하기도 한다. 예를 들어 쿠팡플렉스의 경우 누구든 자차를 이용해서 원하는 날짜에 새벽배송 아르바이트를 할 수 있다. 밤새 30~40건의 상품을 배달한 대가로 받는 수당은 3~5만 원 정도이지만 학생들이나 직장인, 전업 주부들의 신청이 쇄도하고 있다. 주 52시간 근무제로 인해 수입이 줄어든 직장인들 사이에서는 '투 잡' 또는 '쓰리 잡'으로서 인기를 끌고 있다.

생각하기에 따라서는 유연한 형태의 근로 수입원으로서 사회적으로 긍정적인 기능도 있겠지만 '저녁이 있는 삶'을 모토로 제정된 근로시간 제한으로 인해 밤새 일할 자리를 찾는 군상들의 모습이 안타깝기도 하다. 더구나 기존의 택배기사들은 일자리에 대한 불안감을 호소하고 있다. 주간에 배송될 화물들이 야간에 일반인들에 의해 배송된다면 자신들의 일감이 부족해질 수 있고 정규직 수가 줄어들 수 있다는 걱정이다.

또 다른 이유는 환경적 부하에 대한 부담감이다. 한 새벽배송 업체의 포장비 지출액은 총매출액의 11%를 초과하는 것으로 보고되었다. 신선식품의 특성상 냉동, 저온상태를 유지하기 위해서는 스티로폼이나 플라스틱 포장용기와 보냉제가 필수적이며 야채나 과일의 손상을 방지하기 위해서는 이중, 삼중의 견고하고 부피가 큰 포장이 이루어진다. 최근 환경적 부하를 줄이기 위해 마트에서는 비닐봉투를 사용하지 못하도록 하고 있는데 비해 새벽배송 시장에서는 일회용 포장재가 넘쳐난다. 필자가 이따금 새벽배송 서비스를 이용하면서 가장 마음에 걸리는 것은 얼마 주문하지 않아도 가슴 높이까지 쌓여있는 포장용기들이다. 이 용기들을 분리하는 것조차 성가신데 사회가 부담해야할 환경비용은 얼마나 클 것인지를 생각해 보면 마음이 불편하기만 하다.

폭발적으로 팽창하고 있는 새벽배송 서비스의 성장추세를 감안할 때 그에 따른 사회적 비용의 경감방안 모색이 필요한 시점이다. 그러나 이미 레드오션으로 변화하고 있는 시장 환경 하에서 새벽배송 업체들이 이러한 비용을 내부화하는 데는 한계가 있을 것으로 보인다. 새벽배송 시장의 이면에 자리하고 있는 문제들에 대하여 관계당국의 현명한 정책적 접근이 적기에 이뤄지기를 기대한다.

【2019.09.18】

한국경제, 새 선택지 서둘러야

우리나라 수출이 작년 12월 이후 9개월 연속 하락세를 나타냈다. 수입 역시 저조해 4월을 제외하고 8월까지 감소세를 보였다. 8월 한달만 살펴보면 수출은 작년 동월 대비 13.6% 감소한 442억 달러, 수입은 4.2% 감소한 425억 달러를 기록해 무역수지는 17억 달러로 작년 같은 달 68억 달러 흑자와 비교하면 반의 반 토막으로 쪼그라들었다. 산업통상자원부는 수출 감소의 가장 큰 원인으로 미중 무역분쟁의 심화와 일본 수출 규제 등 대외 여건의 악화를 꼽고 있는데, 일본 수출 규제의 영향은 아직 제한적이라고 평가했다. 무역 감소 현상은 우리나라에만 국한되지는 않는다. 올해 들어 세계 수출 상위 10개국의 수출이 모두 감소세를 나타냈다. 전통적으로 제조 강국인 독일과 일본, 세계 무역 및 물류의 거점인 네덜란드와 홍콩 모두 매달 수출이 감소하는 양상을 보이고 있다. 이러한 기조 하에 최근 세계통화기금(IMF)은 올해 세계 경제성장률을 당초 3.4%에서 2.5%로, 세계교역증가율을 3.3%에서 3.2%로 하향 조정했다.

이처럼 세계 경제와 교역이 위축되는 현상이 관찰되고 있다. 문제는 향후 세계 교역의 규모가 더 줄어들 개연성이 있다는 것이다. 지난 20여 년간 전 세계 경제 및 무역 부문을 주도했던 세계화(globalization)의 기조가 변화의 기로에 섰음을 암시하는 징후들이 포착된다. 이와 관련하여 미국과 중국 간 패권 다툼이라는 보다 근원적인 시각이 있지만 경제 현상만 놓고 보자면 다음과 같은 사태에 주목할 필요가 있다. 2008년 세계 경제위기 이후 선진국들은 제조업의 가치를 재인식하고 리쇼어링(reshoring) 정책을 적극적으로 추진하고 있다.

리쇼어링이란 해외로 생산기지를 옮긴 기업에게 세금 혜택과 규제 완화를 제공함으로써 자국으로의 귀환을 유도하는 정책을 뜻한다. 미국의 경우 법인세율의 대폭 감면 등에 힘입어 캐터필러, 포드, GE, 애플, GM, 보잉 등 초대형 기업들이 귀환했다. 지난 5년간 미국의 리쇼어링 기업은 연평균 482개였으며 2017년 한해 동안 이들에 의해 창출된 일자리는 미국 내 제조업 신규 고용의 55%인 8만1886개에 달했다. 독일과 프랑스 역시 리쇼어링 정책을 적극적으로 전개하고 있으며 우리나라도 2012년부터 유턴기업 지원 대책을 통해 기업의 귀환을 유도하고 있다.

중국 등에 진출했던 선진국 기업들이 자국으로 귀환할 수 있었던 것은 제도적인 지원만으로 가능한 것은 아니다. 그 기저에 생산비용의 절감과 생산성의 증대가 가능한 요소들이 결합하고 있기 때문이다. 미국은 셰일(shale) 에너지의 혜택을 향유하고 있다. 앞으로 100년 동안 쓸 수 있다는 셰일 에너지 개발로 인해 세계 유가는 비교적 낮은 수준에 머무르고 있고, 미국 기업들은 원료, 에너지, 운송비용의 하락으로 경쟁력을 회복하고 있다. 또한 4차산업 혁명 기술이 생산 현장에 적용되면서 생산성의 극적인 증대가 실현되고 있다. 2016년 독일 아디다스는 23년 만에 생산기지를 동남아에서 본국으로 옮겼는데 3D프린터와 로봇기술을 적용한 스피드 팩토리에서는 10명의 노동자가 연간 50만 켤레의 신발을 고객 맞춤형으로 생산하고 있다.

이와 반대로 기업들의 글로벌 공급망 관련 비용은 증가하고 있다. 세계화의 기조 하에 기업들은 전 세계에 걸쳐 복잡하고 정교한 공급망을 구축해 놓았는데 현지 생산비용의 증가와 세계 교역 환경의 불확실성이 지속되면서 그 효용성이 감소하고 있다.

최근 뉴욕대학의 루비니 교수는 글로벌 공급망의 붕괴가 수입제품의 가격 상승을 일으키고 소비 위축으로 이어지는 글로벌 복합 불황이 도래할 수 있다는 전망을 내놓기도 했다. 일본의 수출 규제 역시 글로벌 공급망에 가해진 충격의 하나로 볼 수 있으며 단기적으로는 우리 경제에 부정적인 영향을 미칠 가능성이 크다.

우리나라는 세계화에 가장 잘 적응하여 가장 많은 혜택을 본 나라 중 하나로 꼽힌다. 그러나 앞서 열거한 몇 가지 현상만을 놓고 보더라도 세계화의 동력은 점차 감소할 것으로 보인다. 그에 비해 세계 경제와 무역 환경의 불확실성이 확대될 가능성은 크다. 우리 경제가 지금까지와는 다른 선택지들을 서둘러 준비해야 할 이유이다.

【2020.01.02】

한국해운, 2020년을 맞이하다

1995년 어느 봄날, 필자는 대학원 선배의 손에 이끌려 종로5가에 위치한 해운산업연구원(KMI)에서 일하게 되었다. 20년 남짓 축적된 항만물동량 데이터를 사용하여 2020년까지 전국 항만의 화물량을 예측하는 것이 필자가 속한 연구팀에게 처음 주어진 숙제였다. 당시에는 과연 2020년이 올 것인지조차 가물가물하게 여겨졌었는데 어느새 2020년에 당도하였으니 참으로 시간은 정직하고 잔인하기까지 하다.

그동안 우리나라 해운, 항만, 물류 산업은 눈부신 발전을 이뤄왔지만, 가슴 아픈 사건들도 있었다. 가장 안타까운 것은 한진해운의 파산이다. 2000년대 세계 4위의 지위까지 올랐던 한진해운은 2017년 단기 유동성 위기를 벗어나지 못하고 법정관리에 들어갔고 정부는 60년 이상의 세월이 키워낸 국적선사를 하루아침에 쉽게 지워버렸다. 당시 해운의 성격을 이해하지 못한 금융관료들은 해운을 사양 산업 인양 취급하였다. 국민들도 큰 관심이 없었다.

그러나 해운은 결코 사양 산업이 아니다. 단적인 예로 덴마크 국적의 세계 최대 선사인 머스크를 비롯하여 세계 5위 내 선사 중 4개가 유럽 선사들이다. 아시아에서도 한국, 일본, 중국, 홍콩, 대만, 싱가포르 등 경제 대국들은 세계적인 국적선사를 보유하고 있다. 한진해운이 파산하는 와중에도 다른 선진국들은 자국의 선사를 지원하고 통합하면서 더 크고 스마트한 선사로 키워내고 있다. 해운이 사양 사업이라면 선진국들이 자국의 해운을 이처럼 애지중지 키울 이유가 있겠는가?

또한, 해운은 우리나라의 경제발전을 이끌어 왔던 철강, 화학, 조선, 자동차와 같은 중후장대산업과 비슷한 이미지를 갖고 있지만, 제조업이 아닌 서비스업으로 그 성격이 전혀 다르다. 우리나라는 제조업 부문에서는 상당한 경쟁력을 보유하고 있으나 서비스 부문에는 취약한 모습을 나타내고 있다. 그나마 내세울 수 있는 서비스업은 해운 말고는 마땅치 않다. 2018년 우리나라 전체 국제수지 중 서비스 부문의 수입은 991억 달러였는데 이중 해운은 198억 달러로서 서비스 전체 외화 가득액의 20%를 차지하였다. 해운경기가 절정에 이르렀던 2008년의 해운 부문 외화 가득액은 377억 달러로서 전체 서비스 전체의 42%를 차지하기도 하였다.

2020년 이후 우리 해운산업이 항해해야 할 바다는 낯설고 파고 또한 높다. 국제해사기구(IMO)는 국제해운에 대한 환경규제를 본격적으로 시행한다. 해운으로 인한 해양 및 대기오염과 이산화탄소의 감축을 위한 강제조치가 시행되면서 해운기업들은 상당한 재무적 압박을 받고 있다. 또한, 최근 중국은 자국 연안 해운에 대한 카보타지(cabotage)를 3년 이내에 해제하겠다고 발표했다. 이는 부산에 입지한 글로벌 선사들의 환적기지를 중국으로 이동시키는 효과와 함께 중국항만 중심의 정기선 항로 재편으로 이어질 가능성이 크다. 이와 함께 중국정부는 한중 항로 항권의 점진적 해제를 주장하고 있는데 현실화될 경우 한중일 항로에서의 새로운 경쟁체제를 구축하게 될 것이다.

한편, 4차산업 혁명 기술의 해운산업 도입이 가속화되고 있다. 머스크는 블록체인 기반의 트레이드렌즈(Tradelens)의 상용화 서비스를 시작하였는데 이 네트워크에 가입한 선사들은 세계 해상 컨테이너의 70%를 취급하고 있다. 영국의 롤스로이스가 선도하는 자율운항선박기술 역시 본궤도에 오른 지 오래다. IMO는 자율운행선박의 출현에 대비한 규칙들을 서둘러 마련하고 있다.

해운은 거추장스럽고 불편한 모습으로 보이기도 하지만 우리 사회의 소중한 자산이며 '미래 산업'으로서의 발전 가능성이 풍부한 산업이다. 2020년 이후 변화하는 해운 환경은 어느 도시보다 인천에게 중대한 기회 요인으로 작용할 것이다. 정부는 정부대로 장기적이고 거시적인 해운정책을 마련해야겠지만 미래 해운산업을 지키고 발전시키기 위해서는 시민들의 애정 어린 관심이 무엇보다 절실하다.

chapter 14

최기영

학력
· 서울대
· 서울대 석사
· 미국 스탠포드대 박사(항공우주공학)
경력
*대학
· 인하대 교수
· 인하대 국제처장 역임, 국제화사업단장(현재)
· Advanced Rotorcraft Technology, Inc. 선임연구원
*학회
· 한국항공우주학회 재무이사 역임
· International Journal of Aeronautical and Space Sciences 편집위원
*사회활동
· 방위사업청 감항인증심의위원
· 공군 정책발전자문위원
· 경찰청 항공자문위원
· 국토부 사업평가위원 역임

과학과 사회의 융화

【2018.02.06】

굴러들어온 양력과 뽑힌 음력

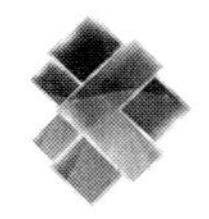

새해는 매년 1월1일부터 시작하지만 설 무렵이 되면 또 '새해 복 많이 받으십시오'라는 인사를 주고받는다. 설을 지나 이 인사가 끝나야 비로소 한 해가 시작되는 느낌이다. 그러다 보니 신정부터 설까지는 연초 같은 분위기로 항상 들뜨게 된다. 설은 대략 1월20일부터 2월20일 사이에 들게 되어 있는데, 왜 이렇게 복잡하게 양력과 음력이 섞여 혼동을 줄까?

달력은 매일 일정하게 번호를 붙이며, 여느 날과 똑같은 날을 새해 첫 날이라고 정할 만큼 힘을 갖고 있다. 예부터 권력자들은 이 힘을 이용하고 싶어 했던 것 같다. 시저는 율리우스력을 반포하여 현재의 달력 체계에 근접한 시스템을 수립했고, 중국의 황제들은 수시로 역법을 개편 · 배포함으로써 우월성을 과시했다. 우리나라에서는 김홍집 내각이 주도한 을미개혁으로 1896년 1월1일부터 그레고리력이 공식 역법으로 채택되고 모든 주요 날짜들이 이에 맞추어졌다. 그 후 일제는 우리 전통을 말살하기 위해 음력을 폐지하고 설을 '구정'이라 부르며 쇠지 못하도록 온갖 압박을 가하였다. 일제는 자신들이 먼저 채택한 양력은 우수하고, 음력을 고수하는 조선은 전근대적이라는 생각을 심기에 집중했다. 서양문물의 우수성을 앞세운 전통 말살 정책은 해방 후 이승만, 박정희, 군부독재 기간에도 지속되었다. 1970년대 초등학교를 다녔던 필자는 학교에서 교육을 받은 대로, 집에 가서 "우리도 구정을 쇠지 말고 신정을 쇠자"고 졸랐던 기억이 난다. 그럼에도 사라지지 않는 국민의 열망에 굴복해 음력 1월1일은 1985년에 겨우 민속의 날이라는 이름으로 공휴일로 지정되었고, 1989년에 지금의 설이 되었다.

양력은 해의 변화를 보고 만든 것인데, 낮이 가장 짧은 동지는 12월 21일 경이고 낮과 밤의 길이가 같아지는 춘분은 3월20일 경이다. 이처럼 동지, 춘분, 하지, 추분은 그림자의 길이나 태양의 높이 또는 낮밤의 길이 등으로 정확하게 알 수 있다. 또 매년 이러한 날의 밤에 보는 별자리가 그 시기에는 늘 일정하다는 것을 고대인들도 알았다. 이렇게 해를 가지고, 다시 동일한 절기가 반복되는 기간을 재었더니 한 해의 길이가 대략 365일임을 알았고 여기에 따라 초기 달력이 만들어졌을 것이다. 지금 우리가 쓰는 그레고리력은 1년의 길이를 365.2425일이라 정하고 만듦으로써 태양의 변화와 날짜를 거의 맞출 수 있게 되었다.

동양에서도 당연히 태양력이 사용되었다. 동양에서는 천구에서 해가 15도 움직이는 날마다 이름을 붙였는데, 이것이 24절기이다. 우리가 아는 소한, 대한, 입춘, 우수 등은 모두 해의 위치를 정밀하게 관측해 얻는 것이므로 지금의 양력 달력에서 거의 일정한 날짜에 오게 된다.

해와 달리 달의 모습은 매일 달라진다. 따라서 고대인들에게 달의 변화는 시간의 개념으로 아주 훌륭한 도구였다. 우리말에서 한 달, 두

달 할 때의 달은 당연히 하늘에 떠 있는 달에서 온 것이고, 영어의 month도 moon과 같은 어원이다. 이렇게 달이 차고지고 다시 찰 때까지 시간을 한 달로 정하고 보니, 대략 12번 반복될 때마다 계절이나 별자리들이 제 위치로 온다는 것을 알게 되었고 따라서 1년을 12개월로 하게 되었다.

해의 움직임에 바탕을 둔 양력과 달의 변화에 따른 음력은 우리 생활에 필수적인 두 가지 요소를 모두 갖고 있지만 아쉽게 1년의 길이가 다르다. 음력 열두 달은 354.3671일이라 한 해에 못 미치므로 가끔 윤달을 넣어 보상한다. 늘 일정하게 2월말에 윤일을 넣는 그레고리력과는 달리 음력의 윤달은 그때그때 달라지는데, 낮이 제일 짧은 동지는 늘 동짓달, 즉 음력 11월에 들게 되어 있다. 동지가 동짓달 초에 들면 설이 지금처럼 늦어진다. 이처럼 음력 체계를 유지하기 위해 24절기라는 태양력이 보조로 사용되었다.

하루를 나누어 24시간, 1440분, 86400초라 정의했는데, 이제 과학에서 시간은 더 이상 하루의 길이와 관계없이 원자의 진동수를 기초로 1초를 정의한다. 이에 따르면 하루나 1년의 길이도 일정하지 않고 수천 년에 몇 초씩 틀어진다. 심지어 하루의 길이도 엄밀하게 측정하면 일정하지 않다. 그렇다고 해서 하루의 정의나 1년의 정의를 바꾸지는 않는다. 양력이 음력보다 우수하다고 양력만 쓰라고 하던 일제나 독재정권을 보면 우스울 뿐이다. 시간이라는 자연현상에 정치적 가치를 덧붙이는 순간 합리성이 사라졌다. 하지만 이런 눈가림은 언젠가는 그 명을 다할 수밖에 없다. 달력이 계속 발전해 지금과 같은 합리적 체계로 자리를 잡은 것처럼 사회체제도 그러할 것이다.

【2018.03.28】

경쟁과 협력의 상징 우주정거장

3월말을 전후로 중국의 우주정거장 톈궁(天宮) 1호가 지상으로 추락할 것이라고 한다. 톈궁 1호는 2011년 9월에 발사되었고 지상 330㎞와 390㎞ 사이의 고도에서 궤도 비행을 하면서 각종 실험에 활용되었다. 궤도에 안착한 지 약 한 달 후 무인 우주선 선저우(神舟) 8호와 성공적으로 도킹하면서 정밀 제어 기술을 확인했고 이후 두 차례 유인 우주선과의 도킹도 무사히 수행함으로써 중국은 뛰어난 유인 우주개발 능력을 과시할 수 있었다. 당초 이 세 번의 도킹을 포함한 다양한 실험을 2년간 수행한 후 지구 대기권으로 돌입해 안전하게 추락시킬 예정이었지만, 우주환경이 우주정거장 내구성에 어떤 영향이 미치는지를 보기 위해 기한을 늘려 운영하였다. 그러다 2016년 3월 통신이 두절되었고, 이후 자세 제어가 되지 않는 상태로 궤도를 돌고 있는 것이 관측되기도 했다.

톈궁 1호는 길이 약 10m 크기에 발사 당시 무게는 8.5t이었다. 마을

버스 정도의 크기와 무게를 가졌다고 보면 된다. 미국과 러시아가 주도하여 만들고 현재 지상 약 400㎞ 높이에서 운용중인 국제우주정거장 ISS는 길이는 약 73m, 무게는 420t에 이른다. 따라서 텐궁 1호는 이런 상시 거주용 대형 우주정거장 보다는 1970년대에 운용되었던 소련의 살류트나 미국의 스카이랩과 비교하는 것이 적절할 듯하다.

인공위성발사와 우주인 배출 분야에서 미국에 앞섰던 소련은 달 착륙부터 미국에 뒤지게 되고 이를 만회하기 위해 다양한 시도를 한다. 살류트 우주정거장은 그 중 하나로, 우주에 인간이 거주할 수 있는 기반을 마련한다는 명분을 내걸었지만 우주에서 지속적으로 적국을 관찰할 수 있다는 군사적 효용성이 개발에 더 큰 영향을 끼쳤을 것이다.

연이은 실패와 시도 끝에 인간이 수십일간 우주 체류가 가능하다는 사실을 먼저 확인한 것은 소련이었다. 한편 아폴로 11호부터 달 착륙에 성공한 미국에서는 한 때 항공우주국 나사의 예산이 미국 GDP의 0.75%에 달할 만큼 엄청난 개발비를 투입한 결과에 대한 회의와 비판이 늘어나고 있었고, 결국 계획을 축소해 아폴로 17호를 마지막으로 더 이상 달에 사람을 보내지 않았다.

이후 이미 만들어진 로켓과 우주선을 활용할 계획을 새로 수립했는데, 그 중 하나가 우주정거장 스카이랩이다. 미국과 소련은 치열한 냉전 중에서 국가의 자존심을 걸고 우주에서 경쟁하였지만, 동시에 화해의 상징으로 아폴로와 소유즈 우주선을 도킹시키기도 하였고, 이런 노력이 지금의 국제우주정거장 건설에 기여하였음은 물론이다.

살류트는 약 20t이었고 스카이랩은 80t에 가까웠으니, 중국의 텐궁 1호보다는 훨씬 컸다. 이 우주정거장들은 용도가 다한 후 고도를 낮춰 대기와의 마찰로 불에 타 없어졌다. 따라서 이들 미국과 소련의 우주정거장보다 크기가 훨씬 작은 텐궁 1호의 추락에 대해 별 걱정을 하지 않아도 될지 모른다. 중국은 이런 점을 알기에 의도적인 추락 대신 수명을 최대한 늘려 조종 불능 상태에 이르기까지 활용한 것으로 추측된다. 다만 살류트나 스카이랩은 조종이 가능한 상태에서 추락했기에 마치 우주인들을 귀환시키듯 원하는 착지점을 일정 영역으로 한정하는 것이 가능했다. 이럴 경우 설사 타지 않은 잔해가 있더라도 태평양의 한적한 곳에 떨어지도록 유도함으로써 인명손실이 발생하지 않도록 하였다. 하지만 스카이랩은 워낙 크기가 컸고 당시의 기술적 한계 때문에 호주 서부 대륙에 잔해의 일부가 떨어졌다.

텐궁 1호도 다른 우주선들과 마찬가지로 대기와의 마찰로 거의 소멸될 것으로 예견되지만, 잔해가 남을 가능성이 없다고 단정할 수 없고, 그 추락 위치를 정할 수 없다는 것이 최대한의 고민거리다. 하지만 사람을 다치게 할 확률이 아주 낮은 것은 틀림없으니 너무 염려하지 않아도 될 듯하다. 추락시점이 임박하면 점차 높은 확률로 추락지점을 예측할 수 있게 되니, 만일 우리 주위에 떨어질 확률이 올라간다면 사전에 경보를 발령하고 가급적 밖으로 나오지 않도록 조심하면 더 안전할 것이다.

우주기술은 누구나 감추려고 하지만, 대형위성 추락 같은 상황에 대한 정보는 국가 간 공유하기도 한다. 하늘에서 지구를 내려다 볼 수 있는 것처럼 지구에서도 인공위성들을 관측할 수 있기에 추락을 감추는 데 한계가 있고, 피해의 범위가 지구상 누구에게나 고르게 영향을 미치기에 한 나라가 감당할 수 없기 때문이다. 이미 몇 차례 그랬듯이 이런 인공위성과는 비교되지 않는 소행성이 날아와 지구에 부딪히면 인류의 멸종은 뻔하다. 멸종한 공룡의 처지가 될 수 없다는 절박함이 우리 모두에게 있고, 다행히 현생 인류는 45억년의 지구 역사에서 최초로 이를 피할 수 있는 존재일 수 있다. 한쪽에서는 국가 간 우주 개발 경쟁이 치열하며 또 다른 쪽에서는 인류의 공멸을 피하기 위한 공동의 노력이 이루어지고 있다. 우리나라도 이런 노력에 힘을 보탤 능력을 갖는 시기가 오기를 기대해 본다.

【2018.05.30】

단편적 사고에서 유기적 사고로

옹암 사거리에서 송도신도시 방향으로 해안도로(아암로)를 따라가다 보면 오른쪽에 짓다 만 듯한 다리가 생뚱맞게 서 있다. 지금은 해안도로 확장공사로 가림막을 해놓아 한 눈에 들어오지는 않지만 자세히 보면 다리가 거의 해안도로까지 다 와 있는데 그 끝이 지면에서 제법 떠 있다. 도저히 저대로는 해안도로와 붙일 수 없을 것으로 보인다. 이 다리는 현재 국제여객터미널부터 아암물류단지를 거쳐 해안도로로 이어지는 것으로 건설되고 있다. 언론보도에 따르면 만수 시 교량이 침수되는 것을 막기 위해 저렇게 높게 설계되었고 당초의 입체교차로 설치 계획은 경제적 이유로 진행되지 않고 있다고 한다. 저 상태로는 입체교차로는 물론 그 어떤 방식을 써도 연결이 쉽지 않을 것으로 보인다.

'유기적'이라는 단어를 사전에서 찾아보면 생물체처럼 전체를 구성하고 있는 부분이 서로 밀접하게 관련을 가지고 있어 떼어 낼 수 없는 것이라 되어 있다. 유기적 관계라 하면 그런 관계를 말하는 것이고, 유기적 기능이라면 부분들이 조화를 이루어 하나의 기능을 구현하는 것을 나타낼 때 쓰는 말이다. 영어로는 생명체의 관점에서는 'organic'이라는 말로 번역하고, 그 기능과 결과를 보면 'systematic'이라는 말로 번역하는 것이 적당하다. 'systematic'이라는 표현은 우리말로는 체계적이라고 번역한다. 날로 복잡해지는 우리 사회가 길을 잃지 않으려면 이런 유기적인 관계와 기능이 필수다.

다리를 설계하고 건설하다 보면 온갖 요구조건을 만족해야 한다. 예를 들어 얼마나 무거운 트럭들이 다닐 수 있도록 해야 한다는 조건이 있을 수 있고 100년에 한 번 올 수 있는 홍수 시에 침수가 되지 않도록 설계해야 한다는 요구조건도 있을 수 있다. 설계자는 이 모든 사항을 숙지하고 설계하고, 시공자는 그에 맞추어 시공한다. 앞에서 언급한 다리도 그런 과정을 거쳐 만들어졌을 것으로 판단된다. 모두 자기에게 주어진 일을 적절히 수행했기에 아마 설계나 시공에 참여한 어느 한 개인에게는 책임을 물을 수 없을 것이다. 그렇지만 결과적으로 아무데도 쓸 수 없는 다리가 만들어지고 말았다. 어디서부터 무엇이 잘못되었을까? 각자는 자기의 일만 했지 전체의 목적을 공유하지 못한 탓이다. 유기적 관계가 원활히 작동되지 않은 것이다.

공무원을 만나면 두 가지 관점에서 놀라게 된다. 우선 다들 굉장히 전문성이 높고 열심히 일하는 것이 한 가지이고, 그럼에도 불구하고 전체적인 효율이 상당히 낮다는 것이 두 번째이다. 우리 공직자들은 감사에 상당히 민감하다. 감사 기능이 잘못을 색출하고 처벌하는 데만 집중하면 부작용 또한 속출한다. 아무도 '드러난' 잘못을 저지르지 않으려고 한다. 잘못이 생겨도 덮고 가리려는 경향이 생기고 불확실성이 높은 일은 하지 않으려 한다.

복잡도가 높은 일은 계획 단계에서 가능한 문제를 모두 예상하고 대비를 세우는 것이 불가능하다. 모든 일에는 예측 불가능이라는 면이 존재하며 해결 과정에서 전문적이고 공정한 판단이 필요하다. 그런데 일이 잘못될 경우 그 판단의 주체가 책임을 져야 한다면 누구나 주저하고 안전한 선택을 할 수 밖에 없다. 감사관 또한 이 유기적 틀 안에서 예외일 수 없다. 자신의 업무를 잘못된 공직자를 찾아서 처벌하는 것에 한정할 것이 아니라 그 잘못이 일어난 원인을 찾아 시스템의 수준을 향상시키고 공직사회를 건강하게 만드는 것이 목표가 되어야지 개인의 처벌이 주목표가 되면 안 된다. 합리적 상식적 판단을 했느냐, 부정이 개입되지 않았느냐를 보고 판단할 것이지 결과만을 가지고 따지면 안 된다.

1957년 소련의 스푸트니크 1호가 우주궤도에 안착한 후부터 본격적으로 시작된 우주경쟁에서 미국은 초반의 부진을 만회하기 위해 부단히 노력했으나 늘 소련보다 한발 늦었다. 인류 최초의 우주비행 경쟁에서도 소련에 밀린 미국은 1960년대가 가기 전에 달에 사람을 보내겠다고 천명하고 거대한 국가 프로젝트를 시작했다. 실현 가능성은 높아 보이지 않았지만 국가의 명운이 걸린 일이었다. 소련도 물론 유인 달 탐사 경쟁에 뛰어 들었다. 하지만 결과적으로는 우리 모두 알고 있는 것처럼 미국의 승리였다. 미국이 초기의 기술적 열세를 극복하고 이 경쟁에서 앞설 수 있었던 원인은 여러 가지가 있을 수 있겠지만, 개발체계의 수월성도 그 핵심 요소 중 하나이다. 당시 소련처럼 경직된 사회에서 자기에게 주어진 일만 열심히 하는 방식으로 짧은 기간에 비교적 단순한 일에서는 효과를 올릴 수 있을지 모르지만 다양한 분야에서 수없이 많은 사람들이 하나의 목표를 보며 유기적으로 움직여야만 도달이 가능한 어려운 문제에서는 그 한계가 드러날 수밖에 없었다.

최근의 남북관계나 국제정세를 보면 이제 우리의 시각도 더 이상 '내 일'에만 머물러 있을 수 없음은 명백하다. 정체된 경제의 체질을 한 등급 업그레이드시키기 위해서는 우리 모두 시스템 수준의 사고를 할 필요가 있다. 단순히 GDP가 높다고 선진국이라고 하지 않는다. 사회적 과제를 다루는 주체들의 사고의 수준에서 그 차이가 드러나듯 우리에게 주어진 길은 하나밖에 없다.

【2018.07.25】

실패를 통한 경험이 중요하다

인천에는 군데군데 오르기에 부담스럽지 않은 산들이 있어서 좋다. 산길을 따라 일이십 분만 걸어도 시끄러운 도시의 소음이 이미 아련하게 들려 신기하다. 필자가 사는 동네의 청량산도 집에서부터 걷기 시작해서 한 시간 반 정도면 정상에 도달할 수 있고, 펼쳐진 능선을 따라 10분 가량 걷다보면 좌우로 탁 트인 풍경을 바라볼 수 있다. 낮아도 산은 산인지라 끝에는 늘 땀이 난다. 한 발 한 발 정상을 보며 걷다가 꼭대기 바로 아래서 만나는 내리막은 난감하다. 내리막이 편하지만 정상에 도달하려면 그만큼 다시 올라가야 하니 순간의 편함이 반갑지 않다. 그러나 그 내리막을 걷지 않으면 저 위에 가지를 못하니, 이 모든 과정이 정상에 도달하기 위한 것이라 받아들여야 한다.

며칠 전에 해병대 상륙기동헬기 '마린온'이 추락하는 불행한 사고가 생겼다. 해병대의 상륙작전이라면 병사들이 타고 돌진하는 상륙정을 1차로 떠올리지만, 현대전에서는 헬리콥터 같은 항공기로 상륙을 한다.

빠른 시간에 상륙할 수 있고 한 번에 내륙 깊숙이 들어갈 수 있기에 우리 해병대에서도 이러한 헬리콥터를 확보하려는 염원이 상존했다. 그동안 낡은 UH-1계열의 헬리콥터를 주로 이용했고, 한 · 미연합훈련시엔 미군의 대형 헬리콥터를 의존했기에 전시 대비 태세가 늘 불안할 수밖에 없었다. 그러던 차에 우리 주도로 개발한 수리온이 육군에서 성공적으로 전력화되었고, 이를 해병대의 운용환경에 맞게 개조해 마린온이 탄생되었다. 해병대는 2017년 말부터 2023년까지 총 28대를 도입하여 독도함이나 마라도함 같은 대형 함정에서 운용할 계획인데, 이는 우리 해병대의 전력을 '업그레이드'시킬 수 있는 중요한 자산이다. 그런 면에서 이번의 손실은 더욱 뼈아프다.

첨단무기 개발은 이처럼 절실한 사업이지만, 우리 내부에서도 국내에서 주도해서 개발할 것보다 외국에서 수입하는 것이 경제적이며 군에서 필요한 시기에 맞추어 공급될 수 있기에 더 좋은 방안이라는 주장이 늘 대두된다. 외국산 첨단 무기는 초기 도입 비용이 저렴할 수 있지만, 도입 후 운용 유지비가 엄청나게 솟구쳐도 어떻게 할 도리가 없었다. 부품이 제때 조달되지 않아도 어쩔 수 없고, 문제가 생겨도 그 원인이 누구에게 있는지를 가려내는 것조차 쉽지 않았다. 미군의 사용연한이 다 되어 부품생산을 중단해버리면 우리의 가동률이 떨어진다. 그래도 어쩔 수 없었다. 이것이 기술을 가지지 못한 후발 국가의 현실이다. 칼자루를 쥔 선진국의 기업은 우리의 개발의지가 마뜩치 않을 수밖에 없다.

수리온의 경우도 긴 협상 끝에 전체 시스템은 에어버스사의 슈퍼 퓨마 헬리콥터를 기반으로 기술지원을 받아 우리가 설계하고 자동비행조종장치, 주로터 기어박스 등 몇 가지 핵심 구성품은 에어버스사에서 받아 공급하기로 계약하고 사업을 진행하였다. 협상이 길어짐에도 군의 전력화 시점은 변화가 없어 개발기간에 압박을 받아야 했지만 군과 연구소, 민간업체 모두 노력한 결과 처음 계획대로 개발을 끝낼 수 있었다. 이후 군의 운용과정에서 사소한 고장이 생겼고 이를 개선시키며 발전해왔다. 그 과정에서 방빙 장치 가동에 따른 엔진의 비정상 동작 때문에 불시착하는 경우도 발생했는데, 이는 미국에서 공급되는 엔진 자체 결함으로 확인되었다. 눈구름 속에서도 비행할 수 있어야 한다는 요구도의 만족여부에 대한 논의가 있었지만, 그 역시 올해 성공적으로 입증되었다. 마린온은 이러한 수리온을 바탕으로 개조 · 개발된 것이므로 안전성에 대한 신뢰는 비교적 높았는데, 이런 사고가 발생하여 군과 개발자 모두 망연자실한 상황이다.

첨단 비행기를 개발하여 수백 대를 만들었다면 보통 성공적인 사업으로 본다. 경제적으로 회사에 큰 이익을 남기는 효자 기종이 된다. 우리 공군의 주력인 F-16 항공기가 그러하다. 이 항공기는 1973년 이후 지금까지 전 세계적으로 총 4600대 가량 제작되었다. 이렇게 성공적인 항공기도 초기에는 각종 결함에 시달렸고 인명손실까지 따랐다. 올해도 이미 5대가 각종 사고를 겪었다. 하지만 전 세계 어느 누구도 이 F-16이 문제 있는 비행기라 하지 않는다. 복잡한 만큼 고장이 날 수 있고, 그만큼 조심해야 한다는 생각이다. 고장이 나면 체계적으로 원인을 찾아 개선하고 사고가 재발하지 않도록 해야 한다. 미군은 2차 대전 중 6년간 총 30만대의 비행기를 생산한 국가다. 얼마나 많은 실패를 통해 경험을 쌓았겠는가? 그것이 오늘 미국의 항공우주 기술 수준을 만든 것이다.

산 정상을 보고 가도 늘 올라갈 수만은 없다. 우리가 원하지 않아도 일시적으로 내려가야 하는 상황이 생긴다. 올라가는 방향이 아니라고 멈추어 버리면 결코 정상에 도달할 수 없다. 숭고한 목숨을 바친 장병들의 명복을 빌며, 실무자들이 제 맡은 바를 제대로 수행할 수 있게 기다려주자.

【2018.11.07】

항공산업 발전 위한 '트라이앵글' 전략

드론인증센터가 인천에 들어선다는 보도가 있었다. 항공산업 육성을 위해 애쓴 인천시의 노력이 비로소 결실을 보는 것 같아 반갑다. 또한 인천지역이 우리나라 항공 R&D의 핵심기지로 성장하는 마중물 역할을 할 수도 있어 기대가 크다.

드론의 대중화와 더불어 드론 개발업체들도 빠르게 늘고 있다. 소형 드론은 기술진입 장벽이 낮아 많은 업체들이 개발을 진행 중이다. 하지만 그만큼 경쟁은 심해졌고 시장에서의 성공가능성은 낮아졌다. 이미 가격 대비 탁월한 성능으로 전 세계 개인용 드론 시장을 장악하고 있는 중국산 드론과 경쟁하여 시장에서 성공하기 위해서는 자체 기술력으로 차별성을 확보하고 다양한 응용 분야를 발굴하는 등 노력이 필요하다. 또한 드론의 안전성과 성능을 입증하고 이를 인증하는 정부의 기능도 필요하다. 개인의 취미용 초소형 드론들은 이런 제도 대상에 포함되지 않지만, 추락 시 사람들에게 영향을 줄 수 있는 크기의 드론과 산업용 드론의 경우 이런 절차를 확립하고 시행하는 것은 일반 항공기와 마찬가지로 국가가 마련해야 할 필수기능이다.

그동안 많은 기업이 드론 산업에 뛰어들었다. 그렇지만 이들이 제품을 안정적으로 시험하고 평가할 수 있는 공간이 절대적으로 부족하였다. 국토부는 이런 불편을 해소하기 위해 이미 전국적으로 여러 곳의 드론 시험 공역을 지정, 개발자들이 편리하게 활용할 수 있도록 하였다. 하지만 가장 수요가 많은 수도권에서는 각종 제약 사항으로 드론 시범 공역이 한 군데도 지정되지 않아 결국 그 효과가 반감되었다. 이번 드론 인증센터의 인천 설치는 단순히 인천이 수혜지역이 되는 것에 그치지 않고 수도권에 밀집한 개발업체들에게 큰 편익을 주고, 따라서 우리나라 드론산업 전반에 긍정적 효과를 가져올 수 있는 최선의 선택이라 생각한다.

인천시는 항공산업을 주요 역점 산업으로 보고 인천공항을 기반으로 한 항공 정비(MRO)사업을 육성하고자 정부에 MRO 단지 지정을 신청했으나, 2017년 말 국토부는 사천에 기반을 둔 한국항공우주산업(주)를 MRO 사업자로 지정하고 사업비를 지원하기로 결정하였다. 사천지역은 항공기 관련 제조업이 활성화되어 있지만 운항하는 노선이 거의 없는 지역이다. 따라서 군용 항공기를 제외하고는 기본적으로 민간 항공기 정비 사업 수요가 부족한 곳이다.

정부가 직접 보조금이나 정책적 혜택을 주어서 국내 업체의 정비 업무를 사천지역으로 한시적으로 유도할 수도 있겠지만 결국에는 항공기 운항사들이 매력을 느낄 수 있는 곳, 항공기 정비 수요가 1차적으로 발생하는 곳에 MRO 기능을 갖추는 것이 옳다.

드론이나 MRO를 포함한 항공산업은 제조업 중에서 고용유발효과가 크고 부가가치가 높은 대표업종이다. 또한 그 기반이 되는 연구개발은 타 분야에 미치는 파생효과가 탁월하다. 이러한 첨단연구의 기반이 되는 우수 인력 또한 수도권과 다른 지역의 차이가 크다. 취미용 소형 비행체에서 시작한 드론은 이제 승객을 싣고 수십 km 거리를 자동으로 비행할 수 있는 개인용 비행기 또는 택시로 영역을 확대하고 있다. 보잉과 에어버스 등 대규모 항공기 개발업체들도 관심 있게 지켜보고 있는 영역으로 향후 활발한 국제협력이 일어날 것으로 예상된다. 따라서 국내의 인력분포 면에서 뿐만 아니라 외국인의 접근성과 정주환경이 뛰어난 인천은 이 사업의 최적지이다.

인천공항을 기반으로 한 영종 MRO 단지, 청라의 드론 시험 및 인증단지, 그리고 송도 기반의 항공 R&D 지구를 세 정점으로 묶는다면 인천은 명실상부한 항공 R&D 허브가 될 것이며, 이는 사천의 항공기 제작, 고흥의 대형항공기 비행시험 역량과 상생하며 발전할 수 있을 것이다. 즉 인천은 서울과 경기를 배경으로 둔 항공 R&D 특구로, 사천은 부산과 경남의 기계가공 단지를 배경으로 대형 항공기 제작 산업특구로 지정하여 운용하는 것이 가장 현실적이며 동시에 미래지향적이다. 여기에 고흥의 항공센터를 대형항공기 시험에 특화시키면 국가수준의 항공기 개발과 산업화를 위한 트라이앵글 체제가 완성된다.

풍부한 우수 연구 인력과 수도권의 전자 및 소프트웨어 업체를 활용할 수 있는 인천의 항공 R&D 특구는 글로벌 항공업체들의 동북아 전체 연구기능을 아우를 수 있는 역할까지 수행할 수 있다. 이에 대한 인천시와 중앙정부 유관부처들의 지속적 관심과 지원은 향후 우리나라 사업구도 고도화에 기여할 것이다.

【2019.01.30】

인천산학융합원에 거는 기대와 과제

지난 28일 인천 송도국제도시에서 인천산학융합원 착공식이 열렸다. 이 행사는 항공우주산업을 하나의 축으로 인천시의 산업을 고도화하고 좋은 질의 일자리를 만드는데 이바지할 수 있는 계기가 될 수 있을 것으로 기대된다. 사업에 선정된 이후 2년 동안 많은 준비 끝에 이제 착공에 들어갔고 앞으로 약 1년간의 공사를 거쳐 2020년 초에 준공될 이 건물은 대학과 산업체와의 다양한 교류의 거점으로 활용될 것이다.

세계 10위의 경제력을 가진 우리나라에서는 유럽의 소국처럼 특정한 몇 개의 분야에만 국가역량을 집중해서 발전을 도모할 수 없다. 선택과 집중은 좋은 전략이기는 하나 구체적 방법은 각 나라가 처한 상황과 환경에 맞추어 달라질 수밖에 없다. 인구가 우리의 몇 분의 1 수준인 규모의 국가가 특정 몇 개의 산업에 집중해 높은 성과를 거두었다고 해서 우리가 그런 식으로 따라갈 수는 없다. 오히려 우리나라 규모에서는 산업 전반에 걸쳐 고른 기반을 갖추고 그걸 바탕으로 신기술과 신산업 발전을 이루는 전략을 취해야 한다. 우리나라가 상대적 강점을 갖고 있던 분야는 기계, 전자 등 중간재이다. 이는 우리나라뿐 아니라 전 세계의 다양한 산업에서 수요가 발생하기에, 전 세계 경제 규모가 성장할 때 비교적 안정적인 시장규모를 유지하며 시장진입도 상대적으로 쉬웠다. 하지만 대규모 시장과 값싼 노동력을 이용해서 성장한 중국의 기술로 인해 우리의 제조업 경쟁력은 나날이 떨어지고 있다. 이를 극복할 수 있는 것은 차별화된 기술력인데 우리는 아직 일본과 같은 수준에 도달하지 못하고 흔히 표현하는 대로 샌드위치와 같은 상황에 부딪혔다. 천연자원이 넉넉하지 않은 우리 상황에서 이 상황을 극복하기 위해 기댈 것은 인재와 기술이다.

작년 한 해 전 세계 기술 분야에서 가장 중요한 한 가지 단어를 꼽으라면 주저 없이 인공지능이라 생각한다. 2016년 다보스 포럼에서 클라우스 슈바프 교수가 4차 산업혁명이라는 개념을 이야기했을 때만 해도 대중에게는 먼 미래의 이야기처럼 들렸다. 알파고의 능력을 보고 감탄하던 것이 불과 2~3년 전인데 빅데이터 기반의 인공지능 활용도는 빠르게 산업현장에 파고들고 있다. 경험과 노하우가 큰 역할을 하던 아날로그 시대에서 소프트웨어 중심의 디지털로 넘어오는 과정에서 우리나라 전자산업은 비약적인 도약을 이루었다. 이전의 산업기술발전이 인간을 보조할 수 있는 우수한 도구의 개발에 초점을 둔 것이라면 인공지능은 인간을 직접 대체하는 수준까지 내다본다.

따라서 모든 계층의 노동력이 이에 영향을 받을 수밖에 없고, 직업의 형태가 빠르게 변할 것이다. 쓰나미처럼 빠른 변화에 적절히 대처하느냐 못하느냐가 개인과 국가의 명운을 결정하게 된다. 유연성을 갖춘 교육, 첨단 기술 변화를 반영한 교육 기회의 제공과 이를 통해 늘 필요한 기술을 갖춘 인재가 있는 국가만 이 변화의 물결을 슬기롭게 타올라한 단계 더 높이 올라갈 수 있다. 국가와 사회는 이런 교육 기회를 제공해야 한다.

값싼 노동력에 의존하는 단계를 벗어난 우리 기업은 기술이 없으면 치열한 세계 시장에 진입하기 어렵다. 기업은 시장에서 돈을 벌지 못하면 다음 세대의 제품을 개발할 기술을 갖추지 못한다. 국가를 위기로 몰고 갈 수 있는 이런 악순환을 끊을 수 있도록 해주는 것이 정부의 역할이다. 중앙정부는 전체 큰 틀을 제공하고 지방정부는 각 지역의 특색에 맞는 세부 프로그램을 만들어 각급 기관들이 유기적인 협조를 통해 함께 발전하는 전략을 수립해야 한다. 그런 면에서 이번 산학융합원 사업은 첫 단추를 제대로 끼웠다는 평가를 받을 만하다.

인천공항이 위치한 인천은 항공운항과 연계된 활용 및 지원 서비스뿐 아니라 MRO 등 파생 산업의 최적지이다. 또한, 동아시아 중심이라는 지리적 특성과 그에 따른 탁월한 접근성은 우수 인재를 불러 모으기에 최적지이므로 항공우주 R&D의 핵심지역으로 발돋움할 수 있는 여건을 갖추고 있다. 항공기는 가장 높은 수준의 소재 가공 능력이 필요하고 첨단 전자와 소프트웨어가 필요하다. 이는 기계 가공이 중심인 인천의 2차 산업을 고도화시키고 새로운 영역으로 뻗어 나갈 수 있는 매개체로 작용할 수 있다.

문제는 지속성이다. 항공우주처럼 선진국이 독점하고 있는 전통적 고부가가치 산업은 그 시장에 들어가는 것이 쉽지 않다. 단기간에 승부를 볼 수 있는 영역이 아니다. 하지만 그 리그에 일단 진입한다면 다른 나라들과 확실한 차별성을 가질 수 있으므로 정부는 이에 맞는 지원을 해야 한다. 인천산학융합원 건축물은 성공을 위한 하나의 기본 요소에 불과하다. 이제 그것을 어떤 콘텐츠로 채울 것이냐 고민할 단계다. 인천시뿐 아니라 중앙정부도 이것이 단순 지역 사업이 아니라 국가적 의미를 가진 것이라는 사실을 인지하고 관심과 지원이 필요하다.

【2019.05.01】

국가연구개발 사업의 기획평가체제 개편

어느 조직이나 만들어질 때 목적이 있기 마련이다. 미국 항공우주국 나사의 홈페이지에는 그 기관의 비전을 '인류에 도움을 주기 위해 지식을 찾고 확장하는 것'이라고 서술하고 있다. 나사에 해당하는 우리나라 기관인 항공우주연구원의 홈페이지에서 설립 목적을 찾아보면 '항공우주과학기술 영역의 새로운 탐구, 기술 선도, 개발 및 보급을 통하여 국민경제의 건전한 발전과 국민생활의 향상에 기여한다'고 되어 있다. 항공우주 분야에서 가장 큰 경제적 실익을 누리는 나라는 미국이고, 우리가 한참 뒤처져있는 것은 누구나 알고 있는 사실이다. 그런데 이런 비전 선언문을 보면 아이러니하게도 경제성을 강조하는 것은 우리나라다. 이런 것은 다른 첨단 과학기술 분야도 유사할 것 같다.

국가 차원의 인력양성과 기술 R&D 분야에 대한 투자는 후발국 발전의 필수 요소이다. 1970년대와 1980년대에 중화학공업 및 전자산업에 집중 투자한 우리나라는 천연자원이 부족한 국가임에도 짧은 기간에 산업화에 성공해 비슷하게 출발했던 다른 개발도상국들의 부러움을 사는 모범사례가 됐다.

작년 말 기준으로 인구 5000만 명 이상이며 1인당 국민소득이 3만 달러 이상인 국가의 반열에 들었다. 우리보다 앞서 일본, 독일, 미국, 영국, 프랑스, 이탈리아가 순서대로 이 수준에 도달했다. 하지만 이 모든 나라들이 성장세를 이어가지는 못하고 있다. 이들 중 1인당 국민소득 4만 달러 이상으로 안정적으로 성장한 나라는 독일과 미국뿐이다. 즉 지금까지의 가파른 성장세가 자연스럽게 이어지지는 않는다.

우리의 산업화 과정을 돌아보면 정부의 확고한 의지와 일관된 정책이 큰 역할을 했다. 선진국의 발전 방향을 보고 그것을 잘 따라가기만 해도 웬만큼 성공은 거둘 수 있었다. 소위 패스트 팔로워 전략이다.

소수의 선발된 관료들은 성실하게 그 작업을 수행했다. 5개년 계획을 세우고 일사불란하게 집행했다. 잠재적 사회적 부작용이 커짐에도 불구하고 외적 성장을 위한 효율의 극대화가 추진되었고 성과를 거두었다. 하지만 그 시대가 절벽과 같이 끝나버렸다. 30~50클럽에 진입하기 위해 우리가 사용했던 방식의 유효기간이 다한 것이다. 우리뿐 아니라 우리보다 앞서 선진국의 대열로 진입했던 나라들도 비슷하게 겪는 현상이다. 문제는 이걸 어떻게 극복하느냐이다.

정부 관계자들을 만나면 하나같이 미래 먹거리와 일자리 이야기를 한다. 모두 위기의식을 느끼고 있다. 하지만 아무도 확실한 해결책을 모른다. 각종 위원회를 만들어 미래 먹거리를 만들어 내라고 주문한다. 조금이라도 좋아 보이는 아이디어가 눈에 띄면 높은 분들은 그걸 대형 국가사업으로 발전시킨다. 하지만 몇 년 뿐이다.

고위공직자들이 2년 이상 같은 자리에 있는 경우는 드물다. 사업을 만드는 사람과 마감하는 사람이 같을 수 없다. 그러다보니 용두사미가 되는 사업들이 허다하다. 공직자의 순환보직 제도 자체가 문제는 아니다. 이를 포기할 때 나타나는 부작용은 더 클 수 있다.

핵심은 더 이상 미래 먹거리 사업 창출이 몇몇 사람이 주도해서 찾을 수 있는 것이 아니라는 것이다. 만약 그렇게 해서 찾을 수 있는 것이라면 세상의 모든 나라들은 그 방향으로 이미 뛰어들었다. 어느 누구도 10년, 20년 앞의 유망 분야를 확정할 수 없다.

공직자들이 어떤 분야의 R&D에 집중해서 투자할 것인지를 정해서 밀어붙이고 성과를 내던 시기는 지났다. 지금 정부도 적어도 형식적으로는 이렇게 움직이지 않는다. 각종 기획위원회를 통해 사업들이 만들어진다. 하지만 여전히 최종결과물에 대해서는 공직자들의 '감'이 중요한 영향을 미친다.

또 다른 쪽에서는 극단적인 공정성 요구가 문제다. 역시 공정성을 추구하는 그 자체의 문제는 아니다. 공정성이 모든 것에 우선하면 그것으로부터 생길 수 있는 문제에 대한 조그만 가능성으로부터 자유롭고자 비효율성이 발생한다. 예를 들어 소위 이해관계자가 될 가능성이 있는 사람을 모두 배제하다보면 핵심 원천기술의 가치를 비전문가 집단이 평가하는 일도 생긴다.

우리의 모든 국가연구개발 사업에는 경제성이 꼬리표처럼 따라붙는다. 당연히 정부 지원 사업으로 선정된 것들은 현실적 또는 잠재적 경제성이 크다고 평가를 받은 것들이다. 하지만 실제로 그럴지는 의문이다. 당장은 불안하더라도 기존의 방식을 돌아보고 과감하게 손질해야 한다.

전문가의 영역으로 돌려줄 것은 믿고 주어야 한다. 그 안에서 전문가들의 치열한 토론을 거쳐 합리적인 결론이 나오도록 만들어 줘야 한다. 한쪽으로 몰아가려는 시도는 더 이상 우리 경제 규모와 위치에서는 통하지 않는다.

과학에도 경제성, 기술에도 경제성, 정치에도 경제성을 외쳐 봐야 효과가 안 나온다. 미국 항공우주국과 우리 항공우주연구원의 비전 선언문을 다시 보자. 과학은 과학처럼, 기술은 기술처럼, 정치는 정치처럼 제대로 해야 할 때이다.

【2019.07.17】

농부와 트랙터

<분노의 포도>는 존 스타인벡에게 노벨문학상을 안긴 명작이다. 1930년대 농토에서 쫓겨난 조드 일가족이 새 일자리를 찾아 서부로 이동하는 과정에 겪는 고초와 계속되는 고단한 삶을 그린 유명한 작품이다.

당시 현실에 바탕을 둔 이 소설에서 소작농들을 땅에서 몰아낸 것은 환경재앙과 자본이었다. 소설의 배경이 되는 1930년대 오클라호마주에는 무분별한 개간과 가뭄의 영향으로 극심한 모래 폭풍이 덮쳐 농사를 작파해야 할 지경에 이른다. 인정사정없는 은행이 보낸 트랙터는 집과 농지를 가차없이 밀어버리고 결국 이들은 모든 걸 포기하고 일자리가 있다는 서부로 떠난다. 그러나 온갖 난관 끝에 도착한 서부에서 그들을 맞이한 것은 변함없는 배고픔과 고난이다. 트랙터는 이 소설에서 소작농을 몰아내는 비인격체 거대자본의 첨병 역할을 한다.

80년 전에 쓰인 소설이지만 오늘날 지구 어느 한구석에서 벌어지고 있는 일이라고 해도 놀랍지 않다. 이 소설이 갑자기 생각난 것은 우리나라 벤처기업 신화를 만든 사람 중 한 명인 네이버 창업주 이해진 씨의 발언 때문이다. 차량 공유 서비스를 옹호하는 측과 택시기사 측이 대립하는 중에 '트랙터를 만드는 회사 보고 농부의 직업까지 책임지라고 하면 산업이 발전할 수 없다'라고 주장했다.

추운 겨울에 택시를 잡지 못해 발을 동동 굴러 본 사람은 안다. 평소 잘 되던 호출 서비스는 전혀 작동하지 않는데 눈앞에 빈 차들이 쌩쌩 지나가는 경험을 해보면 그 야속함을 잊을 수가 없다. 우리나라만의 상황은 아닌 것 같다. 빈 차를 나누어 탈 수 있도록 하는 우버는 전 세계적으로 폭발적인 반향을 일으켰고 나라마다 이와 유사한 서비스들이 우후죽순처럼 생기고 있다. 출퇴근 시간에만 이러한 제도의 시행을 논의하자는데도 수입 감소가 뻔한 택시 업계 종사자들의 반발이 극심하다. 이에 대한 정부, 업계, 일반 국민의 생각은 다양하다.

우버는 맨손으로 시작하여 어마어마한 규모의 사업체로 성장했고 소위 혁신의 상징 중 하나로 자리 잡았다. 그런데 이 사업이 난 좀 불편하다. 차량 공유 서비스가 시작되어도 택시 수요가 커질 일은 전혀 없으므로 기존 택시기사의 수입 감소는 뻔하다. 택시기사의 수입은 여러 일반인들과 함께 파편화되는 반면 중개수수료는 특정 개인 또는 업체에 집중되는 일만 생길 것이다. 대형 택시업체 사장의 이윤이 동종 업체의 또 다른 사장에게 이동하는 문제라면 우리가 고민할 필요가 없는데, 이 문제는 그렇지 않고 택시기사를 직업으로 하는 모든 사람이 치명적 피해를 본다.

미국에서도 혁신적이라는 평과 함께 짧은 시간에 대단한 사업으로 성장한 모델이고, 여러 나라에서 유사한 형태의 사업이 생겨 자리 잡고 있으니 소위 '벤처' 기업이라는 이름을 붙여줄 수 있겠다. 하지만 이

사업이 사회에 어떤 긍정적인 이바지를 하고 있는지는 얼른 떠오르지 않는다.

이러한 나의 개인적 갈등 중에 이 대표의 '트랙터와 농부'의 발언은 섬광처럼 다가왔다. 과연 차량 공유는 21세기의 트랙터인가? 소작농이 몰려난 그 자리를 차지한 트랙터와 택시기사의 직업을 빼앗는 차량 공유는 같은 맥락인가? 그렇게 보지 않는다. 소설 속의 묘사와는 별개로, 결과적으로 트랙터는 농업 생산성 향상에 크게 기여했다. 트랙터가 가져온 생산성 향상은 농산물 생산 비용을 떨어뜨리고 결국 대중들의 생활 향상에 이바지했다. 우리의 차량 공유가 사업 시행자들에게는 부를 축적하게 하겠지만 나머지 사람들은 어떤가. 추운 겨울에 발을 동동 구르던 사람들의 불편함은 해소되어야 하겠지만 그게 모든 택시기사들의 직업을 뺏을 만큼의 정당성을 가지고 있을까?

불친절함과 불편함을 내세우며 차량 공유 서비스를 추진하는 사람들은 자신들에게 부가 집중되는 것 외 어떤 사회적 기여를 이야기할 수 있을까. 우버 서비스 기사가 직업 수준으로 도달하는 데 실패했다는 것은 이미 전 세계적으로 입증됐다. 단순히 택시기사의 임금을 그보다 몇 배 많은 사람이 나눠 가지는 구조가 될 수밖에 없다.

차량공유 서비스는 트랙터일까. 아니면 노예를 값싸게 수입해서 부를 불리던 플랜테이션 농장주일까? 혹시 우리는 1930년대에서 진보하는 것이 아니라 1800년대의 미국으로 거꾸로 가는 것은 아닐까? 새로운 생각으로 돈을 많이 모을 수 있다고, 소위 벤처라는 이름으로 포장할 수는 없다. 반짝인다고 모두 금은 아니다. 이 여름에 추천하고 싶은 책, <분노의 포도>다. 조드 일가의 고난은 현재 진행형이다.

스펙트럼 IN

초판인쇄 2020년 7월 21일
초판발행 2020년 8월 01일

저 자 김연성 김응희 남창희 모세종 박수정 박정의 박찬민
손영화 송준호 원혜욱 이기우 이병찬 이상윤 최기영
발 행 인 윤석현
발 행 처 제이앤씨
등록번호 제7-220호
우편주소 서울시 도봉구 우이천로 353
대표전화 (02) 992-3253
전 송 (02) 991-1285
전자우편 jncbook@daum.net
책임편집 김민경

ISBN 979-11-5917-159-8 (03300) 정가 22,000원

· 본서는 〈인천일보〉에 게재된 필자들의 칼럼을 수정하고 보완한 것입니다.